혁신하라
한국경제

혁신하라
한국경제

박창기 지음

창비

책머리에

내가 이 책을 쓰게 된 것은 우연과 필연의 만남에서 비롯되었다. 2011년 9월 한 모임에서 '2013년체제와 자본주의 4.0'이라는 주제로 강연을 했는데, 녹취록을 읽은 백낙청 선생님으로부터 『창작과비평』의 '대화'에 참여해달라는 제안을 받았다. 2011년 겨울호에 '권력교체를 넘어 한국사회 새판짜기로'라는 주제로 대담을 하게 된 나는 이를 준비하려고 글을 쓰기 시작했고, 1년 동안의 작업 끝에 이 책의 원고를 완성했다.

한국전쟁 직후인 1955년에 태어난 나는 대한민국의 발전 덕분에 큰 혜택을 입으며 살아왔다. 30대 초반부터 40대 중반까지 4년은 영국에서, 8년은 미국에서 직장생활과 사업을 했으며, 1999년 한국에 돌아와 인터넷과 소프트웨어 관련 벤처기업을 창업하여 경영했다. 2003년부터는 다양한 분야의 투자 관련 사업을 하면서 중국, 일본,

대만, 말레이시아, 인도네시아뿐만 아니라 파푸아뉴기니, 아프리카의 콩고 그리고 북한에서까지 사업을 발굴하고 추진했다. 여러 나라에서 살기도 하고 여행도 하면서 느낀 점은 나라마다 사회 구조와 질서가 다르며 그에 따라 사람 사는 모습도 매우 다르다는 것이었다. 내가 각 나라의 정치·경제씨스템에 깊은 관심을 가졌던 이유는 이것이 사업의 성패를 좌우하기 때문이기도 했다.

오랫동안 나는 한국이 가진 문제들을 느끼면서 해결책에 대하여 심사숙고해왔다. 그러면서 정치나 경제가 전공분야는 아니지만 기업인으로서 다양하고 독특한 체험을 해온 나의 생각과 경험이 문제해결에 도움이 될 것이라는 생각을 하게 됐다. 나와 이웃들 그리고 우리의 자손들이 살아갈 2013년 이후 대한민국의 이정표를 만드는 작업에 도움이 되고자, 내가 찾은 나름의 대답을 제시하고 독자들과 함께 논의해보고자 한다.

이 책『혁신하라 한국경제』에서 나는 이권을 추구하는 세력이 약하고, 혁신경제가 활성화된 나라의 국민들만이 풍요롭고 행복하게 산다는 것을 입증하고자 했다. 대한민국은 이권공화국으로 불러도 좋을 만큼 각종 특혜와 담합 등 이권경제의 구조가 너무나 강력하다. 이런 구조를 타파하지 않고는 한국경제의 전망은 결코 밝을 수 없다. 경제민주화와 재벌개혁도 이와 매우 밀접한 관계가 있다. 나는 공평하고 건강한 질서가 축적되어야 경제는 강하고 문화는 풍성한 나라가 된다는 결론에 도달했다.

책을 쓰는 과정에서 나는 신선한 경험을 했다. 경제를 네가지 — 이권경제, 요소경제, 혁신경제, 공공경제 — 로 나누는 아이디어를 떠올리자, 그 이론적인 근거와 현실세계의 사례들이 잘 맞아떨어지면서 정리되었다. 산업별 부가가치와 임금 통계로 네가지 경제를 구분하여 분석한 결과는 적절하게 이 이론을 뒷받침해주었다. 한편 사회·경제적 계층구조를 네가지 ─ 이권장악집단, 이권비호집단, 이권추종집단, 침묵대중집단 ─ 로 나눈 것도 처음에는 번뜩 떠오른 아이디어에서 시작했다. 그후 수많은 사례로 이를 입증했고, 때마침 발표된 소득 상위 0.1%, 1%, 10%의 소득추이 데이터로 이를 통계적으로 검증했다. 그리고 네가지 경제와 네가지 계층구조를 결합한 표현방법을 개발하여 한 국가의 경제구조를 한눈에 볼 수 있도록 했다. 즉, 아이디어 차원의 가설을 떠올리고, 이론적인 모델을 수립하고, 많은 사례로 설명하고, 통계로 검증하여 새로운 이론을 탄생시키는 경험을 한 것이다.

이렇게 만들어진 '네가지 경제-네가지 계층' 이론은 한국경제가 지닌 핵심적인 문제들을 진단하고 해결하기 위한 정책을 수립하는 데 유용했다. 이를 이용하여 좋은 일자리를 만드는 정책과 재벌의 지나친 확장문제를 해결하는 구체적인 방안을 제시했다. 저임금문제와 양극화문제 해결의 실마리도 찾아냈다. 에너지문제의 해법과 복지를 위해 필요한 세금을 조달하는 방법에 대한 구체적인 정책도 제시했다. 모두가 행복하고 건강한 경제체제를 만들기 위한, 계량화하여 목표관리가 가능한, 청색(blue)GDP라는 개념과 실질국민복리 RNW(real national well-being)라는 지표를 개발하여 국정운영의 좌표로 삼을 수 있도록 했다. 이런 이론체계와 방법론을 '혁신질서 모델'이라고 이름 지었다. 그리고 궁극적으로 문제들을 해결할 방안으로 '직접민주주의의 확대'를 제안했다.

내가 이 책을 쓸 수 있도록 인도해주신 백낙청 선생님과 꼼꼼하게 원고를 읽고 문제점을 지적해주신 방송통신대의 김기원 교수님께 깊은 감사의 뜻을 전한다. 이 책 때문에 마음의 상처를 입을 분들이 있다면 미리 사죄드린다. 개인적인 감정 때문이 아니라 이 땅을 살아갈 우리 후손들에게 아름다운 문명국가를 물려주고 싶다는 충정에서 드러낸 '불편한 진실'이라고 이해해주시기를 바란다.

이 책에는 기존의 이론이나 논점과는 사뭇 다른 새로운 내용들이 많다. 이 책에 제시된 이론은 한국뿐만 아니라 세계 어느 나라에서나 적용이 가능하다. 신자유주의의 붕괴 이후 세계경제 문제를 풀어갈 마땅한 패러다임이 없는 이때에 '새로운 경제 패러다임'을 세우는 데에 이 책이 기여할 것으로 기대한다. 도전적이고 실험적인 작업을 하다보니 부족한 점이 많았다. 많은 분들의 비판적 검토를 통해서 보다 풍성한 논의가 진행되기 바란다. 평가와 판단은 독자 여러분들께 맡기겠다. 다만 책을 읽고 난 후 즐겁고 유익한 기억이 남기를 바랄 뿐이다.

2012년 10월
저자 박창기

제1부

한국경제, 무엇이 문제인가

1. 설탕 담합 이야기

관세는 카르텔(Cartel)과 트러스트(Trust)의 어머니다.
— 미국 속담

맷 데이먼이 주연한 영화 「인포먼트」(The Informant)는 2009년에 개봉하여 미국에서는 제법 흥행을 했지만 한국에서는 어쩐 일인지 상영되지 않았다. '인포먼트'는 '경찰이나 언론사에 정보를 제공해 주는 내부 밀고자'라는 뜻을 가지고 있다. 미국의 식품기업 ADM과 일본의 아지노모또, 쿄오와핫꼬오, 한국의 제일제당(현재 CJ제일제당)과 미원(미국법인 세원, 현재 대상) 등 5개 회사가 축산농가에서 쓰는 사료의 첨가물 라이신(lysine)시장에서 가격담합 범죄를 저지르다가 처벌된 실화를 바탕으로 한 영화다.

라이신은 아미노산의 한 종류로 옥수수 등에서 나온 탄수화물을 발효하고 정제하여 만든다. 전세계 대부분의 라이신을 이 5개의 회사들이 제조해왔다. 1992년 이들이 담합을 시작하여 일제히 가격을 올리자, 불과 몇개월 만에 시장가격이 70%나 상승했다. 매년 5억 달러 정도 매출을 올리던 그들은 가격을 올려서 연간 3억 5000만 달러 (약 3000억 원)나 불법적인 이득을 취했다.

담합을 하기 위해서는 협의가 필요했고 비밀유지도 중요했다. 그들은 반독점 감시가 심한 미국을 가급적 피해 멕시코, 토오꾜오, 빠리, 밴쿠버 등지에서 회의를 했다. 이 회의에 ADM 측에서는 생물제품부문 사장으로 근무하던 마크 휘태커(Mark Whitacre)와 부회장 마이클 안드레아스(Michael D. Andreas)가 주로 참석했다. 1992년부터 1995년까지 휘태커는 회사 내부에서 FBI 스파이 노릇을 하며 세계 여러 나라에서 열린 담합회의 내용을 비밀리에 녹음하고 녹화했다. 이를 통해 FBI는 방대한 증거들을 수집하여 미국 역사상 최대 규모의 벌금을 부과한 가격담합 범죄를 적발할 수 있었다.

미국에는 밀고를 하면 그 댓가로 자신은 면책받는 제도가 있다. 휘태커는 자신의 상사들이 처벌되면 자기가 최고경영자가 될 것이라는 망상에 사로잡혀서 열심히 스파이 노릇을 했다. 그러나 그는 900만 달러를 착복한 사실이 드러나 1998년부터 8년 반을 연방감옥에서 복역했다. 이런 휘태커의 행적이 책으로 출간되고 소더버그에 의해 영화로까지 만들어진 것이다.

3명의 ADM 임원들이 유죄판결을 받아 막대한 벌금을 냈고 이 사건의 주범 ADM 부회장 안드레아스는 연방감옥에서 8년 가까이 감옥살이를 했다. 아지노모또, 쿄오와핫꼬, 제일제당 그리고 미원 등 4개 회사와 그 회사의 임원들은 유죄협상제도(plea bargaining)[1]에 응하여 자신들의 범죄행위를 자백하고 ADM의 범죄 증거 수집에 협조하는 댓가로 형을 감면받았다.

ADM에는 7000만 달러의 벌금이 부과되었다. 이는 당시 사상 최대의 반독점 벌금이었다. ADM은 캐나다와 멕시코 당국으로부터도 5000만 달러 규모의 벌금형 처벌을 받았다. 미국과 캐나다의 라이신 구매회사들은 5개의 카르텔 멤버들에게 소송을 하여 1억 달러를 징수했다. 이와는 별도로 주주들이 불법적인 경영에 대한 손해배상 소송을 하여 ADM은 3800만 달러를 배상했다.

유럽연합도 이 사건을 수사했고 유럽법원은 유럽인과 유럽기업이 입은 피해에 대해 과징금을 부과했다. ADM은 4390만 유로(약 650억원), 제일제당은 1010만 유로(약 150억원), 미원은 710만 유로(약 100억원)의 과징금을 납부해야 했다. 미국의 클레이튼법 제4조는 반독점법에 위반하는 행위 때문에 영업이나 재산상의 손해를 입은 사람은 손해액의 3배와 소송비용을 배상받을 수 있도록 규정하고 있다. 수사과정에서 ADM은 라이신 이외에 전분당과 구연산 등도 담합한 것이 드러나 벌금과 피해자 보상으로 4억 달러 이상을 변상해야 했다.

핵산조미료 국제 담합사건과 나

라이신 담합사건이 채 종결되기도 전인 1999년 제일제당, 미원, 아지노모또는 또다시 미국에서 담합으로 적발됐다. 이번에는 식품의 맛을 내는 핵산조미료 담합이었다. 1992년부터 96년까지의 담합 사실을 공범인 일본의 제조회사 타께다가 밀고하는 바람에 적발되었다. 결국 2001년에 아지노모또는 600만 달러, 제일제당은 300만 달러, 미원은 9만 달러의 벌금을 미국 당국에 물게 되었다.

2002년에 유럽연합 집행위원회도 3년간의 조사 끝에 아지노모또와 제일제당 그리고 미원의 핵산조미료 가격담합 행위를 처벌했다. 제일제당에 274만 유로(약 35억원), 미원에 228만 유로(약 30억원)의 과징금을 부과했으며, 일본의 아지노모또에 대해서도 1554만 유로(약 200억원)의 벌금을 물렸다.

나는 1981년 말 삼성그룹에 공채로 입사하여 1982년 초 제일제당에 배속되어 '원당'(raw sugar, 사탕수수나 사탕무에서 추출한 순도 98% 정도의 설탕 원료)을 구매하는 부서에서 5년 반을 근무한 후, 1987년 제일제당 런던지점장에 부임하여 원당 구매와 핵산조미료 수출 업무를 담당했다.[2)]

런던에서 근무하던 어느날 본사 임원으로부터 세계 3위의 식품·생활용품 기업 유니레버(Unilever)를 찾아가서 구매책임자와 면담하라는 지시를 받았다. 이때 본사로부터 받은 지시는 "공급하기로 계약했던 핵산조미료를 당분간 공급할 수 없다"라고 통보하라는 것이었다. 템즈 강변의 웅장한 석조건물인 유니레버하우스에서 구매책임자를 만난 기억이 아직도 생생하다. 그는 심문하듯이 따져 물었으나, 앞뒤 사정을 몰랐던 내가 할 수 있었던 답변은 본사 지시대로 "가뭄 때문에 한강물이 더워져서 김포에 있는 핵산조미료 공장이 가동되지 않아 생산을 중단했다"라는 것이었다. 실상은 당시 핵산조미료를 생산하던 한국과 일본의 4개 회사들이 가격을 올리기 위한 담합을 했고, 세계 최대의 식품회사 중 하나인 유니레버를 압박했던 것이다. 물건을 사야만 했던 유니레버는 결국 가격을 올려주었다. 유니레버의 구매책임자는 국제적인 담합을 하고 있다는 심증을 갖고 모종의 조치를 취하겠다는 암시를 나에게 주었다. 결국 10년 후 핵산조미료 담합은 적발되어 처벌을 받게 된다.

핵산조미료 사건 외에 후술할 설탕 담합사건처럼 나와 동료 그리고 선후배들이 직접 연루된 회사의 범법행위를 공개하는 것은 쉽지 않았다. 그러나 사반세기가 지난 지금은 이런 일이 없어졌을 것으로 여겨지고 역사의 기록으로 남길 필요가 있다고 생각했으며, 타의에 의한 것이기는 하지만 이에 관여했던 나는 고해성사하는 마음으로 세상에 알려야겠다는 생각도 했다. 특히 회사가 강요하는 범법행위들 때문에 수많은 선량한 선후배와 동료들이 범죄에 가담하고 처벌도 받았으며, 이 범죄들로 인하여 국민경제에 커다란 해를 끼쳤다는 점에서 반성이 필요하다고 생각했다.

지금도 재벌과 공무원들뿐만 아니라 건설업계, 의약업계, 금융업계에 담합과 뇌물 등 범죄가 만연하는 것은 우리 세대의 책임이다. 이 문제에 대해서 잘 아는 내가 그 실체를 드러내고 대안을 제시하는 것이 마땅하다고 느꼈다. 이 책에서 제시하는 이권집단이론은 스스로 이권집단에 소속되어 일하는 과정에서 범죄를 알면서도 고발하지 못했던 나의 고뇌 속에서 가다듬어진 것이다.

사실 라이신과 핵산조미료 국제담합 범죄의 뿌리는 인공조미료 글루탐산나트륨(MSG) 국제담합에 있다. 1980년 이전부터 제일제당과 미원 그리고 일본의 아지노모또 등이 매년 정기적으로 대만 등 제3국에서 'G-meeting'이라는 모임을 하며, 주요한 국제적인 구매자들에게 공급할 업체와 판매 물량과 가격을 정하는 행위를 은밀하게 해왔다. 여기에 재미를 본 한국과 일본의 MSG업계는 핵산조미료에서도 담합을 했다. 1990년대 초 제일제당이 라이신을 생산하면서부터 그동안의 경험과 범죄기법을 활용하여 ADM을 끌어들여서 라이신 국제담합을 저질렀던 것이다.

설탕 관세율 35%를 고수하라!

2011년 9월 27일자 『중앙일보』의 「설탕 관세율 35%는 마지노선」이라는 제목의 칼럼을 보고 상당히 놀랐다. 핵심 내용은 설탕 관세율을 35% 이하로 낮추어서는 안 된다는 것이다. 유럽, 미국과의 자유무역협정(FTA)으로 거의 모든 물품의 관세를 없애는 마당에 아직도 관세율이 35%인 공산품이 있었나? 그런데 그 관세를 내려서는 안 된다는 주장이 일간지에 실리다니! 놀라웠다. 이화여대 법학전문대학원의 최원목 교수가 쓴 이 칼럼의 중요한 부분을 보면,

> 정부는 지난 9월 7일 2011 세법 개정안을 발표했다. 이 중 국민 먹거리 측면에서 눈에 띄는 점은 설탕 등 독과점 고착화 품목에 대한 기본관세율을 대폭 인하하겠다는 대목이다. (…) 주요 교역상대국들이 우리보다 훨씬 높은 관세율을 유지하는 마당에 우리가 기본관세율을 5%로 대폭 인하하면 단기간에는 설탕 가격이 인하될 것이다. (…) 값싼 외국산 설탕의 수입이 급증하면 국내 제당업계는 차츰 붕괴될 것이고, 이는 곧 외국 제당업계의 내수시장 장악으로 이어져 이들의 가격정책에 따라 우리 설탕 값이 춤추는 현상이 생기게 된다. (…) 우리 정부는 미국, 유럽연합(EU) 등 각국과의 자유무역협정(FTA) 협상에서 설탕관세를 유지하는 데 많은 협상력을 투입했고, 그 결과 FTA 발효 후 15년간 설탕 관세율을 30% 선에서 유지하는 데 성공했다. 그런 터에 물가안정과 국내산업 경쟁 촉진을 이유로 기본관세율을 5%까지 인하하겠다

는 것은 정책목표 달성은커녕 FTA 협상이라는 사각의 링에서 스스로 가드를 내려놓는 것이나 다름없다.

내가 보기에는 합당하지 않은 주장이다. 미국이나 유럽이 설탕의 수입관세율을 높게 유지하는 이유는 사탕무나 사탕수수를 생산하는 자국 농민을 보호하기 위한 것이다. 우리나라가 농민을 보호하기 위해서 쌀과 쇠고기의 수입을 억제하는 것과 같은 이유다. 우리나라에는 사탕수수를 재배하는 농민이 없으므로 관세가 높을 이유가 없다. 오직 국내에서 설탕시장을 과점하고 있는 CJ제일제당, 삼양사 그리고 대한제당이 폭리를 취할 수 있게 만든 특혜인 것이다.

관세율을 낮추어 외국의 싼 설탕이 수입되면 국내 설탕공장이 문을 닫게 되고, 그러면 외국제품이 국내시장을 장악해서 나쁘다는 논리는 견강부회다. 우리나라 설탕회사가 하는 일은 순도 98% 정도의 원당을 수입해서 공장에서 정제과정을 거쳐 99.9%의 설탕으로 만들어 파는 일이다. 설탕정제업은 기술경쟁력이랄 것도 없고 부가가치도 지극히 낮은 산업이다. 국제경쟁력도 없는 산업인데 수입관세를 35%나 붙인 것은 담합을 하는 회사들이 부당한 방법으로 비싸게 물건을 팔아 국민들의 호주머니를 터는 것을 도와주는 일이다.

관세가 철폐될 경우 국제시장의 설탕이 수입되어 국민과 식품제조사들은 싼 가격에 설탕을 살 수 있게 된다. 정상적인 시장질서가 회복되는 것이다. 앞의 칼럼과 제당 3사가 주장하듯이, 수입자유화가 되면 우리나라에 있는 설탕공장이 문을 닫을 수도 있다. 시장경제에서 경쟁력이 없는 공장이라면 폐쇄해도 어쩔 수 없는 일이다. 설탕 수입이 자유화되더라도 제당 3사는 오랜 거래선과 품질경쟁력이 있으므로 시장을 쉽게 빼앗기지 않을 것이다.

과거 수십년 동안처럼 앞으로도 전국민이 독과점 가격의 비싼 설탕을 사먹는 것이 좋을까? 아니면 국제경쟁을 하게 하여 설탕가격이 싸지는 것이 좋을까? 결론은 명백하다. 국제시장에서 싼 설탕을 수입할 수 있도록 해야 한다. 그런데 관세를 높게 유지하여 국내의 설탕가격을 높게 유지하라는 억지논리가 일간신문에 실리는 이유는 무엇일까? 이에 대한 대답을 얻기 위해서 설탕시장의 담합구조를 알아보자. 다음은 2007년 11월의 신문기사와 2008년 9월의 신문기사다.[3)]

15년 동안 설탕 출고 물량과 가격을 담합한 국내 '빅3' 제당업체인 CJ주식회사(전 제일제당), 삼양사, 대한제당 법인 및 회사 관계자들이 법정에 서게 됐다. (…) 검찰에 따르면 이들 제당 3사는 지난 1991년 1월부터 2005년 9월까지 대표자 회의와 영업본부장 회의 등을 정기적으로 열어 설탕의 내수부문 반출비율과 공장도 가격을 일정한 비율로 변경하거나 유지하기로 합의한 뒤 실행한 혐의를 받고 있다. (…) 제당 3사는 이같은 담합으로 6조 4000억원으로 추정되는 매출을 기록했으며 2001~2005년 사이 매출액은 2조 6000억원이라고 당시 공정위는 설명했다. 이들 제당 3사의 평균 매출점유율은 CJ 48.1%, 삼양사 32.4%, 대한제당 19.5% 등이다.

CJ 등 제당 3사는 완제품 설탕 수입관세율은 35%(현재기준)인 데 반해 원당(설탕 원료)은 3%로 보호받으며 수입완제품에 대한 가격경쟁력을 갖추고 설탕을 공급해왔다. (…) 설탕은 제과점을 비롯해 모든 식품에 사용되는 중요한 식품원자재인데도 CJ 등 제당업체들은 보호관세 아래 엄청난 이익을 챙긴 것이다. (…) 공정위가 발표한 자료에 따르면 제당 3사 설탕 매출액은 2001년부터 2005년까지 5년간 약 2조 6400억원이며 이 기간 동안 매출이익률은 일반 제조업체의 두 배인 최하 40%에서 최고 48%에 달한다. 최하 40% 이익률만 계산해도 3사의 5년간 매출이익은 약 1조 600억원. 국내 설탕 소비량은 큰 변동이 없어 수입설탕 개방 연도인 1994년부터 2007년까지 14년간을 역산하면 제당3사가 설탕을 팔아서 얻은 이익은 약 2조 9600억원에 달한다.

3개 설탕회사들은 원료인 원당을 3%의 관세로 수입하고 완제품은 35%의 관세로 막아놓은 후, 국내에서 국제가격보다 30% 정도 비싸게 팔아서 폭리를 취해왔고, 부당이익을 지속적으로 얻기 위해 철저하게 담합해왔다는 것이다. 신문기사에서는 15년간 약 3조원의 부당이익을 얻었다고 추산했는데 이는 매년 약 2000억원에 이르는 엄청난 규모다. 이들은 2007년에 공정위에 적발되고 2008년에 유죄 판결로 형사처벌을 받았다. 그래서 불법적 담합행위가 끝난 것으로 국민들은 알고 있다. 그런데 과연 그럴까? 이 문제의 본질을 정확히 알려면 설탕산업의 역사를 들여다보아야 한다.

설탕 담합의 끈질긴 역사

삼성그룹의 첫번째 제조업은 1953년 부산에 세운 설탕공장이다.

이병철 선대회장은 특혜관세와 담합을 이용한 설탕 판매로 번 돈으로 오늘날 삼성그룹의 모태가 된 여러 사업을 전개했다. 삼양사는 1955년에 설탕공장을 설립했으며 대한제당은 1956년에 설립했다. 제일제당이 설탕공장을 설립한 1950년대부터 1993년까지 정부는 설탕을 수입제한 품목으로 지정하여 사실상 수입을 금지했다. 1994년부터 지금까지는 고율의 수입관세를 이용하여 수입을 억제했다. 외국 제품과 뚜렷한 품질 차이가 없음에도 불구하고 정부는 과거 50년간 설탕이 거의 수입되지 못하도록 막아와 설탕사업은 전형적인 이권사업이 되었다. 이를 이용하여 3개 회사는 과거 수십년간 시장점유율을 고정시키며 가격을 담합하는 방법으로 국내 설탕가격을 국제시세에 비해 높게 유지해 폭리를 취해왔다는 것이 공정위와 사법부의 결론이다.

1984년에 제당 3사 사이에서 벌어진 '설탕전쟁'이 있었다. 1960년대 이후 이들은 불법적인 담합을 통해서 제일제당 49.2%, 삼양사 32.8%, 대한제당 18.0%로 시장점유율을 고정하고 있었다. 가격도 거의 동시에 같은 수준으로 올리고 내렸다. 그러다가 1984년에 대한제당이 '18%가 너무 작으니 점유율을 올려달라'고 요구했으나 제일제당과 삼양사가 반대했다. 그러자 대한제당이 담합된 물량 이상을 출고했고 이것이 시장점유율 경쟁을 촉발하여 시장가격이 급락했던 것이 '설탕전쟁'의 시작이었다. 이로 인하여 제일제당은 설탕사업에서 일시적으로 큰 적자가 발생하고 시장점유율이 하락했다. 대한제당과의 협상에서 난항을 겪었고 적자폭은 커져갔다.

제일제당에서는 이 사안에 책임을 지고 본부장이 경질될 정도로 사태가 심각했다. 이때 실무를 담당했던 나는 며칠씩 집에도 못 가며 대책을 검토하고 자료를 만드는 작업에 매달렸다. 이때 나는 매우 흥미로운 문서를 목격했다. 1960년대 중반 제일제당 49.2%, 삼양사 32.8%, 대한제당 18.0%로 시장점유율을 고정했던 근거자료인 비밀합의문을 금고에서 꺼내어 검토했던 것이다. 누렇게 바랜 종이에 펜글씨로 우측부터 세로쓰기로 작성한 문서에 이병철 회장이 직접 서명날인한 것을 보며 놀랐던 기억이 난다. '독점규제및공정거래에관한법률'(이하 공정거래법)이 제정되기 전에 작성된 것이어서 실정법에 위반되는 행위였는지는 확실하지 않다.

몇달간의 실랑이와 협상을 통해서 결국 지분율이 조정되었다. 제일제당이 1.1%를 양보하고 삼양사가 0.4%를 양보하여 대한제당에 점유율 1.5%를 늘려주기로 합의했다. 이때부터 제일제당 48.1%, 삼양사 32.4%, 대한제당 19.5%로 다시 담합을 지속했다.

독과점 품목의 폭리를 규제하기 위해서 판매가격을 정부가 관리하는 '물가안정에관한법률'과 공정거래법이 있다. 설탕업계는 이 제도를 역이용하여 국내 판매가격을 높게 유지했다. 가격변동을 관료들이 인가하는 제도를 오히려 가격인상 수단으로 활용한 것이었다. 설탕가격을 올리려면 고위관료들에게 로비와 향응 제공이 필요했다. 제당협회를 이용하여 원료수입 수량을 통제했다. 판매담당 임원들이 정기적인 모임을 하며 가격과 판매수량 담합을 확인했다. 심지어 상대방의 창고에 가서 출고물량을 정기적으로 감시하기까지 했다. 이들은 2001년에는 "3개사의 설탕제조량에 대한 자료를 매달 상호 교환한다"라는 합의서를 만들기도 했다고 검찰은 밝혔다. 이 과정에서 3개사의 수많은 임직원들이 범죄행위에 가담했다. 이에 협조하지 않으면 회사를 그만두어야 했고, 적극적으로 협조하면 승진과 보너스가 보장되었기 때문이다.

설탕 담합과 나

나는 4년간의 런던 근무를 마치고, 1991년 뉴욕지점에 발령받아 4
년간 근무하면서 국제무역센터의 선물거래소에 상장된 설탕선물을
거래하는 것을 주업무로 했고, 신규사업 발굴 관련 업무도 했다. 그
러던 중 1995년 여름에 본사로 발령을 받고 깊은 고민에 빠졌다. 본
사로 귀임해서 내가 맡을 업무가 바로 정부의 관료들을 포획하여 설
탕가격을 가급적 높게 올리는 일이기 때문이었다. 설탕 제조원가에
서 원재료인 원당이 차지하는 비중이 워낙 높기 때문에, 이 업무는
수입업무를 잘 알고 해외지점에서 자금관리를 해본 간부가 맡아왔
다. 업무의 중요성과 기밀성 때문에 이 자리는 회사에서 특별한 대
접을 받는 이른바 요직이었다.

설탕가격을 올리기 위해서는 당시 상공부 화학제품과와 경제기
획원 국민생활과 결재라인을 거쳐 허가를 받아야 했다. 1970년대 이
후 이 부서에 근무했던 대부분의 고위 공무원들은 제일제당의 로비
대상이었다. 무리하게 높은 가격인상을 관료들로부터 승인받기 위
해 불법적인 일도 불사했다. 관료들이 설탕가격 인상을 승인하려면
공정위의 감시를 피하고 감사원의 감사에 대비하기 위한 증빙자료
가 필요하다. 그래서 실구매가격보다 높게 원당을 구매한 것처럼 계
약서를 위조해 외국에 자금을 은닉하기도 했다. 외환관리법 위반,
관세법 위반, 사문서 위조 등 중범죄 행위들이었다. 이런 불법행위
를 은폐하기 위해서도 적극적인 로비가 필요했다.

실상을 잘 알던 나는 다른 부서로 보내달라고 청했으나 받아들여지지 않았고 결국 고민 끝에 사표를 제출했다. 회사의 선후배와 동료들은 승진이 보장된 그 좋은 보직을 왜 마다하느냐며 나의 행동을 이해할 수 없다고 했다. 어떤 상사는 배신이라고 비판하기도 했다. 나는 직장생활을 하기 위해서 범죄를 저지를 수는 없다고 판단했으며 지금도 그 판단이 옳았다고 생각한다. 퇴직을 하면서 내가 진정으로 퇴직하는 이유를 '범죄행위를 하기 싫어서'라고 말하지는 못했다. 다른 동료와 선후배들이 일상적으로 하는 일이었기에. 17년이 지난 이제야 진실을 말하게 된다.

삼분파동과 사카린 밀수사건

설탕의 과점과 불법적 담합범죄에는 박정희-공화당-이병철-이맹희-김두한과 연결된 깊은 역사적인 뿌리가 있다. 공정거래법도 설탕과 밀가루, 시멘트를 뜻하는 이른바 삼분산업(三粉産業)의 폭리와 담합을 막기 위한 목적으로 제정된 것이다.

1962년부터 시작된 제1차 경제개발5개년계획에 참여한 대기업 중심으로 독과점기업들이 과점시장을 형성하고 공동으로 가격을 조작하여 폭리를 취하기 시작하였다. 급기야 1963년 시멘트, 제분, 제당산업의 삼분파동이 발생함에 따라 기업결합과 카르텔에 의한 경쟁제한행위를 제한하고 불공정거래행위를 규제함으로써 민간기업의 경쟁을 촉진하고 시장경제의 원활한 운영을 추구하고자 '독과점 또는 산업집중 방지책'이 수립, 시행되었다.[4]

1963년 삼분파동으로 삼성과 제일제당 그리고 이병철 회장에 대한 여론이 매우 나빠진 상태에서 1966년 사카린 밀수사건이 터졌고, 한국비료의 사장이던 이병철 회장은 그룹 경영에서 물러나게 된다. 그리고 첫째아들인 이맹희씨가 그룹을 지휘하기 시작했다. 이맹희씨는 지난 1993년 발간한 회고록 『묻어둔 이야기』에서 당시 사건을 자세히 설명했다. "삼성은 공장 건설용 장비가, 청와대는 정치자금이 필요했기 때문에 돈을 부풀리기 위해 밀수를 하자는 쪽으로 합의했다. 미쯔이에서 받은 리베이트를 일본에서 물건을 사서 밀수를 하여 몇배로 불린 후에 3분지 1은 정치자금으로 헌납하라고 아이디어를 낸 사람이 박정희 대통령이었다. 밀수현장은 나(이맹희)와 동생 이창희씨가 지휘했으며 박정희정권은 은밀하게 도와주었다. 밀수를 하기로 결정하자 정부도 모르게 몇가지 욕심을 실행에 옮기로 했다. 이참에 평소 들여오기 힘든 공작기계나 건설용 기계를 밀수하여 이윤을 남길 생각이었다. 밀수한 주요 품목은 변기, 냉장고, 에어컨, 전화기, 스테인레스판과 사카린 원료 등이었다."[5] 설탕을 생산 판매하는 회사가 인공감미료인 사카린 원료를 밀수했다는 사실을 접한 국민들은 삼성과 제일제당 그리고 이병철 회장에 대해서 분노했다. 당시에는 수입관세가 높아 밀수가 국민경제를 교란하는 요인이었으므로 정부가 나서서 밀수를 중범죄로 홍보하는 캠페인이 일상적인 시대였다. 김좌진 장군의 아들 김두한 의원이 이 사건에 분노하여 똥물을 국회에 반입하여 국무의원들에게 투척하는 사건까지 발생했다. 공정거래법이 생긴 계기가 '설탕, 밀가루, 시멘트의 담합폭리' 때문이었는데 이러한 불법 담합과 폭리를 50년 동안이나 해결하지 못하고 있다니 참으로 부끄러운 일이다.

제일제당은 유사한 방법으로 다른 품목에서도 담합을 하다가 여러차례 공정위에 적발되었다. 밀가루, 식용유, 빨래비누, 조미료 가격을 담합했고 심지어 간염 백신과 고추장 가격까지 담합한 것이 적발되었다. 국내에서도 모자라 외국에서도 여러차례 담합을 하다가 적발되어 국제적으로 범죄기업이 되었다.

2011년 12월 29일에는 다음과 같은 신문기사가 나왔다.

> 국회 기획재정위원회는 28일 전체회의를 열고 현행 35%인 설탕 기본관세율을 30%로 5%포인트만 낮추기로 하는 내용의 '관세법 개정안'을 의결했다. 정부는 당초 설탕 기본관세율을 35%에서 5%로 무려 30%포인트 인하하는 방안을 추진했으나 (…) 설탕 관세를 대폭 낮추면 기초생필품인 설탕 공급을 전량 수입에 의존하는 구조가 되고, 급등락이 심한 국제시장 가격에 설탕가격이 연동돼 수급 불안정을 초래할 수 있다는 반론에 부딪쳤다. 또한 수입관세 인하에 따른 물가안정 효과가 미미할 뿐 아니라 향후 농식품 분야 협상 등 통상이익을 고려할 때 관세율을 대폭 낮추는 것은 국익에 맞지 않는다는 지적도 많았다. 관세 인하 추진으로 비상이 걸렸던 제당업계는 이번 결정을 반기고 있다.[6]

예상했던 바다. 제당업계들은 이러한 작업에 능하다. 수십년 동안 조직적으로 쌓아온 내공이 있다. 그들은 상공부, 기획원, 관세청, 국세청 관료들에게 집요하게 로비해왔다. 언론인과 학자들에게 혹세

무민의 궤변을 언론에 쓰게 하여 여론을 호도하고 국회의원들을 포획한다.

한미FTA와 설탕 담합

현재 CJ제일제당의 최대주주 이재현 회장은 이병철 선대회장의 첫째아들인 이맹희씨의 큰아들이다. 손경식 대한상공회의소 회장은 이재현 회장 모친의 남동생으로 안국화재(현재 삼성화재)와 제일제당의 대표이사로 오랜 기간 재직했다. 손경식 회장은 2005년부터 5년간 FTA민간대책위원회의 공동위원장으로 활동했다. 그는 2010년 11월 『문화일보』 인터뷰에서 다음과 같이 발언했다. "한미FTA는 매우 중요한 의미가 있다고 봅니다. 다른 것 다 제쳐놓더라도 한미 FTA를 통해 우리 경제수준이 격상된다고 봅니다. (…) 관세율이 낮아져서 일본·중국 등 경쟁국 상품에 비해 수출경쟁력이 높아지는 점도 중요하지만 무엇보다 우리 경제가 한단계 격상하는 계기가 된다는 점이 중요한 것 같습니다."

우리 경제의 격상과 더불어 관세율을 낮추어 수출경쟁력을 높이는 것이 FTA의 핵심이라면 "자유무역협정 협상에서 설탕관세를 유지하는 데 많은 협상력을 투입"했다와 "FTA협상에서 설탕관세 30%선 방어를 위해 다른 품목에서 우리가 크게 양보"[7]했다는 최원목 교수의 실토는 무엇을 말하는 것일까? FTA 협상과정에서 국민의 이익이 아닌 일부 기업들의 이권을 위한 협상을 했던 것은 아닌지를 의심하게 하는 대목이다. 설탕 관세를 높게 유지하기 위해 "크게 양보"했다는 품목이 혹시 쇠고기가 아닌지 궁금하다.

대한상공회의소의 손경식 회장은 언론과의 인터뷰에서 '법질서'를 지키는 것이 중요하다면서 법을 넘어서는 기업 때리기를 비판했다. 그리고 여러차례에 걸쳐서 '규제철폐'를 부르짖었다. 정부가 규제를 하면 기업활동이 위축된다는 것이다. 그런데 그가 대표이사를 맡았던 CJ제일제당은 은밀하게 자신에게 유리한 규제를 만드는 일들을 치밀하게 추구해왔다. 높은 관세는 역사적으로 흔히 써먹던 대표적인 규제다.

어차피 노무현 대통령 시절에 협상을 마쳤고 이명박 대통령이 발효시킨 한미FTA를 일방적으로 파기하는 것은 쉽지 않겠지만 독소조항이 너무 많아서 개정은 해야 할 것이다. 이를 위한 협상전략 하나를 제시하겠다. '미국은 자국의 설탕 관세를 없애거나 낮추어라. 한국도 설탕 관세를 없애겠다'는 주장을 협상의 지렛대로 활용하는 것이다. 이는 FTA정신에 부합되는 것이어서 미국도 무작정 반대하기는 어렵다. '당신들이 설탕 농민들을 보호하려고 관세를 유지한다면, 우리도 한우 농가를 보호하기 위해서 쇠고기 관세를 높이겠다'는 주장을 할 수 있는 명분이 생긴다. 소수지만 막강한 로비그룹인 미국의 설탕농장 주인들과 전분당 생산자들이 저항할 것이므로 이 협상은 대한민국에 유리하다. 우리는 설탕생산 농가가 없기 때문이다.

엄연한 민주국가이고 공정거래법의 서슬이 시퍼런 대한민국에서 불법적인 로비와 담합을 이용해 폭리를 취해온 설탕회사의 범죄행위를 50년 동안이나 해결하지 못한 이유는 무엇일까? 이러한 이권경제의 현상에 대해 이론적으로 설명하고 해결책을 제시하는 것이 이 책의 목적 중 하나다. 이 주제를 다루면서 설탕 담합사건을 내세운 이유는 필자가 내용을 잘 아는 분야라는 것과, 이것이 앞으로 전개할 이론을 설명하는 데에 요긴한 사례라는 점 때문이다.

2. 새로운 패러다임을 찾아서

> 이권집단을 억제하기 위한 개혁을 하지 않으면,
> 안정된 민주정치체제는 경제성장을 저해한다.
> — 피터 뮤렐

몇년 전부터 나는 세가지의 질문에 대한 답을 찾아왔다.

첫번째 질문은 '새로운 경제 패러다임은 어떤 모습일까'이다. 19세기를 풍미하던 자유방임주의 패러다임은 1929년 주가 폭락과 함께 몰락했고 그 반작용으로 파시즘과 공산주의 패러다임이 등장했다. 그후 신고전학파(neoclassical) 이론과 케인즈(J. M. Kaynes)의 유효수요 이론을 결합한 신고전학파종합이라는 케인지언 패러다임[8]이 미국과 유럽의 안정적 발전을 이끌었다. 그러나 1970년대 들어 복지병과 스태그플레이션의 원인으로 지목된 케인지언 패러다임은 퇴장하고, 시장근본주의 패러다임이 주류가 되었다.

2차대전 후 미국과 함께 세계의 양대진영으로 군림하던 소련에서 공산주의 패러다임이 무너지자 자본주의(capitalism)와 민주정치체제(democracy)가 결합한 자유민주정치체제(liberal democracy)가

인류 최후의 정부 형태라는 후쿠야마의 선언[9]이 나올 정도로 신고전학과 경제이론에 근거한 소위 신자유주의(neoliberalism)[10] 패러다임이 득세했다. 그러나 2000년경부터 시작된 세계적인 부동산가격 폭등의 후유증과 빈부격차의 심화, 2008년 리먼브라더스의 파산과 함께 신자유주의 패러다임은 무너지고 있다. 이후 경제문제를 해석하고 문제해결의 길잡이가 되어야 할, 세계인 다수가 공감할 만한 새시대의 패러다임은 수립되지 못하고 있다.

우리나라의 민주개혁진영은 1990년 소련의 붕괴 이후 뚜렷한 이론체계를 갖지 못했다. 깊은 뿌리가 있던 맑스-레닌주의나 민족해방 이론도 점차 힘을 잃어갔다. 그후 거대담론에 대한 회의적 시각 때문인지 체계적인 이론을 구축하는 성과가 별로 없었다. 오늘날 민주개혁진영의 이론체계는 맑스주의, 미국 민주당의 자유주의 경향, 영국 노동당의 제3의 길 그리고 북유럽식 사회민주주의 이론들이 혼재하는 상태다.

심각한 모순에 빠져 있는 경제문제들을 설명하고 해결책을 제시할 새로운 패러다임이 절실하게 필요하다. 정치인에게 철학과 과학적 가치체계가 부족하면 당면과제와 이권에 집착한 주장만 하게 된다. 그러나 많은 사람들이 공감할 만한 패러다임은 아직 제시되지 못하고 있다.

두번째 질문은 '경제민주화란 무엇이며 어찌 달성해야 되는가'이다. '경제민주화'는 여야 모두가 추구하는 새로운 '시대정신'으로 떠올랐다. 2012년 12월의 대통령선거에서 두 당 모두 가장 중요한 구호가 경제민주화다. 그러나 '경제민주화'라는 단어의 정의는 사람마다 다르고, 이론적인 토대는 취약하고, 실천방안은 애매하다. 무엇이 경제민주화이고 어떻게 달성할 것인가에 대한 설득력 있는 답이 필요하다.

민주정치체제란 좁은 의미로 정의하자면 '백성이 주인이 되는 체제'로 1인1표제 선거를 통해 국민이 주기적으로 통치자를 선출하는 제도인데, 도대체 경제에서 '민주화'라는 것이 무엇을 뜻할까? 주주가 아니라 국민이 기업의 주인이 되는 체제일까? 경제에 관한 주요 정책을 국민이 다수결로 결정하는 것일까? 이 개념에 대해 대중적인 공감대도 학문적인 이론도 명쾌하지 않다. 보다 튼튼한 이론적 기초에 근거해서 국민들을 설득하고, 넓은 공감을 얻을 수 있는 실천방안이 제시되어야 한다.

세번째 질문은 '무너진 정치·사회 질서를 어찌 다시 세울 것인가'이다. 정당정치 질서가 무너졌다. 2011년 10월 26일 서울시장 선거에서 무소속으로 출마한 박원순 시장이 상당한 표 차이로 당선되고 그후 안철수 원장의 지지율이 다른 모든 야권후보는 물론 박근혜 후보의 지지율도 능가하자 정치권은 혼란에 빠졌다. 서울시장 선거에서 후보조차 내지 못했던 민주당은 없어지고 민주통합당이 급하게 만들어졌다. 한나라당과 박근혜 진영도 허겁지겁 새누리당으로 당명을 바꾸고 경제민주화라는 슬로건을 내걸고 2012년 4월 총선거를 치러야 했다. 이는 한국의 정당정치 질서의 붕괴를 의미한다. 국민들 마음속에 강력한 열망이 있는데, 기존의 정당들이 이를 포용하고 감당하지 못해서 생긴 현상이다.

노동의 질서가 무너졌다. 대기업과 공기업에 종사하는 20% 정도의 고소득 노동자와 중소기업에서 일하거나 자영업 혹은 비정규직에 있는 80%의 저임금 노동자의 격차가 너무 크게 벌어졌다. 같은 공장에서 같은 일을 하는 사람들의 임금 차이가 두배가 넘는 경우도 있다. 교육 질서가 무너졌다. 초중등 공교육의 질이 열악하여 엄청난 사교육비를 써야 한다. 세계에서 대학진학율이 가장 높고 등록금 수준도 소득 대비 세계 최고 수준이다. 그러나 교육의 질은 형편없고 대학까지 졸업해도 일자리를 찾기 어렵다.

금융질서가 무너졌다. 이명박정권의 핵심인사들은 저축은행 대주주들과 유착했다. 대형 은행들은 금리를 담합했다. 은행에 돈을 맡기면 안전하다는 믿음에 기초한 금융질서가 파괴된 것이다. 민주헌법의 기본질서가 무너졌다. 청와대가 언론과 방송을 통제하고, 검찰과 경찰까지 권력으로 조정하고, 불법적인 민간인 사찰로 인권이라는 인간 문명의 기본 질서를 무너뜨렸다.

생산의 원천이요 사람들 간의 믿음의 근원인 질서가 무너지자, 기업의 비용이 늘어나서 경쟁력이 떨어지고, 개인과 집단 간의 갈등은 커지고 스트레스는 높아져서 범죄가 증가하고 사회가 불안해졌다. 공평하고 건강한 질서를 만들기 위해서는 어떻게 해야 하는지 해답이 절실하다.

세가지 질문에 대한 답변

앞서 말한 세가지 질문인 경제의 새로운 패러다임, 경제민주화 방안, 새로운 정치사회 질서에 대해 내놓고자 하는 대답들은 다음과 같다.

1) 새로운 경제 패러다임의 모색
'네가지의 경제씨스템이 유기적인 관계를 가지고 작동'하는 모델을 제안하고자 한다. 네가지 경제씨스템은 '이권경제'(rent seeking economy), '요소경제'(factors based economy), '혁신경제'(innovation based economy) 그리고 '공공경제'(public economy)다. '이권경제'란 인허가, 담합 등에서 나오는 이권에 기반을 두고 이익을 내는 경제를 말하며, '요소경제'는 노동과 자본이라는 요소의 투입에 비례하여 생산물이 나오는 통상적인 경제를 말한다. '혁신경제'란 새로운 가치를 만들어 이익을 내고 고용을 창출하는 경제를 뜻하며 '공공경제'는 국가의 재정을 사용하는 경제활동과 공기업들이 영위하는 경제를 말한다. 네가지 경제의 이름은 기존의 경제이론들에 나의 생각을 더해서 만들어낸 것이다.

단순하게 표현하자면, 네가지 경제씨스템은 돈을 벌거나 재물을 획득하는 방법을 기준으로 구분한 것이다. 이권경제에서는 권력 등을 이용하여 허가를 받거나 독과점을 악용하여 남이 만든 재물을 나누어 갖는다. 요소경제에서는 노동과 자본을 투입하여 그에 상응하는 재화를 만든다. 혁신경제에서는 창의적인 상품을 생산해서 투입한 요소보다 큰 이득을 만들고, 공공경제는 국민의 세금과 국가부채를 사용하여 경제활동을 한다. 혁신경제는 주로 블루오션 사업 위주의 경제이고, 요소경제는 레드오션 사업이 주된 경제이며, 이권경제는 블랙오션 사업이 위주인 경제라고 할 수 있다. 블랙오션이라는 단어는 블루오션과 대비시키기 위해 내가 생각해낸 용어로 블랙마켓(암시장暗市場)에서 영감을 얻었다. 공공경제는 이권경제와 관계가 있다는 점에서 그레이오션이라고 이름 붙이겠다.[11] 경제성장은 대부분 혁신경제에 의존한다. 요소경제에서는 부가가치의 생산량을 유지하지만 증가시키기는 어렵다. 이권경제는 자원을 낭비하여 경제를 후퇴시킨다.

이 책을 통해서 네가지 경제씨스템으로 경제현상들을 설명하고, 이권경제를 줄이면 빈부격차와 사회갈등과 범죄가 줄어들고 일자리가 늘어난다는 것과, 혁신경제를 강화하면 소득이 증가하고 경제가 발전한다는 원리를 기초로 한 '새로운 경제발전 모델'을 제안하고자 한다.

2) 경제민주화 방안

재벌문제를 어떻게 해결할 것인가가 '경제민주화'의 핵심적인 과제다. 내 제안의 요지는 '재벌들이 잘하고 있는 혁신경제 부문은 더욱 잘할 수 있도록 정부가 도와주되 재벌이 영위하는 이권경제 부문은 축소하거나 철수하도록 유도'하는 것이다. 재벌들의 사업전략을 관찰해보면 블랙오션 전략을 가장 좋아하고 그다음이 블루오션 전략이며 레드오션은 가급적이면 피한다.

박정희시대에는 재벌에 혁신경제를 할 수 있는 자본을 만들어주기 위해서 이권경제의 블랙오션 사업을 용인했다. 다수의 재벌은 블루오션보다는 블랙오션에서 기초적인 자본축적을 했다. 삼성그룹은 설탕과 밀가루 그리고 섬유산업에서 자본을 축적했고, 현대그룹은 국가의 보호 아래 건설, 토목, 자동차산업으로 성장했다. SK그룹은 정유와 통신업을 국가로부터 인수하여 성장했다. 이제는 재벌들에 충분한 자본과 기술력, 인재집단과 조직력이 생겼으므로 이권사업의 검은 바다에서 벗어나 혁신의 푸른 바다로 나가도록 유도해야 한다. 담합을 일삼는 국내사업이나 부동산사업같이 제로썸 게임의 이권추구자가 되지 말고, 삼성전자와 현대차, 포스코 그리고 서울반도체, 셀트리온, 휴맥스처럼 세계시장의 푸른 대양에서 가치를 창조하여 열심히 일한 국민들과 함께 풍요롭게 살 수 있도록 하자는 것이다.

민주화란 곧 특권을 없애는 것이므로 이권경제를 축소하면 민주화가 진전된다. 최고의 복지는 좋은 일자리를 많이 만드는 것이고, 자영업자와 소기업을 돕는 효과적인 방법도 좋은 일자리를 많이 만들어 과다경쟁을 완화시키는 것이다. 경제를 후퇴시키고 빈부격차를 초래하는 이권경제를 합리적으로 억제하고, 국민들 다수가 요소경제와 혁신경제에 참여할 수 있도록 하면 자연스럽게 경제가 발전하고 좋은 일자리들이 늘어날 것이다.

3) 무너진 정치·사회 질서를 어찌 다시 세울 것인가

이권경제는 부조리한 상태가 고착되어 낭비가 일상화되는 무질서한 상태인 경우가 많다. 요소경제는 시장메커니즘에 의해 역동적인 질서가 잡힌 상태다. 혁신경제는 더 높은 질서를 만들어 낮은 질서를 대체하는 산업이다. 대부분의 부정, 부패, 불법적 로비, 뇌물, 향응은 이권사업 때문에 생겨난다. 요소경제나 혁신경제에는 이권도 별로 없고 로비할 일도 적다. 이권사업이 줄어들면 재벌·관료·언론·검찰·정치권의 이권 카르텔도 약화된다.

생산과정에서 높은 부가가치를 만들려면 '잘 짜인 질서'가 필요하다. 사회관계가 유기적으로 작동하려면 '공평한 질서'가 필요하다. 또한 국가 전체가 발전하려면 '건강한 질서'가 필요하다. 즉, 잘 짜인 질서-공평한 질서-건강한 질서를 만들어나가야만 기업은 발전하고 국민들은 행복하고 인류는 지속가능한 발전을 할 수 있다.

이러한 개념을 정립하여 무너질 질서를 바로 세우는 방안을 제시하고자 한다.

문제해결의 주체는 누구인가

이 세가지 질문에 대한 해결책이 절실한 사람들은 이 땅의 젊은 세대다. 젊은 세대와 구세대의 경계선은 1972년생 전후다. 나는 이들을 국제화 세대라고 이름 붙였다. 1972년 전후에 태어난 이들은 학업과 병역을 마치고 취업을 하려 할 때인 1997년 외환위기가 닥쳤다. 그후 우리나라에서는 좋은 일자리가 귀해지고 양극화는 심해졌으며 집값이 폭등했다. 현재 이들은 40세 내외다. 그리고 1982년 전후에 태어난, 현재 30세 내외의 젊은이들은 첫 직장을 찾는 시기인 2008년에 금융위기를 맞아서 대다수가 88만원세대[12]라고 불릴 정도로 어려운 사정에 빠졌다. 사실 이들은 한반도 역사 이래 최고의 교육을 받은 세대고 어릴 때 배고픔을 모르고 자라서 준수한 체격을 갖춘 세대다. 이들은 젊은 시절 외국여행을 한 최초의 글로벌 세대로 세계무대에 나아가 혁신경제를 잘할 수 있는 인재들이다. 그러나 이들에게 돌아갈 좋은 일자리는 너무나 부족하고, 결과적으로 미래가 불안하여 자식도 잘 낳지 않는 세대가 되었다.

대한민국에서는 이권을 장악한 소수의 집단과 이권에서 소외되어 살기 힘든 다수의 사람들로 양극화가 진행되어왔다. 이권에서 소외된 사람들도 자식들에게만은 이권을 만들어주기 위해 좋은 대학에 보내려고 기를 쓴다. 이공계를 기피하고 공무원, 공기업, 변호사, 의사 등 이권을 가진 직업을 갖고 싶어한다. 이권을 가진 자들이 득세하는 현실을 보고, 모두가 이권집단에 들어가고자 경쟁하는 것이 이 나라의 사교육 열풍과 부동산 투기의 원인이다.

이권에서 소외되어 있는 대다수 젊은이들은 이권집단의 피해자들이다. 이들은 새누리당과 이명박정부뿐만 아니라 민주당을 포함한 기성세대 전체를 거부하고 있다. 이들이 안철수 현상의 주역이 되고 있는 것이다. 이들에게 '이권경제를 타파하여 이권이 없어도 잘살 수 있는 공평하고 건강한 질서의 나라를 만들겠다. 혁신경제의 꽃을 피워 여러분들이 주역이 되게 하겠다'라는 비전을 제시하고 설득해나간다면 이들은 환호하며 적극적인 개혁의 지지자가 될 것이다.

3. 혁신경제, 요소경제, 이권경제, 공공경제

마차를 여러개 연결한다고 기차가 되는 것은 아니다.
— 조지프 슘페터

　　앞에서 설명한 이권경제, 요소경제, 혁신경제 그리고 공공경제를
이해하려면 우선 렌트라는 경제학적 개념을 알아둘 필요가 있다.
　　일상용어로 렌트(rent)란 토지나 건물 등 부동산의 임차료를 말
한다. 그래서 땅의 임대료, 즉 지대(地代)라고 번역된다. 농사짓는 땅
에서는 소작료라고 할 수 있다. 그런데 경제학에서 사용하는 경제적
렌트(economic rent)와 지대추구(rent seeking)라는 용어에서 렌트
의 뜻은 땅값이라는 '지대'와는 다른 의미가 있다. 여기서 렌트의 일
반적인 정의는 '가격이 올라도 공급이 쉽게 늘어나지 않아서 생기
는 초과이익'을 말한다. 즉 경제적 렌트란 공급의 가격 탄력성이 적
은 상품에서 발생하는, 적정이윤을 초과하는 이익이다. 이 책에서
는 '지대'라는 혼동되기 쉬운 단어보다는 '렌트'라는 용어를 사용하
겠다.

렌트추구행위라는 용어는 또 다른 뉘앙스를 가지고 있다. 렌트추구행위란 인허가 등 정치사회적 조건을 조작하여 초과이익을 추구하는 행위를 말한다. 기업이나 개인이 로비활동을 통해서 이권을 만들어가는 과정에서 자원이 낭비되어 경제에 부정적인 영향을 주는 점을 강조한 개념이다. 공공선택이론의 선구자인 털럭(Gordon Tullok)이 1967년 발표한 논문에서 이 개념을 제시한 후 경제학 용어로 정착되었다. 정부가 관세나 인허가 등의 규제를 만들면 특정 기업은 독점적인 특권을 갖게 된다. 업체끼리 담합을 하면 공급이 제한되어 초과이익이 발생한다. 이처럼 공급을 통제하여 가격을 높임으로써 초과이익을 누리려는 활동이 렌트추구행위다. 예컨대 중세시대의 길드는 경쟁자들이 못 들어오게 하여 렌트를 추구했고, 변호사협회와 의사협회는 수요가 늘어도 공급이 늘어나기 어렵게 하는 방법으로 렌트를 추구한다.

경제적 렌트의 네가지 유형

세상에 해를 끼치는 비열한 렌트추구행위도 있지만, 유익하고 바람직한 렌트 창조자도 있다. 렌트추구는 기업경영의 핵심목표이며 경제발전의 원동력이기도 하다. 그래서 렌트의 종류를 다음의 네가지로 나누어보았다.

첫째는 창조형 렌트로 신제품, 특허, 네트워크 등 새로운 물건이나 써비스를 창조하여 만들어내는 렌트를 말한다. 1997년 개봉하여 2조원 정도의 수익을 올린 영화 「타이타닉」의 제작비는 약 4000억원이었으므로 약 1조 6000억원의 렌트를 만든 셈이다. 기업들은 이익을 극대화하고 경쟁자를 물리치는 창조적인 활동을 통해서 경제적 렌트를 확보하려 한다. 페이스북은 전세계 8억명이 자발적으로 네트워크를 만들고 콘텐츠를 올리도록 하여, 창립한 지 8년 만에 수십조원의 가치를 만들어냈다. 애플은 아이폰을 개발하여 원가에 비해 비싸게 팔아 엄청난 이익을 낸다. 그 결과 회사의 가치가 700조원을 기록하면서 역사상 가장 가치가 큰 회사가 되었다. 이처럼 남들이 공급하기 어려운 상품을 만들어서 투입한 비용보다 큰 이익을 내는 것이 창조적 렌트다.

둘째는 정치적 렌트로 사업인가나 면허처럼 정치적 결정에 의해서 공급이 제한되는 사업에서 생기는 렌트다. 예컨대 은행업, 보험업, 정유업, 방송업처럼 공공기관으로부터 허가를 받으면 생기는 렌트를 말한다. 셋째는 담합형 렌트로 업계가 담합을 통하여 인위적으로 공급을 제한하고 가격을 올려서 초과이익을 취하는 것이다. 넷째는 부동산 렌트다. 특정한 위치에 있는 토지의 경우 가격이 올라도 추가공급이 되지 않기 때문에 렌트가 발생한다. 지하철역과 좋은 학교가 생겨서 땅값과 주택가격이 올라서 생기는 이득도, 뇌물을 주고 대형 건축허가를 받아내서 얻는 이득도 모두 경제적 렌트다.

네가지 유형의 렌트 중에서 창조형 렌트는 가치를 창조하므로 인류의 복리와 경제발전을 위해서 도움이 되지만, 정치적 렌트, 담합형 렌트, 부동산 렌트는 제로썸 게임에서 일방이 이득을 보는 것이므로, 이런 렌트가 커지면 국민복리와 국가경제에 나쁜 영향을 준다. 혁신경제는 창조형 렌트를 추구하는 경제이고, 정치적, 담합형, 부동산 렌트를 추구하는 경제가 이권경제다. 요소경제는 렌트가 거의 없는 경제다.

산업의 변천과정

앞에서 제시한 네가지 경제모델인 이권경제, 요소경제, 혁신경제 그리고 공공경제를 좀더 명확하게 구분하기 위해서는 산업의 변천과정을 살펴볼 필요가 있다. 〈그림 1-1〉과 같이 '시장성장곡선, 학습곡선, 참여기업 수의 변동'의 세가지 측면에서 산업의 변천과정을 분석해보자.

시장성장곡선을 보면 새로운 제품 혹은 산업이 탄생하는 초기에는 수요가 별로 없다가, 성능이 안정되고 소비자의 호응이 확산되면 빠르게 수요가 증가한다. 그후 수요증가율이 둔화되는 성숙기를 지나서 수요가 줄어드는 쇠퇴기가 오고, 그 다음에는 수요가 유지되기도 하지만, 많은 산업은 소멸된다. 개인용 컴퓨터(PC)의 예를 들어보자. 빌 게이츠와 스티브 잡스는 IBM이 컴퓨터시장의 절대강자로 군림하던 1975년과 1976년에 각각 마이크로소프트와 애플을 창업했다. 1978년 인텔이 개인용 컴퓨터를 위한 16비트 마이크로 프로세서 8086을 출시하면서 제품 개발이 활성화되어 1980년대 들어 개인용 컴퓨터의 수요가 급증하기 시작했다. 그후 1980년대와 1990년대 인텔이 마이크로 프로세서 286, 386, 486, 펜티엄을 차례로 출시하면서 개인용 컴퓨터는 폭발적인 성장을 이어오다가 2000년을 전후하여 포화상태에 이른 후 스마트폰과 스마트패드가 나오면서 수요가 줄고 있다.

학습곡선을 보자. 초기의 벤처 단계에서는 제품을 생산하는 데 시간과 노력이 많이 들어가지만, 생산경험이 많아짐에 따라 제조기술

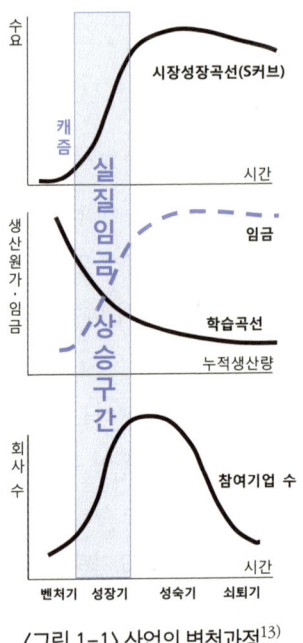

〈그림 1-1〉 산업의 변천과정[13]

이 좋아지고, 대량생산이 가능해지고, 부품이 표준화되면서 생산원가가 떨어지는 경향을 보인다. 이는 생산기술과 조직화 능력 등이 축적되는 학습효과 때문에 노동과 자본 같은 투입요소의 효율성이 높아지므로 나타나는 현상이다. 마이크로 프로세서, 메모리반도체와 하드디스크 기술의 발달로 개인용 컴퓨터는 1980년대 이후 약 2~3년마다 성능이 두배로 증가하였으나 가격은 오히려 떨어져갔다. 성능 대비 가격이 2년마다 절반 정도로 계속 하락했다.

임금의 변화를 보면 벤처기에는 모험적인 사람들이 낮은 임금을 감수하고라도 도전하는 시기이므로 다른 업종보다도 인건비가 낮은 경향이 있다. 성장기에 들어서면 학습효과로 인해서 노동생산성이 빠르게 증가하고, 경쟁이 적으므로 이익률이 높은데다가, 새로운 분야라서 인재의 공급이 부족하여 임금은 빠르게 상승한다. 컴퓨터 엔지니어같이 새로운 산업의 기술을 가진 사람들의 임금이 대체로 높다는 것은 주지의 사실이다. 성숙기에는 노동생산성의 증가율이 둔화되고 인력 공급이 증가하여 임금은 안정화된다. 쇠퇴기에는 표준화가 진행되고 자동화 투자로 인해 인력을 감축하므로 전체생산비에서 인건비가 차지하는 비중이 줄어든다. 임금은 하방경직성이 있어서 크게 떨어지지는 않으며, 자동화가 진전되면 기계를 다루는 고급인력의 임금은 높게 유지된다.

산업에 참여하는 기업 수의 변화를 보면, 산업초기에는 소수의 발명자들과 벤처기업가들만 활동하지만, 기술이 안정되고 수요가 증가하면 많은 기업들이 진입한다. 성숙기에는 시장이 커지고 참여하는 회사들이 많아져서 가격경쟁과 시장점유율 경쟁으로 치달으면서 경쟁력 없는 회사들은 퇴출된다. 쇠퇴기에는 제품의 차별화가 어려워지고 가격이 떨어지면서 대부분의 사업자들이 구조조정되고 소수의 기업들만 남아서 사업을 영위하게 된다.

산업 변천과정의 4단계

앞의 그림에서 네개의 곡선을 보면 산업변천의 단계에 따라 시장수요, 생산원가, 임금, 경쟁이라는 핵심변수들이 크게 다르다는 것을 알 수 있다. 이를 기준으로 산업변동의 싸이클을 4단계의 시기, 즉 벤처기-성장기-성숙기-쇠퇴기로 구분해서 볼 수 있다.

벤처기에는 새로운 기술과 상품은 개발되었으나, 아직 소수의 초기 수용자(early adapter)들만이 제품을 구매한다. 생산경험이 부족하고 주변산업도 발달되지 않아서 원가는 높고 판매량이 적어 수익을 내기 어렵다. 그러나 성공하면 큰 성과를 낼 수 있어서 벤처캐피털들이 투자하는 시기다. 벤처기업들은 신제품의 시장진입, 기술안정화, 경영안정화 등 여러 과제를 극복해야 성장기로 진입할 수 있다. 성장기로 진입하기 전에 수많은 벤처기업들이 도산하게 되는데

이 시기를 캐즘(chasm) 혹은 죽음의 계곡(death valley)이라 한다.

성장기는 수요가 증가함에 따라 참여기업은 늘어나며, 기술개발이 활발해지고, 주변산업도 발달하는 시기다. 소비가 급증하고 비교적 높은 가격이 형성되며 원가는 떨어지는 시기여서 성공적인 기업들은 이때 큰 이익을 낸다. 인력에 대한 수요는 증가하지만 새로운 산업분야인지라 인력 공급이 부족하므로 급여수준이 높아진다. 이 시기의 산업은 경제성장에 기여도가 높다.

성숙기에는 성장률이 둔화되며 참여기업이 많아 경쟁이 치열하다. 기술이 성숙되어 연구개발 투자가 둔화된다. 부품이 표준화되고 회사마다 제품이 비슷해져서 표준품(commodity)시장으로 바뀐다. 제품의 차별화가 어려워져서 가격경쟁이 심화되는 시기다. 원가는 상당히 떨어지고 마진도 줄어들어 인건비를 줄이고 자동화를 추구하는 시기다.

쇠퇴기에는 소비가 정체되거나 감소하며 기술의 발전은 느리고 제조원가는 떨어지고 가격경쟁이 치열하여 근로자 인력을 구조조정하게 된다. 규모의 경제가 작용하는 시장에서는 소수의 기업만이 살아남아 사업을 영위한다. 쇠퇴기를 거쳐서 많은 산업들이 소멸된다. 한때 혁신산업의 총아였던 증기기관, 백열전구, 무성영화, 타이프라이터, 브라운관 TV, 비디오테이프, 소니 워크맨, 코닥 필름 등이 발명되고 폭발적으로 성장하다가 소멸해간 과정을 생각해보라. 모두 앞에서 설명한 네개의 싸이클을 따라갔다. 이는 일반법칙이다.

한 사회의 주력산업들이 쇠퇴기에 들어서면 여기에 투입했던 인력과 자본을 새로운 성장산업으로 이동시켜야 경제성장이 가능하다. 새로운 성장산업을 계속 도입해야 경제 전체의 수요와 공급이 늘어난다. 단위노동 투입당 제품생산량은 성장기에 가장 빠르게 올라가므로, 성장기에 노동생산성이 증가하고 결과적으로 임금도 상승한다. 성장기 산업이 주력인 국가가 세계경제를 선도한다.

혁신경제, 요소경제, 이권경제, 공공경제의 정의

산업 변천과정의 4단계를 기준으로 '혁신경제는 벤처기와 성장기의 산업을 위주로 하는 경제이며, 요소경제는 성숙기와 쇠퇴기의 산업 중 경쟁자들이 많은 산업을 위주로 하는 경제이고, 이권경제는 성숙기와 쇠퇴기에 독과점기업에 의해 장악된 산업을 위주로 하는 경제'로 규정하겠다.

혁신경제는 벤처기와 성장기의 기술집약적인 신산업을 중심으로 작동되는 경제로, 효용가치가 높은 새로운 상품과 새로운 소비를 창출하여 창조형 렌트를 만드는 경제다. 블루오션 사업이다. 최근의 예가 애플이 스마트폰을 창조하고 애플리케이션 산업 생태계를 일으킨 것이다. 혁신경제에서 이익의 원천은 남들이 쉽게 흉내내기 어려운 지적 자산에서 나오는 렌트다. 애플의 가치는 2009년 100조원에서 불과 3년 만인 2012년 8월 현재 700조원으로 불어났다.

요소경제는 성숙기와 쇠퇴기의 산업으로 많은 사업자들이 경쟁한다. 생산요소의 투입, 즉 노동과 토지와 기계의 투입량에 비례하여 산출량이 결정되는 경향이 강하기 때문에 요소경제라고 이름 붙였다. 레드오션 사업이다. 농업에서는 씨를 뿌리고 농부가 땀을 흘린 만큼 수확이 나온다. 봉제공장에서는 노동자가 노동한 시간에 비례하여 산출물이 나온다. 요소경제의 상품은 표준품인 경우가 많고 가격은 쌍방향 경매방식에 의해서 정해지는 경우가 대부분이다. 요소경제에서는 경쟁자가 많고 생산품의 질이 비슷한 자유경쟁시장인 경우가 대부분이라 렌트가 생기기 어렵다.

이권경제는 담합에서 나오는 렌트, 사업면허에서 나오는 렌트와 같이 인위적으로 공급을 제한하고 가격을 올리는 방법으로 렌트를 확보하는 사업들의 경제다. 블랙오션 사업이다. 한국의 설탕, 휘발유 같은 독과점 담합사업과 부동산산업, 전기산업, 은행산업, 보험산업처럼 정부가 통제하고 소수에게만 사업권한을 주는 사업은 이권경제적인 속성이 강하다.

공공경제는 국가가 특정한 목적을 가지고 국민의 세금에서 나온 재정으로 비용을 들여서 생산하는 국방, 치안, 소방, 교육 등의 재화나 써비스를 말하며, 공기업의 경제활동도 여기에 포함된다.

네가지 경제의 예

이권경제, 요소경제, 혁신경제, 공공경제의 경계가 모호할 때가 많다. 기술집약적인 혁신경제는 시간이 흐름에 따라 노동집약적인 요소경제로 변천되었다가 자본집약적인 이권경제로 변화되는 경향이 있다. 물론 우편 써비스나 철도 써비스처럼 시초부터 자본집약적인 이권경제나 공공경제인 경우도 많다. 대부분의 산업과 기업들은 여러가지 경제의 요소들이 혼재되어 있으나 한가지 특성이 두드러지는 경우도 많다. 예컨대 기술기업과 벤처기업들은 혁신경제 분야이고, 자영업과 중소제조업은 대체로 요소경제에 속하며, 독과점 상품의 공급자들은 이권경제에 속한다.

제약업을 예로 들어보면, 새로운 약을 개발하는 사업은 혁신경제이고, 특허가 만료된 복제약을 만들어 파는 사업은 요소경제이며, 제약회사들이 약값을 담합하거나 병원과 의사에게 불법적인 리베이트를 주면서 판매하는 사업은 이권경제다. 의료산업의 경우 보건소는 공공경제이며, 일반 의원은 경쟁이 치열한 요소경제적인 요소가 있으며, 의사만이 진료를 할 수 있으므로 이권경제적 속성이 뚜렷하다. 석유화학사업의 경우, 국내에서 휘발유와 경유를 판매하는 사업은 이권경제이고 정밀화학제품이나 플랜트 수출사업은 혁신경제다. TV 제조업의 경우, 국내시장에서 두개 업체가 담합하여 비싸게 파는 경우는 이권경제이고 3D TV 같은 신제품을 개발하여 수출하는 것은 혁신경제다.

통신업의 경우, 유무선 전화사업은 이권경제 속성이 강하고 이메일을 비롯한 인터넷사업은 혁신경제에서 요소경제로 넘어가는 양상이며 페이스북과 카카오톡은 혁신경제라고 볼 수 있다. 토목, 건설업의 경우, 관급공사는 공공경제이고 4대강사업은 이권사업이었고, 국내 주택건설업은 요소경제 성격이 강하고 해외건설은 혁신경제다. 금융업도 창업투자회사, 투자은행과 사모펀드, 헤지펀드 등 창의적인 투자능력이 필요한 분야는 혁신경제이며, 대부업같이 단순한 여신이지만 경쟁이 치열하고 국가의 보증을 받지 못하는 분야는 요소경제이며, 국가가 예금자를 보호해주는 특권을 가진 은행은 이권산업적인 요소가 많다.

경제를 성장시키고 좋은 일자리를 만드는 방법

여기까지 설명한 내용만으로도 좋은 일자리를 만들어내는 방법이 보인다. 즉 '이권경제에서 혁신경제로' 나아가는 것이다.

이를 이해하는 데 도움이 되는 사례들을 역사에서 찾아보자. 영국은 18세기 후반 산업혁명 당시 증기기관과 방직기 그리고 코크스를 이용한 제철기술을 창조하여 생산력이 급증했고 그후 100년 이상 세계의 패권을 잡았다. 20세기 초반 영국이 쇠퇴기 산업을 구조조정하지 못하자 새로운 산업의 주도권은 미국, 독일, 일본으로 넘어갔다.

미국에서 1877년 알렉산더 벨이 전화회사를 설립했고, 1890년경 에디슨과 테슬라가 백열전구와 전기모터를 발명하여 상업화했으며, 1903년 포드자동차가 대중적인 자동차를 대량생산함으로써 그후 미국이 100여년간 세계경제의 주도권을 잡게 되었다. 1980년대 첨단제조업을 중심으로 일본에 추월당하는 것이 아니냐는 우려도 있었지만, 1990년대 인터넷과 정보통신산업을 주도함으로써 지식산업 중심의 신경제를 이끌었다. 2008년 금융위기에도 불구하고 여전히 미국이 세계경제에서 주도권을 행사하고 있는 것은 '실리콘밸리'로 상징되는 혁신경제 주도형의 산업생태계와 여기에 기술과 인재들을 공급하는 대학의 경쟁력이 세계 최고 수준이기 때문이다.

일본은 1945년 패전 이후 매카서(Douglas MacArthur) 군정에 의해 제국주의시대의 이권집단이 몰락하고 재벌 위주의 이권경제가 무너졌다. 1950년대 한국전쟁 특수를 통해 섬유와 전자 등에서 경쟁력을 키웠고, 수출 위주의 혁신경제를 국가가 적극 지원하는 전략을 구사했다. 1960~70년대에 전자제품과 정밀부품, 소재 등 고부가가 치 제조업에서 세계적 경쟁력을 갖게 되면서 영국과 독일을 누르고 세계 2위의 경제강국으로 올라섰다.

그러다가 1980년대의 환율강세의 악영향을 줄이기 위해서 금융완화 정책을 취했고 이것이 부동산과 주식시장 버블로 나타나 이권경제가 팽창했다. 1990년을 분수령으로 버블이 꺼지면서 일본은 쇠퇴의 길로 들어섰다. 1990년 이후 전자산업과 컴퓨터산업에서 자국표준을 고집하면서 국제시장으로부터 고립되어 혁신산업에서 주도권을 상실했다. 그후 내부로 움츠러들고 혁신경제를 게을리함으로써 쇠퇴의 길을 벗어나지 못하고 있다. 버블붕괴 이후 경기부양 명목으로 막대한 재정을 '차가 다니지 않는 도로, 터널, 교량 건설'로 낭비했다. 토건족과 정치인의 결탁으로 토목 위주의 이권경제를 키웠던 것이 일본의 20년째 침체의 또다른 원인이다.

앞의 예들에서 보듯이 이권경제를 줄이고 혁신경제를 키우면 번영하고 그 반대로 가면 몰락한다. 대한민국이 2차대전 후 60년 만에 세계 최빈국에서 유일하게 선진국 반열에 오른 나라가 된 것은 성장기 혁신산업들을 적극 육성했기 때문이다. 1960년대에는 섬유산업과 목재산업 등으로 수출기반을 마련했다. 과연 1960, 70년대의 노동집약적인 수출산업인 섬유산업과 전자조립산업을 혁신산업이라고 볼 수 있겠는가 하는 논란이 있을 수 있다. 이 책의 논의는 국제시장이 아닌 국민경제 내에서의 혁신성과 파급효과를 따지는 것이므로 수출산업은 대부분을 혁신산업으로 분류하겠다. 당시의 대규모 섬유공장과 전자조립공장은 한국의 경제사정에 비추어보면 혁신적인 산업이었고 고용창출과 차세대산업 발전에 크게 기여했다. 1970년대에는 전자산업과 자동차, 철강산업을 육성하기 시작했으며 1980년대에는 반도체와 중화학, 기계공업을 육성했다. 1990년대부터는 전자부품, 디스플레이, 가전제품 등 제조업의 경쟁력이 강화되었고, 2000년경부터는 인터넷과 정보통신 디지털기술을 제조업에 접목시키면서 자동차, 휴대전화 등 여러 품목에서 세계시장의 선도적인 제품도 나왔다.

한편 1970~80년대부터 정권과 재벌의 결탁에 의한 '이권경제'가 축적되기 시작하여 1997년 외환위기의 원인이 되었다. 오랜 경제개발 기간 동안 토목, 건설, 부동산 부문이 비대해졌고 재벌의 독점사업 지배력이 커지면서 이권경제 요소가 크게 늘어났다. 1999년 세계적인 인터넷사업과 벤처열풍으로 젊은이의 창업 열기가 뜨거웠으나, 2000년 버블이 꺼지면서 벤처에 대한 부정적인 인식이 확산되어 젊은이들도 이권경제로 눈을 돌렸다. 젊은 인재들이 이공계를 기피하고 공기업과 공무원 혹은 의사, 변호사 등 이권경제 분야를 선호하게 되면서, 경제성장이 둔화되고 좋은 일자리는 부족해지고 사회의 갈등이 커지며 쇠락의 조짐이 나타나고 있다.

이권경제를 억제해야 하는 이유는 그것이 부가가치 생산보다 남들이 만들어놓은 가치를 분배받는 경제이기 때문이다. 담합이익이 그렇고, 부동산 렌트가 그렇고, 배타적 특권을 이용한 인가사업들이 그렇다. 이권경제는 렌트추구 과정에서 낭비가 많기 때문에 경제를 후퇴시킨다. 혁신경제를 적극적으로 육성해야 하는 이유는 혁신경제가 새로운 가치를 창조하여 국민경제에 기여할 뿐만 아니라 새로운 일자리를 만들기 때문이다. 게다가 새롭게 창출된 일자리는 신기술이 접목되는 분야이므로 젊은이들에게 적합하고 높은 임금을 제공한다. 이런 원리를 보다 치밀하게 검토하기 위해서 제2부에서는 이권경제에 관한 이론과 실천적 대안에 대해서 이야기할 것이다. ●

제2부

이권경제가 지배하는 사회

4. 이권집단이 사라지지 않는 이유

최소의 단순한 명제들을 이용하여 많은 내용을 설명할수록
좋은 과학적 이론이다.
— 맨슈어 올슨

미국의 경제학자 맨슈어 올슨(Mancur L. Olson Jr.)[14]은 경제학
의 원리와 수학적인 모델을 통해 공공재와 경제발전의 관계에 대한
설득력 있는 해답을 제시했다. 그는 공공선택이론을 통해서 정치,
경제, 사회와 역사의 흐름을 통합적·과학적으로 설명하고자 했다.
1965년에 발표한 하바드대학 박사학위 논문을 단행본으로 출간한
『집단행동의 논리』[15]에서 올슨이 제시한 이론은 이전에 사회과학자
들이 채택했던 여러가지 가정과 통념들을 무너뜨린 획기적인 것으
로 공공경제이론의 새로운 패러다임의 기원을 만들었다고 해도 과
언이 아니다.

1982년 발간된 두번째 저서 『국가의 흥망성쇠』에서 올슨은 『집
단행동의 논리』를 확장하여 국가들의 경제가 성장하고 번영하다
가 쇠퇴하는 원리를 규명했다.[16] 흔히 경제성장의 요인으로 자본투

자, 저축, 기술혁신 등을 들고 있으나, 이는 성장의 원천(sources of growth)일 뿐이고 성장의 원인(causes of growth)을 설명하기에는 부족하다는 것이다. 그는 이 책에서 이권집단들의 발생과 누적양상을 이론화하여 국가의 성장과 쇠퇴의 원인을 성공적으로 설명했다.

1998년 그가 갑자기 타계한 후 초록을 정리하여 2000년에 발간한 『지배권력과 경제번영』에서 올슨은 전제군주, 공산국가, 민주국가 등 다양한 정부의 형태를 비교하면서 시장확장적 정부(market augmenting government)일수록 경제를 번영하게 한다고 논증했다. 영속적인 민주정치체제나 대의정치체제는 약탈을 방지하고 장기간에 걸쳐서 재산권과 계약권을 안정적으로 보장함으로써 경제를 발전시킨다는 결론을 내렸다. 경제학자인 그는 정치학과 사회학에도 큰 영향을 미쳤다. 우리나라에서는 올슨의 이론에 대한 깊이있는 연구가 별로 없다. 공공경제학과 재정학 교과서에서 간략하게 소개하는 정도다. 경제학계보다는 오히려 정치학계, 행정학계, 사회학계에서 더 많이 소개하고 인용되고 있다.

이제부터 올슨이 『집단행동의 논리』에서 제시한 이론을 나름대로 설명하고, 이를 응용하여 내가 도식화한 모델을 제시하겠다.

『집단행동의 논리』의 내용

인간이 모두 이기적이고 합리적이라고 가정하면, 인간이 집단행동에 참여하는 이유는 자신에게 이익이 된다고 판단하기 때문이다. 따라서 각 개인은 한 집단에서 활동하기 위해 투자하는 비용보다 그 결과로 얻는 이익이 더 크면 집단행동에 참여한다. 이를 전제로 다음의 가설을 검토해보자.

〔가설 1〕한 집단에 속해 있는 모든 구성원들이 공통의 이익을 갖게 되면, 구성원들은 공동이익을 만들어가려는 경향이 있다.

이 가설은 많은 정치학자나 사회학자들이 당연한 것으로 간주했던 견해다. 신고전학파 경제학 모델은 대체로 이 가설을 전제로 이론을 전개한다. 이 가정이 맞는다면 다음과 같은 현상이 나타날 것이다. '공통적인 이익을 가진 노동자들은 쉽게 모여서 노동조합을 만들고 임금상승, 노동조건 개선 등의 이익을 위해 파업에 동참할 것이다.' '독점에 따른 부당한 높은 상품가격에 저항하기 위해서 소비자들은 일상적으로 불매운동을 펼치는 등 공통의 이익을 위해 행동할 것이다.'

그런데 이러한 일들은 쉽게 일어나지 않는다. 즉, 가설 1은 참이 아니다. 집단이 어떤 목적을 위해 행동하는 데는 개인에게 비용이 발생하기 때문이다. 파업을 하기 위해서는 임금을 희생해야 하며, 불매운동을 하기 위해서는 불편을 감수해야 한다. 그런데 집단행동을 통해 발생하는 이득은 집단의 모든 소속원들에게 골고루 돌아간다. 자신이 노력하지 않아도 이득이 돌아오므로, 각 개인들은 집단이익을 위해서 비용을 감수하지 않는 것이 합리적인 행동이다. 올슨은 맑스의 오류를 이렇게 지적했다. "그는 자본주의사회에서 부르주아가 자신들의 이익을 위해 정부를 운영하며 프롤레타리아에 대한 착취가 충분히 심화되고, 허위의식이 사라지기만 하면, 노동자계급은 자신들을 위해서 반란을 일으켜 프롤레타리아 독재를 수립할 것이라고 주장했다."[17]

이를 '집단행동의 역설'이라고 한다. 이처럼 비용을 들이지 않고 남이 만들어놓은 혜택은 누리려는 경향을 무임승차(free-ride)라고 한다. 가설 1이 참이 아니라면 집단들은 어떻게 만들어질까? 다음의 명제들을 검토해보자.

〔명제 1〕 **소속원 숫자가 많은 집단의 개개인들은, 합리적인 개인들로 구성되어 있는 한, 집단의 공동이익을 위해 행동하지 않는 경향이 있다.**

예를 들어 설명해보겠다. 10가구가 사는 마을에서 큰길까지 나가는 길이 좁아 모두가 불편을 느낀다. 가구마다 100만원씩 1000만원을 모아 넓은 도로를 만들기로 한 경우를 생각해보자. 이 길을 만들면 2000만원의 가치가 생겨 각자에게 200만원의 혜택이 돌아간다고 가정해보자. 그런데 10가구 중 '병'이라는 사람이 돈을 부담하기를 거부했을 경우에는 도로의 품질은 약간 떨어질 것이다. 그렇다고 '병'에게만 도로 사용을 금지시킬 수는 없을 것이다. 이러한 경우를 단순한 모델로 만들어보자. '병'이 비용을 부담하지 않는 경우, 투자금액은 900만원이 되고 그 결과물인 공공재의 가치는 두배인 1800만원이 된다고 하자. 10가구가 공공재를 동등하게 분배하면 각자가 180만원의 가치를 얻게 된다. '병' 이외의 9명은 100만원을 투자하여 180만원을 얻게 되므로 80만원의 이익을 얻는다. 그런데 무임승차한 '병'은 투자하지 않고 180만원을 얻으므로 180만원이 모두 이익이다. 즉 비용을 적게 부담한 사람이 더욱 큰 이득을 보는 것이다.

이러한 이유 때문에 비용은 적게 부담하고 과실은 취하려는 무임승차 경향이 생기게 마련이다. '병'이 부당하게 이득을 취하면, 다른 사람들은 자기가 손해본다는 생각이 들어 자기도 부담금을 내지 않겠다고 할 것이다. 이런 사람들이 늘어나면 이 사업은 실패할 수밖에 없다. 무임승차 행동은 각 개인들에게는 합리적인 것이므로 집단재를 만드는 노력은 실패하기 쉽다.

이러한 원리를 국방의 의무와 연결하여 생각해보면 더 실감이 난다. 외국의 침략에 맞서는 국방은 국가의 중요한 공공재다. 남자들 대다수가 군대에 가는데 어떤 사람이 병역을 기피하는 경우를 생각해보자. 군대를 가지 않는 사람도 군대의 도움을 받아 평화라는 공공재를 누린다. 이처럼 군대를 가지 않는 것이 이익이라는 것을 알고 병역을 기피하는 사람이 많아지면 결국 군대가 약해진다. 그러면 그 국가는 외국의 침략을 받아 평화를 잃게 된다. 이같은 무임승차 문제를 해결하기 위해 국가가 생겨났다고도 할 수 있다. 국가는 국민 전체의 이익을 위하여 무임승차를 억제하고, 군대와 같은 공공재를 공급하기 위해서 감옥에 넣는 등 폭력을 사용하는 권리를 국민들로부터 위임받은 존재다.

명제 1이 참이고 개인의 행동이 자발적이고 합리적이라면 국가, 노동조합, 압력단체, 카르텔 등은 생겨나지 않을 것이다. 그럼에도 세상에는 수많은 집단이 있고 공공재가 만들어진다. 따라서 정부나 노동조합과 압력단체 등의 집단은 '다른 이유 때문에 생겨난다'는 결론에 이른다. 그 다른 이유를 설명해보자.

[명제 2] 대규모 집단이 생겨나서 유지되는 기제는 그 집단이 다수에게 제공하는 공공재의 편익보다는, 집단을 주도하는 소수에게 제공되는 '차별적 인센티브' 때문이다.[18]

모두에게 유익한 집단재를 만들려면 무임승차를 방지하기 위한 감시와 처벌, 그리고 설득 활동이 필요하다. 이때 필요한 감시, 처벌, 설득을 누가 할 것인가 하는 문제도 해결해야 한다. 앞에서 설명한 10가구가 모여 길을 만드는 모델을 약간 변형해보자. 10명이 모여서 100만원씩 투자해서 만든 가치인 총수익 2000만원을 분배하는 방식을 조금 달리해보자.

'갑'은 투자한 100만원의 자금 외에 200만원 상당의 '노력'을 더 투자한 댓가로 500만원의 수익을 얻도록 하고, '을'은 투자한 100만원의 자금 외에 100만원 상당의 '노력'을 더 투자한 댓가로 300만원의 수익을 얻도록 한다. 나머지 8인은 100만원만 투자하고 수동적으로 있어도 150만원의 수익이 생겨서 50만원씩 이익이 되는 구조를 만들 수 있다.

이 경우 '갑'과 '을'은 성공할 경우에 혜택이 크므로 감시, 처벌, 설득에 투자와 노력을 하여 무임승차를 억제하는 역할을 기꺼이 한다. 이처럼 공공재의 편익 외에 '갑'과 '을'에게 주는 혜택을 차별적 인센티브(selective incentive)라고 한다. '갑'과 '을' 이외의 8인은 100만원씩 투자하여 150만원의 수익을 얻으므로 집단재를 만드는 일에 100만원씩 투자할 인센티브가 있다. 다수가 모여 집단을 만들 때 차별적 인센티브가 필요조건이라는 것을 보여준다.

차별적 인센티브에는 구성원들을 감시하고 제재하는 것 같은 부정적인 차별적 인센티브와 혜택을 베푸는 것 같은 긍정적인 차별적 인센티브가 있다. 무임승차를 하는 사람에게 금전적인 손실을 가하거나 처벌을 하는 것은 부정적인 차별적 인센티브다. 세금을 내지 않는 사람에게 세금은 물론 벌금까지 매기는 것이 그 예다. 노동쟁의 중에 이탈자를 엄격하게 감시하는 것도 부정적인 차별적 인센티브다.

긍정적인 차별적 인센티브는 간과되기 쉬우나 일상적인 현상이다. 성공적인 집단은 구성원들에게 정치적인 힘과 이에 연계된 각종 사업이권이라는 혜택을 준다. 단체구매를 통한 할인 같은 금전적인 혜택뿐만 아니라, 단체들이 선전 등을 통해 제공하는 정보로 인한 만족감과 소속감을 고취해서 그 활동을 매력적으로 만드는 것도 긍정적인 차별적 인센티브다. 노동조합이나 정당 같은 대규모 조직을 성공적으로 결성하고 유지하는 데에 이 원리가 매우 도움이 된다. 이처럼 집단은 주도자들을 위한 차별적인 인센티브 때문에 생겨나는 것이다. 그러므로 모든 구성원들을 만족시키기는 매우 어렵다. 따라서,

〔명제 3〕 이질적인 구성원들을 모아 집단을 조직하고 유지할 때 공공재의 성격, 구매량, 공공재를 획득하는 방법 등에 대한 집단 내의 합의는 이루어지기 어렵다.

공공재는 일단 제공되면 집단의 모든 구성원이 수용할 수밖에 없다. 예컨대 국민들의 다양한 의견이 있더라도 국가는 하나의 세금정책과 하나의 국방정책을 가질 수밖에 없다. 공공재를 만드는 과정에서 협의와 타협에는 상당한 비용이 들어간다. 공공재의 공급과 그 비용에 대해 결정했다 하더라도 불만을 가진 구성원들을 무마하는 활동이 필요하다. 그런데,

〔명제 4〕 구성원의 수가 작은 집단의 경우에는, 집단을 만드는 비용에 비해 편익이 상당히 크면, 차별적인 인센티브가 없어도 집단이 형성된다.[19]

집단 구성원의 수가 작으면 서로 협상하는 데 비용이 적게 들기 때문에 쉽게 집단이 형성된다. 집단화로 인해 생기는 이익이 클수록 집단형성이 용이하다. 이제 소수에 의한 집단화 현상을 모델로 구성하여 검토해보자.

소수는 집단을 만들기 쉽다

설탕시장을 단순화한 모델을 예로 들어 검토해보자. 인구가 5000만명이고 1인당 설탕 20킬로그램을 소비하여, 연간 100만 톤의 설탕을 소비하는 나라를 상정해본다. 품질 차이가 거의 없는 제품인 설탕을 3개 업체 갑, 을, 병이 각각 5:3:2로 과점하여 공급한다. 정상적인 시장에서는 킬로그램당 1000원에 판매하는 1조원 규모의 시장이다. 3개 업체가 적정한 시장가격보다 20% 높은 판매가격을 유지하기 위해서 관세를 30%로 높게 유지하고 시장점유율을 고정하는 담합을 한다. 이런 방법으로 가격을 1200원으로 올려서 3개 업체가 담합을 이용한 초과이익을 해마다 2000억원을 얻는 경우를 상정한다. 표에서 보듯이 이때 갑, 을, 병은 각각 1000억원, 600억원, 400억원의 렌트를 얻는다. 사실 한국의 설탕시장 구조는 이와 유사하다.

〈표 2-1〉 설탕 담합 모델 (단위: 억원)

	총수익	담합비용	순수익
갑	1000	-200	800
을	600	-120	480
병	400	-80	320
합계	2000	-400	1600

담합을 유지하기 위해서는 비용이 발생한다. 담당 임직원의 급여와 불법적인 로비 활동에 많은 비용이 들어가며, 언론 광고, 협회 유지, 여론 조성, 상호 감시, 회의에도 비용이 수반된다. 이러한 비용들을 합하여 연간 400억원이 소요된다고 상정하고, 이 비용을 3개 회사가 시장점유율대로 부담한다고 가정하면 세 업체는 도합 1600억원의 초과이윤을 확보하여 800억원, 480억원, 320억원을 나누어 갖는다. 이때 3자의 담합은 워낙 큰 폭리를 가져다주므로 쉽게 집단화되고 장기적으로 유지될 수 있다(명제 4). 이 경우 3개 회사 대주주의 입장에서는 플러스썸 게임이 되므로 이 집단이 만들어져 지속될 가능성은 매우 높다.

다수는 집단화되기 어렵다

이 경우 5000만명의 국민들은 매년 2000억원의 손해를 본다. 이런 부당한 피해를 막기 위해 '설탕가격 담합을 반대하는 소비자협회' 혹은 '설탕 수입자유화 쟁취협회'가 만들어질 수 있을까? 이 단체는 분명한 공공재의 편익이 있다. 1년에 2000억원이라는 큰 이익을 구성원들에게 제공할 수 있다. 그런데 5000만명의 구성원 각자에게 돌아가는 편익은 1년에 4000원에 불과하다. 각 개인의 입장에서 보면 4000원의 이익을 얻기 위해 비용과 노력을 들이는 것보다는 차라리 무시하는 것이 합리적이다. 이를 경제학적 용어로 합리적 무시(rational ignorance)라고 한다. 5000만명을 조직하는 것은 매우 어렵다. 막대한 비용이 들어가기 때문이다. 그리고 누구도 조직을 만드는 데 드는 비용을 자발적으로 부담하지 않을 것이다. 결국 '설탕가격 담합을 반대하는 소비자협회'는 형성되지 않는다. 명제 1은 옳다.

부조리한 이권평형 모델

앞에서 설탕제조업자 3곳끼리만의 게임구조를 보았는데 이제 5000만 국민까지 포함한 전체적인 게임으로 확장해보자. 나는 이 모델을 '부조리한 이권평형 모델'이라고 이름 지었다.

〈표 2-2〉 부조리한 이권평형 모델 (단위: 억원)

	총수익	비용	순수익
갑	1000	-200(담합비용)	800
을	600	-120(담합비용)	480
병	400	-80(담합비용)	320
담합 협조자들	400(담합비용)		400
나머지 국민	-2000 (5000만명×4000원)	-500(사회적 비용)	-2500
국가의 순비용	400	-900	-500

설탕업자들이 담합하여 5000만명으로부터 2000억원을 이전해가는 과정에서 사용하는 담합비용 400억원은 담합에 협조하는 사람들에게는 수익이 된다. 담합에 종사하면서 월급을 받고, 담합과 관련하여 뇌물도 오가고, 향응의 장소인 유흥업소는 매상을 올린다. 이 과정에서 여러가지 사회적 비용이 발생한다. 부조리한 이권평형 모델에서 나는 임의로 500억원을 사회적 비용으로 상정했다. 이 비용은 설탕을 비싸게 사야 하는 식품회사와 음료회사의 불만, 국제시장에서의 경쟁력 약화, 불법적인 로비와 매수를 하는 과정에서 발생하는 법 경시 경향과 불신풍조, 소비자들의 불만에 따른 사회적 비용, 부의 편중과 양극화를 유발함에 따른 정치적·경제적 비효율 등 사

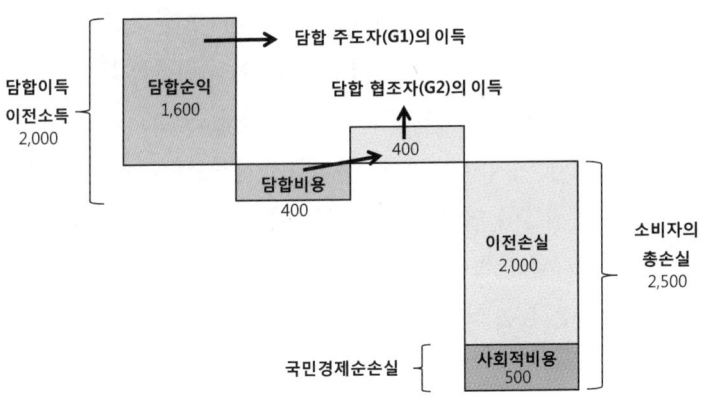

〈그림 2-1〉 부조리한 이권평형 모델

담합이득
이전소득
2,000

담합순익
1,600

→ 담합 주도자(G1)의 이득

담합 협조자(G2)의 이득

400

담합비용
400

이전손실
2,000

소비자의
총손실
2,500

국민경제순손실

사회적비용
500

회적 비용을 감안한 것이다. 털럭이 지적한 지대추구행위로 인한 국가적 낭비가 바로 이것이다.

결과적으로 설탕업계는 400억원의 비용이 들어 1600억원의 순이득을 얻고, 담합에 협조하는 집단은 400억원을 얻지만, 여타 국민들은 설탕을 비싸게 사서 생기는 손해 2000억원 외에도 500억원의 사회적 비용 때문에 총 2500억원의 손실이 발생한다. 담합세력을 포함한 국민 전체의 경제를 보면 500억원의 순비용이 발생되는 마이너스썸 게임이다. 소수가 다수를 착취하는 구조가 정착되면서, 국가경제에 순손실이 발생하는 것이다.

'부조리한 이권평형' 상태는 불합리하게 마이너스썸의 결과를 초래하지만, 매우 안정적인 평형을 이루어 지속되는 경향이 있다. 그 이유는 당사자 어느 누구도 이와 다른 행동을 하면 손해가 나기 때문이다. 이러한 상태를 게임이론에서는 내쉬평형(Nash equilibrium)이라고 한다. 이에 대해서는 다음 장에서 다룰 것이다.

이처럼 소수가 담합하여 이권을 얻기 위해 다수를 착취하는 일은 동서고금을 통해 수없이 나타난다. 올슨은 이런 집단을 특수이익집단(special interest group) 혹은 분배연합(distribution coalition)이라고 이름 지었다. 여기서 '분배'란 부가가치 생산보다는 남들이 생산한 가치를 자신들이 더 많이 가져가는 활동에 열중하는 것을 뜻한다. 분배연합이란 압력단체와 기업연합 혹은 카르텔같이 집단 구성원들이 더 많은 몫을 차지하려는 성향을 가진 집단을 말한다. 즉, 정치적 이권을 추구하는 집단이다. 나는 의미전달을 쉽게 하기 위하여 분배연합 대신 '이권집단'이라는 용어를 주로 사용하고자 한다. 어느 사회에서나 이권집단은 꾸준히 증가하는 경향이 있으며 국가경제에 피해를 주며 국민들을 가난하게 만들고 결국 국가를 망하게 한다. 그러나 이를 막을 수 있는 반대집단은 쉽게 형성되지 않는다.

부조리한 이권평형은 나라를 망친다

앞에서 본 '부조리한 이권평형 모델'에서 갑, 을, 병과 담합 협조자들은 합해서 2000억원의 이득을 얻고, 담합에 가담하지 않은 국민들은 1인당 5000원씩 총 2500억원의 손해를 본다. 국가경제 전체에는 500억원이 손해다. 그런데 이런 상황이 설탕뿐 아니라 밀가루, 식용유, 비누, 조미료, 아파트, 토지, 휘발유, 신용카드, 보험 등 수많은 품목에서 총 100배 규모로 발생한다고 가정하면 국민 개개인은 매년 50만원의 손해를 보는 것이다. 그러면 담합 주도자나 담합 협조자를 제외한 99%의 국민들의 피해가 1년에 25조원이나 된다. 이때 국가 전체의 순손실은 500억원의 100배이므로 5조원이다.

99% 국민들의 손해는 10년간 누적되면 250조원이고 국가의 순손실은 10년간 누적되면 50조원이다.

이러한 평형상태는 고착되어 있어서 잘 고쳐지지 않으며 계속 늘어나는 경향이 있다. 이것이 나라를 망치게 하고 국민을 도탄에 빠뜨리는 부조리다. 그래서 나는 앞에서 설명한 올슨의 집단형성이론으로 설명한 '소수집단이 다수를 착취하는 내쉬평형 상태'를 '부조리한 이권평형'이라고 이름 지은 것이다.

부조리한 이권평형은 인간 불행의 근원이다

차별적인 인센티브가 있는 집단은 그렇지 않은 집단에 비해 특별한 이권을 얻기 위한 집단행동을 할 가능성이 크다. 변호사, 회계사, 의사 등 전문직업인 협회가 잘 유지되는 이유는 자격증 부여 등 차별적 인센티브가 있기 때문이며, 그들이 비교적 소수이기 때문이다. 기업들이 모여서 수많은 협회들을 만드는 것도 소수라는 특성과 차별적인 인센티브가 작용하기 때문이다. 그러나 수가 많은 소비자집단, 납세자집단, 빈곤자조직이나 실업자조직은 좀처럼 형성되지 않는다.

특정한 이득과 권력을 갈망하는 소수의 집단은 그 이득을 얻기 위해 집단행동을 할 가능성이 높다. 열광자로 구성된 작은 집단들이 역사적으로 중요한 역할을 했던 이유가 바로 여기에 있다. 2차대전 당시 히틀러와 그 주변의 소수가 조직되어 '전쟁이라는 집단재'를 만들어나갔다. 히틀러에 반대하는 대다수 사람들의 염원이던 '평화를 위해 군대에 가지 않는 모임'은 만들어지지 못했고 수많은 독일인들이 군대에 들어가 히틀러의 범죄행위에 협력자가 되었다. 역사상에 수없이 나타나는 '소수에 의한 다수에 대한 착취'(exploitation of the many by the few) 현상은 이런 방식으로 일어났다. 부조리한 이권평형 현상이 인간의 고통과 인류사회의 악의 근원인 빈곤과 착취와 전쟁 발생의 원천이다.

인류 역사를 보면 '이권집단'들이 '침묵하는 다수'를 착취하는 부조리에 저항하여 이를 개혁하려는 노력은 실패를 거듭해왔다. 이러한 실패는 세상의 작동원리를 간파하지 못한 탓이 크다. 앞에서 설명한 집단행동의 원리를 응용하여, 우리 주변에서 볼 수 있는 부조리한 이권평형을 극복할 수 있는 세가지 정책의 예를 제안한다.

〔정책 1〕설탕 수입관세 30%를 5% 이하로 줄이자

내가 제안하는 첫번째 정책은 원자재의 관세율을 높여 담합을 유지하는 사례를 줄이자는 것이다. 그 대표적인 예로 '설탕 수입관세 30%를 5% 이하로 낮추어 원당관세 3%와 균형을 맞추자'는 것이다. 오랫동안 논란이 되어왔고 법적으로 처벌도 받은 설탕 담합문제를 해결하는 방법은 의외로 간단하다. 관세장벽을 없애는 것이다. 시장이 개방된 상태에서는, 한국의 설탕가격이 높으면 전세계의 수많은 설탕 공급자들이 싼 가격에 설탕을 공급할 것이므로 담합은 불가능하고 국민들은 값싼 국제시장 가격에 설탕을 구매할 수 있다. 이것이 담합세력들이 가장 무서워하는 일이다. 이는 그들이 주장하는 자유시장경제를 구현하는 것이다. 그러면 모든 국민에게 이익이 돌

아간다. 더욱 중요한 것은 불법과 부패가 줄어들고 정의로운 세상에 가까워진다는 것이다.

이렇게 하면 정부나 관료들이 개입할 여지가 없어진다. 설탕이 독과점품목에서 제외될 것이고, 지식경제부가 가격을 관리할 필요도 없어진다. 공정위 등의 공무원들이 할 일이 줄어들어 예산도 절감할 수 있다. 담합을 위해서 국회의원, 언론인, 학자, 관료 들을 포획하고 향응을 제공할 이유도 없어진다. 보다 청렴하고 깨끗한 사회가 되는 것이고, 뇌물 등의 지하경제도 줄어든다. 결과적으로 경제가 성장하고 좋은 일자리들이 많이 생긴다.

일부 진보개혁세력들과 공무원들은 문제가 생기면 규제를 만들어야 한다고 주장하는 경향이 있다. 그런데 이권집단들이 만들어놓은 관세장벽 같은 교묘한 규제를 없애고 시장에 맡기는 것이 오히려 효과적인 해결책인 경우가 많다.

규제를 만들어 문제를 해결하려는 노력은 오히려 이권집단에 역이용당하는 경향이 있다는 것을 이론적으로 입증한 경제학자가 있다. 1982년 노벨 경제학상을 수상한 조지 스티글러(George Stigler) 교수는 이런 현상을 '규제의 포획이론'[20]으로 설명했다. 기업이나 이익집단들이 관료와 언론을 논리와 뇌물로 포획하여 자신에게 유리한 규제를 만드는 것이 일상적이라는 것이다.

〔정책 2〕 담합범죄를 징벌적 손해배상으로 벌하자

앞에서 말한 라이신 담합사건은 부조리한 이권평형의 국제적인 확장으로 보면 된다. 5개 공급사가 전세계에 있는 축산농가로부터

연간 3000억원가량을 갈취하는 담합을 한 것이다. 그런데 전세계의 축산인들은 이것을 알기 어려울 뿐 아니라 알아도 나서서 해결하기는 어렵다.

미국이나 유럽은 이런 범죄를 징벌적으로 처벌한다. 미국에서 몇 년간 몇백억원씩 부당하게 이익을 본 사건에서 ADM이 각국 정부, 소비자, 주주 등에게 배상한 금액이 3000억원이나 되었다. 그리고 관련자들인 회장급, 사장급 인사들이 3~9년의 실형을 살았고, 이에 더해 개인적으로도 막대한 벌금을 물었다. 회사는 법의 처벌을 받는 동시에 피해소비자들에게 보상을 해야 했다. 또한 경영진들은 주주들로부터 '회사경영을 잘못한 것'에 대한 배상까지 하고 회사에서 쫓겨났다. 미국의 법률체계는 담합을 징벌적으로 처벌해야만 자본주의 질서를 지킬 수 있다는 정신을 담고 있다.

한국에서 설탕 담합으로 수십년간 1조원이 넘는 부당이익을 챙겼을 것으로 의심받는 CJ제일제당에 공정위가 부과한 과징금은 114억 원이었다. 법원은 이 범죄행위에 대해 1억원의 벌금만 부과하고 누구도 구속하지 않았다. 하수인들을 가볍게 처벌했을 뿐이고 정작 의사결정권자인 대표이사는 처벌조차 하지 않았다. 그리고 대한민국의 사법부는 일사부재리의 원리를 이용하여 그동안의 범죄행위를 면책해주었다. 이것이 한국에서 끊임없이 담합이 이루어지고 있는 이유인 것이다. 이처럼 시장질서를 교란하고 법질서까지 농단하는 이권집단들 때문에 대한민국이 살기 힘든 나라가 된 것이다.

공정위는 그동안 조직적으로 담합을 은폐하며 오랫동안 범죄행위를 해온 제당회사들을 적당히 봐주었다는 의심을 받아왔다. 아니면 무능했거나. 국회에서는 강력한 로비가 작동한다. 2009년 민주당의 한 의원이 이 문제를 제기했으나 어쩐 일인지 슬그머니 그만두었다. 이러한 일들이 비단 설탕업계에서만 일어나는 것이 아니다. 수많은 담합이 최근까지도 대한민국에서 버젓이 자행되고 있다.

리니언시 제도 2008년 9월 18일 『아시아투데이』 기사를 보면 "공정위가 발표한 자료에 따르면 제당 3사 설탕 매출액은 2001년부터 2005년까지 5년간 약 2조 6400억원이며 이 기간 동안 매출이익률은 일반 제조업체의 두배가 넘는 최하 40%에서 최고 48%에 달한다"라고 한다. 그런데 이에 대한 과징금이 세 회사를 합쳐서 511억원에 불과했다. 업체별 과징금 규모는 CJ제일제당 228억원, 삼양사 180억원, 대한제당 104억원 수준이다. 여기서 CJ제일제당은 조사과정에서 담합사실을 자진신고해 형사고발을 면했으며 과징금도 50% 감면받았다.

자진신고자 감면제도 리니언시(leniency) 제도가 적용된 것이다. 리니언시란 '관대' '관용' '자비'라는 의미를 가진 말이다. 기업이 카르텔 결성 등으로 담합했던 것을 자진신고할 경우 과징금을 면제·경감시켜주는 제도다. 기업 간 담합은 내부자 고발이나 자발적인 협조 없이는 혐의를 입증하기 어렵기 때문에 이 제도가 도입되었다. 주요 선진국에서도 이 제도를 시행한다. 그런데 우리나라에서는 이 제도를 악용하여 범죄행위를 면책받는 경우가 많아 제도개선을 요구하는 여론이 높다. 범죄를 저지르고 자수하거나 공범을 신고하여 벌을 경감받은 후 홀가분해진 몸으로 또다시 범죄를 저지르는 일을 반복하는 것이다. CJ제일제당은 오랫동안 지속했던 담합범죄에 대한 면책을 받는 동시에 벌금도 줄이는 수단으로 이 제도를 이용해왔다. 2006년에는 8년간 지속해오던 밀가루 담합사건과 11년간의 합성세제사업 담합범죄도 이 제도를 이용하며 면책받았다.

공정위의 전속고발권 설탕 담합사건에 대해 2011년 8월 대법원의 판결이 있었다. 삼양사와 대한제당만 1억원대의 벌금형을 받았다. 대법원은 공정위가 고발하지 않은 CJ제일제당에 대해선 원심의 공소기각 판결을 인정, 벌금형을 면하도록 했다. 자진신고를 했기 때문에 리니언시 규정에 따라 공정위는 CJ제일제당을 형사고발하지 않았고, 고발이 없었으므로 법원이 형사처벌을 못한다는 논리였다. 정작 주범인 CJ제일제당은 형사처벌을 면한 이유가 상식적으로 납득하기 어렵다.

이는 공정위의 전속고발권이라는 제도 때문이다. 현행법에 따르면 담합이나 하도급 비리 같은 공정거래법 위반 사건은 경찰이나 검찰에서 수사할 수도 고발할 수도 없다. 공정위만이 고발할 수 있다고 법에 규정되어 있기 때문이다. 이는 법의 원리에도 어긋나는 일인데 아직까지 버젓이 유지되는 이유는 공정위 관료들이 끈질기게 이 이권을 유지하려고 노력하는 것과 불공정행위를 계속해온 재벌들의 이해관계가 맞아떨어졌기 때문이다. 재벌들은 공정위의 몇몇 관료들만 포획하면 불공정 행위를 계속할 수 있기 때문에 이를 적극 활용해왔다. 담합행위에 대한 문제를 해결하지 못하게 방해하는 이 제도는 이권경제를 장악해온 대한민국 재벌이 국민들을 손쉽게 갈취할 수 있도록 한 사법적인 장치가 아닐까? 경제민주화를 위해서 가장 먼저 해야 할 일 중에 하나가 공정위의 전속고발권을 없애는 일이다.

재벌들의 담합 퍼레이드 2011년 9월 23일 『동아일보』에 보도된 '10대 대기업 및 계열사의 2000년 이후 공정거래법 위반현황'에 따르면 2000년 이후 2011년 5월까지 삼성그룹은 80건의 공정거래법을 위반하여 1188억원의 과징금을 부과받았다. 기업별로는 삼성카드가 10건의 공정거래법을 위반하여 가장 많았고, 삼성물산 9건, 삼성생명 7건이었다. 현대차그룹은 52건 위반에 과징금이 1430억원이었고, SK그룹은 76건에 2441억원이었다. 액화석유가스(LPG) 담합으로 994억원을 물었던 SK의 과징금이 가장 큰 금액이었다. LG그룹은 53건에 758억원, 롯데그룹은 69건에 349억원이었다. 하지만 대기업들은 자진신고를 통해 과징금의 절반 이상을 감면받은 것으로 조사되었다. 146건의 대기업 담합사건으로 부과된 당초 과징금은 7176억원이었지만 이 가운데 3891억원은 자진신고로 감면되었다. 삼성그룹은 11번의 자진신고를 통해 과징금 400억원가량을 감면받았으며, SK그룹은 11번 담합이 적발되었으나 5번을 자진신고해 2659억원을 감면받았다. 이를 보면 삼성카드, 삼성생명, SK가스 등 이권경제에서 주로 담합범죄가 이루어진다는 것을 알 수 있다. 요소경제나 혁신경제에는 담합이 거의 없다.

2009년 국내 LPG업체 6곳이 담합하여 가격을 올리다가 공정위에 적발되었다. 공정위에 따르면, SK가스·E1 등 수입 2개사는 달마다 전화와 면담으로 판매가격을 72차례에 걸쳐 담합을 했고, 이를 거래관계가 있는 SK가스 등 4개 정유사에 팩스 등으로 통보하는 방식으로 가격을 담합했다. 역대 최대 규모의 과징금이 부과된 LPG업계 담합조사에서 SK에너지와 SK가스 등 상위권 업체들이 리니언시 제도를 통해 과징금을 면제 및 감면받았다. 그래서 자진신고 업체에 대한 감면금액을 제외한 실질 부과액은 4093억원이며 이는 공정위가 각 업체에 심사보고서를 통해 통보한 과징금 1조 3000억원의 3분의 1 수준이었다.

2012년 초에는 삼성전자와 LG전자가 가전제품 가격을 담합했다는 신문기사가 나왔다. 세계적인 소비재기업 삼성전자와 LG전자가 담합을 한 것이다. 게다가 자진신고한 삼성전자는 100% 벌금을 면제받고 LG전자는 벌금의 50%를 면제받았다. 이렇게 담합한 모든 업체가 감면을 받는다면 리니언시 제도는 정당성이 없어진다.

금융업계의 담합 금융분야에서도 수많은 담합이 일어났다. 공정위는 2012년 7월 대출금리의 기준이 되는 양도성예금증서 CD의 금리를 조직적으로 담합한 혐의를 잡고 조사에 들어갔다. 2008년 8월에는 생명보험과 손해보험 회사들이 입찰담합을 하다가 적발되어 265억원의 과징금을 물었다. 24개의 생명보험·손해보험회사들이 단체보험과 퇴직보험 보험료율을 담합하고, 들러리 입찰 방식으로 담합했다. 이에 삼성생명 115억원, 교보생명 67억원, 대한생명 30억원, 삼성화재 22억원, LIG손해보험 17억원, 현대해상 9억원, 농협 5억원 정도씩 과징금을 부과받았다.

2011년에는 생명보험회사들이 이자율을 담합하여 소비자들의 피해가 17조원에 이른다는 대규모 담합사건이 적발되었다. 공정위의 발표에 따르면 이들은 2000년 보험가격 자유화 이후부터 2006년까지 이자율을 담합했다. 생명보험회사들은 이율을 최종 확정하기 전에 각 회사의 이율 결정 내역을 상호 전달·교환하여 가입자들에게 정상보다 낮은 이자를 지급했다. 과징금은 삼성생명(1578억원), 교보생명(1342억원), 대한생명(486억원), 알리안츠생명(66억원), 흥국생명(43억원) 등 12개 회사로 도합 3653억원이었다.

생명보험회사들의 담합사건 역시 리니언시 제도를 통해 세상에 알려졌다. 이를 공정위에 신고한 업체는 보험업계 상위 3개사인 삼성과 교보 그리고 대한생명이었다. 이로 인해 교보생명은 과징금 100% 면제, 삼성과 대한은 각각 70%와 60% 정도 감면혜택을 받게 된 것으로 알려졌다. 공정위는 또다른 업체들에 대해서도 30% 정도 감면혜택을 줘 3653억원의 과징금이 1000억원 정도로 축소되었다.

금융소비자연맹 관계자는 "생보사들이 이자율을 담합하여 기준 이율보다 0.3%포인트 정도 낮게 적용했으며, 이로 인해 2001년부터 2006년까지 확정형 예정이율 상품에 가입한 소비자들이 도합 17조원, 매년 2조 8000억원씩을 추가로 부담해야 했다"라고 분석하여 발표했다. 이 사건에 대해서 국가가 했던 일은 불과 1000억원의 과징금을 징수한 것뿐이다. 대한민국 사법기관이 과연 국민을 위해서 일하는지 아니면 재벌을 위해 일하는지 회의하지 않을 수 없다.

생명보험회사들이 17조원을 부당하게 취득한 것이 사실이라면 이것이 어떤 영향을 주었는지 분석해보자. 피해자의 숫자가 500만 명이라면 평균 340만원씩 피해를 본 셈이다. 과징금을 기준으로 계산하면 삼성생명이 약 43%으로 7조 3000억원, 교보생명이 37%로 6조 2000억원, 그리고 대한생명이 13%로 2조 3000억원이다. 이를 합하면 93%에 이른다. 부당이득의 대부분은 보험회사 주주의 이익으로 변했다. 특히 삼성생명의 대주주인 이건희 일가에게 돌아간 돈은 어마어마하다. 만약 이런 담합범죄가 없었다면 17조원의 자금은 가정에서 저축하여 투자로 연결되고, 소비하여 경제성장에 기여했을 것이다. 이 나라의 참담하게 부조리한 구조다.

휘발유·경유시장의 담합구조 4개 업체의 과점시장하에서 원유를 수입하고 정제해서 휘발유와 경유를 판매하는 정유시장에서도 경쟁을 억제하고 가격을 통제하려는 일이 지속되고 있다. 주목해야 할 사실은 이에 대한 정책을 결정하는 관료들이 부당한 일을 억제하는 역할보다는 불법적인 담합과 경쟁제한을 제도적으로 도와주는 역할을 한다는 것이다.

2008년에 원유가격이 140달러까지 올라갔을 때 휘발유가격은 리터당 2000원 정도였다. 그런데 2012년 초 현재 원유가격이 100달러 수준인데 휘발유가격이 리터당 2000원을 넘겨 거래된다. 휘발유·경유시장은 4개 사업자가 98%를 차지하고 있는, 시장점유율 변화가 거의 없는 과점체제다. 이들은 1997년 이후 공정거래법 위반으로 경고조치 이상의 제재를 22차례나 받았다.

1990년대 후반, 정부는 휘발유가격의 담합을 억제하기 위해 수입판매업을 허가했다. 그후 타이거오일 등 10여개 회사가 석유류를 수입판매하여 가격안정에 기여했다. 수입업자가 공급하는 경질유의 비중은 2002년 9.2%까지 높아졌다. 그러자 정유회사와 관료들이 결탁하여 석유 수입에 불리한 규제들을 만들기 시작했다. 이 제도들을 보면, (1) 완제품의 수입관세를 올려서 수입업체에게 불리하게 했다. (2) 국내시판 제품의 품질규격을 높혀서 외국 제품을 수입하기 어렵게 했다. 현재 우리나라 휘발유 품질은 세계 최고 수준이다. 품질이 지나치게 높아 이런 제품은 다른 나라에서는 거의 생산하지 않기 때문에 수입하기 어렵다. (3) 저장탱크를 더 크게 해야 한다는 규제를 만들어 영세한 석유 수입업체들에게 재정적으로 타격을 주었다.

결국 2006년에는 수입물량이 0.5%까지 추락했다. 결국 휘발유·경유시장은 다시 과점체제로 돌아갔다. 10개 가까이 있던 석유수입사업자가 지금은 거의 다 파산했다. 그후 휘발유·경유의 가격이 비상식적으로 올라갔다. 2011년 최중경 지식경제부 장관은 물가안정을 목표로 리터당 100원씩 강제로 내리게도 하고, 일본의 석유를 수입하겠다는 둥 정부가 주유소를 만들겠다는 둥 노력했다는데 뚜렷한 효과는 없었다.

이 문제를 해결하는 가장 좋은 방법은 수입관세를 낮추어 시장을 개방하는 것이다. 경쟁을 촉진하면 담합은 자동적으로 사라진다. 실제로 CJ제일제당과 SK에너지가 가장 무서워하는 것이 이것이다. 그래서 수입자유화를 막기 위해 엄청난 로비활동을 벌인다.

이권경제를 줄여야 하는 이유가 바로 이것이다. 담합은 물가상승의 직접적인 원인이며, 시장질서를 파괴하는 행위다. 불신풍조를 만연시키는 행위이며 결과적으로 사회경제 질서를 무너뜨리는 행위이기도 하다. 이제 우리나라도 담합을 자본주의 시장경제라는 국가 존립의 질서를 문란케 하는 중범죄로 간주하여 처벌해야 한다. 우선 담합에 대해서 미국처럼 피해액의 3배를 국가에 벌금으로 물도록 하는 법을 제정할 필요가 있다. 그리고 추가로 피해자들이 집단소송을 통해 피해의 2배 이상을 변상받도록 하는 법안을 제정해야 한다. 그동안 우리나라는 이 문제를 해결하는 데 무능력했다. 선진국에서는 카르텔과 담합을 엄격히 징벌한다. 대다수의 국민들이 가난한 후진국의 공통점은 이런 이권집단이 통제되지 않고 왕성하게 활동하는 것이다. 한국에서는 고위 경제관료들이 장기간에 걸쳐서 협조했고, 국회와 사법부는 담합범죄에 너그러운 태도를 취해왔다. 누군가가 헌법소원을 하여 국민이 받은 피해의 보상을 요구한다면 어떠한 결과가 나올지 궁금하다.

리니언시 제도의 개선 우리나라에서는 리니언시 제도가 1997년에 도입된 후 자진신고가 저조했으나, 2005년 면제조치를 확대한 후부터 자진신고 건수가 늘어났다. 2002년까지는 한해에 한두 건이던 것이 2005년 이후 한해에 7~15건의 자진신고가 있었다. 공정위에서는 이 제도가 매우 효과적이라고 자랑하기도 한다. 그런데 이 제도로 당사자들 중 다수를 면책해주면서 오랜 기간의 범죄행위를 일사부재리의 원칙까지 이용하여 면책받는 수단으로 변질되어 왔다. 그래서 나는 다음과 같은 방안을 제안한다.

자진신고를 하면 최근 2년간의 피해액은 면제해주되 과거의 모든 범죄는 징벌적으로 처벌하는 것이다. 그리하면 가급적 빨리 자진신고를 하려고 노력할 것이다. 예컨대 설탕의 담합을 과거 수십년간 지속한 것 중 최근 2년을 제외한 기간 동안은 부당이익의 3배를 벌금으로 매기는 방식이다. 그리했다면 CJ제일제당의 벌금은 1조원 단위가 될 것이고 이를 본 다른 업체들은 담합을 할 엄두를 내지 못했을 것이다.

미국의 셔먼법 1조는 주(州) 간 또는 외국과의 거래 또는 통상을 제한하는 모든 계약과 트러스트 그리고 기타 형태에 의한 결합 또는 공모는 위법으로 규정한다. 주로 형사사건으로 다루어지므로 법무부 독점금지국이 담당한다. 2004년부터는 처벌 상한선을 크게 늘렸다. 개인에 대해 징역 상한을 3년에서 10년으로 늘렸다. 벌금도 35만 달러에서 100만 달러로 올렸다. 법인에 대한 벌금도 1000만 달러에서 1억 달러로 올렸다. 2006년 삼성전자와 하이닉스는 반도체 담합으로 4억 8500만 달러의 벌금을 부과받고 임원들 7명이 징역형을 선고받았다. 미국은 담합이익의 두배까지 벌금을 부과한다. 최근 몇년 간은 담합사건에 대한 징역처분이 70~80%에 이른다고 한다.

집단소송제의 도입 미국에서 담합을 저지른 자들은 벌금과 별도로 피해자 보상을 해야 한다. 집단소송제를 통해서 소송에 참여하지 않은 피해자에게도 보상해야 하며 피해금액의 3배까지 청구할 수 있어 징벌적인 처벌을 받게 된다. 우리나라는 집단소송제가 없어서 소송진행이 어렵다. 2001년 교복가격 담합사건은 7년이나 걸린 소송 끝에 소비자의 승소로 마감됐다. 우리나라도 선진국 수준의 처벌을 해야 만연한 담합이 줄어들 것이다. 그리고 담합에 가담한 개인을 처벌할 때 대표이사나 최대주주도 함께 처벌해야만 담합이 근절될 수 있다. 지금처럼 하수인들만 처벌하면 담합 근절이 어렵다.

〔정책 3〕 병역 후 사회복귀 준비금을 1000만원씩 지급하자

집단행동의 원리와 부조리한 이권평형을 검토하면서, '이권집단'의 부조리를 해결하는 방법을 생각해보았다. 이번에는 '침묵하는 다수'의 피해자 문제를 다루어보자. 침묵하는 다수가 장기적으로 억압받고 착취당하는 사회는 결국 몰락한다. 문명사회란 억울한 사람이 적은 사회다.

우리나라에서 고생스럽게 노력하면서도 목소리를 내지 못하는 대표적인 사람들이 군복무를 하는 젊은이들이다. 그래서 군대와 경찰에서 병역의무를 마친 젊은이들에게 의무수행 기간의 기회비용에 대해 최소한의 보상을 하는 정책을 제안하고자 한다. 현재 받는 10만원 남짓 되는 월급과는 별도로 사병과 의경이 전역할 때 복무개월 수 약 20개월에 50만원을 곱한 1000만원 정도를 지급하자는 것이다. 이는 최저임금의 절반도 되지 않는 금액이다.

군복무를 하지 않은 사람들에 비해서 병역을 이행한 젊은이들에게 주는 배려가 너무 없어서, 이 문제를 해결해보자는 논의는 많이 있었다. 군복무자에게 공무원시험을 볼 때 가산점을 주자고 했던 방안은 여성계의 반발에 부딪혀 무산된 적이 있다. 어차피 1% 이내의 극소수에게만 돌아가는 혜택이었으므로 좋은 정책은 아니었다.

시민운동가들과 정치인들에게서 사병 월급을 올려주자는 제안이 있었다. 새누리당 남경필 의원이 2012년 2월 비슷한 총선 공약을 하면서 "이는 대학등록금으로 고통받는 대학생들의 학자금과 취업을 걱정하는 젊은이들의 창업자금으로 자연스레 유도될 수 있을 것이며 군생활이 단순히 의무를 위한 것이 아니라 미래를 위한 투자로 여겨질 수 있을 것"이라고 강조했다.

이에 반대하는 논리는 이 정책이 인기영합 포퓰리즘적이라는 것이다. 국민의 '의무'인 '신성한' 국방을 돈을 받고 하느냐는 것이다. 또한 국가예산이 빠듯하다는 것이다. 현재 사병의 월급 약 10만원은 군생활 유지에도 빠듯한 돈이다. 세계적으로 우리나라처럼 징병제를 하는 나라는 많지 않다. 징병제를 채택한 나라들 중 한국과 경제수준이 비슷한 대만은 복무기간이 10개월인데 매월 40만원 정도를 받는다고 한다. 이스라엘은 전역 후 대학등록금을 전액 지원하고 공무원 공채 및 국가시험에서 가산점도 준다고 한다. 스위스는 의무복무를 하는 동안 통상임금의 70% 이상을 지급한다고 한다.

젊은 시절 2년 가까이를 학업과 생업을 희생하며 국가를 위해 봉사했다면 국가는 그들에게 자립에 필요한 최소한의 보상은 해주어야 한다. 전역 후에 스스로 대학 학자금을 마련하고 자립할 수 있는 여건을 만들어주어야 한다. 20~25세의 청년들이 부모에게 손 벌려가며 대학을 다니는 모습은 선진국에서는 보기 어렵다. 우리나라 젊은이들이 다른 나라 젊은이들에 비해 사회진출이 매우 늦는 이유는 군복무 때문이다. 이 때문에 늦게까지 자식을 도와야 하는 부모들은 노후준비가 허술하게 된다. 우리나라의 노인빈곤률이 45%나 되고 노인자살률이 OECD국가 평균의 6배가 되는 이유 중 하나다.

이 정책을 위해서는 50만명에게 한달에 50만원씩 12개월을 지급하는 셈이므로 1년에 약 3조원의 예산이 소요된다. 우리나라 2012년 국가예산이 325조원 정도이고 국방예산이 33조원이므로 우리 국력을 생각할 때 3조원 정도를 지급할 여력은 있다. 국가가 최저임금의 절반도 주지 않으면서 젊은이들에게 희생을 강요할 만큼 우리나라는 가난하지 않다.

이처럼 큰 예산을 사병들에게 나누어주어도 되겠느냐는 질문도 나오고, 보다 생산적인 곳에 써야 하는 것이 아니냐는 논란이 있다. 이 논의에 대해서 나는 되받아 질문하고 싶다. 이보다 더 합리적이고 이보다 더 생산적으로 국민의 세금을 쓸 곳을 말해보라고. 내가 보기에 어떤 예산도 이보다 값지게 쓸 곳은 없다고 본다. 이 돈은 없어지는 것이 아니다. 전역사병들에게 자금이 지급되면 이들은 학자금으로 쓰고 집을 얻는 데 쓴다. 내수활성화에 기여하는 것이다. 국가의 중요한 기능 중 하나는 억울한 사람들이 없도록 하는 것이다. 우리나라에서 국방의 의무를 회피한 사람들은 2년간 자기 이익을 추구하여, 군대에 간 사람들보다 경쟁에서 유리해지는 경향이 있다. 회사에서는 빨리 진급할 수 있고, 석박사 학위를 더 빨리 받게 된다. 공무원시험을 공부할 시간도 상대적으로 많다.

이명박정부에서 국가의 핵심 요직을 차지했던 인사들을 보면 태반이 병역의 의무를 이행하지 않았다. 그들은 국방의 의무를 부담하지 않음으로써 동년배들과의 경쟁에서 유리한 고지에 올랐다.

대한민국에서는 정부뿐 아니라 기업에서도 비슷한 현상이 나타난다. 삼성그룹의 임원 명단을 검토해보면 병역 미필자의 비중이 평균보다 상당히 높다. 이는 병역 미필자들이 2~3년 먼저 입사해서 진급이 빨랐기 때문이다. 삼성의 이재용 사장은 허리 디스크라는 납득하기 어려운 이유로 병역을 필하지 않았다. 그의 사촌형제인 CJ의 이재현 회장, 신세계의 정용진 부회장도 병역을 면제받았다. 현대의 정의선 사장은 수술 후유증으로 면제받았고, SK의 최태원 회장은 과체중으로, 최재원 부회장은 시력에 문제가 있다고 면제받았다. 대다수의 청년들이 기꺼이 수행한 병역의 의무를 이들은 회피했다. 그 시간에 자신의 이익을 추구함으로써 개인적으로 남과의 경쟁에서 유리한 고지를 점령했다. 그들도 병역의무를 다한 대다수의 국민들과 마찬가지로 국가 안보와 평화를 누렸다.

그러면 3조원이라는 예산을 어떻게 마련할 것인가? 비용이 지나치게 많이 들어간다고 생각되면, 사병의 수를 줄이고 대신 첨단무기를 강화하는 것을 검토해볼 만하다. 어차피 출산율 저하로 사병 수가 줄어드는 것에 대비해야 한다.

　물론 가장 중요한 것은 한반도의 평화정착과 군축을 위해 노력하는 것이다. 그러나 그것과는 별개로 앞으로 우리 국군은 첨단 기술무기를 갖춘 강한 군대가 되어야 한다. 우리나라는 조선·항공 등 기계공업 강국인데다가 정보통신기술도 뛰어나서 무인공격기, 무인정찰기, 무인로봇탱크 등 세계 최고 수준의 '무인유도 무기씨스템'을 자체개발할 수도 있다. 새로운 군사 패러다임 시대에는 사병들을 정예화해서 귀하게 활용해야 한다.

5. 경제학을 뒤흔든 아이디어

이 우주는 수학자의 설계에 따라 창조되었을 것이다.
— 영국 물리학자 제임스 진스

2001년에 개봉된 「뷰티풀 마인드」는 게임이론의 선구자 존 내쉬 (John Forbes Nash Jr.)의 일대기를 다룬 영화다. 1950년 22살의 청년 내쉬는 27면짜리 박사학위 논문 「비협력 게임」(Non-cooperative games)을 발표하여 하루아침에 학계의 스타로 떠오른다. 이 논문에서 제시한 평형 개념은 기존의 통념을 뒤집는 획기적인 것으로 게임이론의 기틀을 마련한 개념이었다. 사람들은 이를 내쉬평형(Nash Equilibrium)이라고 부른다. 그는 논문을 발표한 지 44년이 지난 1994년에 노벨 경제학상을 받았다. 수학자가 노벨 경제학상을 수상한 것은 이례적인 일이었다.

내쉬평형: 애덤 스미스의 이론을 뒤집는 아이디어

내쉬평형을 간단하게 표현하자면 '상대방의 전략을 알 수 있는 상태에서 각 경기자가 자신에게 가장 유리한 전략을 선택하였을 때 도달하는 평형상태'다. 내쉬평형에서는 각자가 최대 효용의 전략을 선택하고 있으므로 만약 어떤 사람이 자신의 전략을 바꾸면 자신의 최대 효용을 포기하는 것이 되므로 손해를 보게 된다. 결국 사람들은 자신의 전략을 그대로 유지하려고 하므로 평형은 안정적이 된다. 이처럼 집단구성원 모두가 상대적으로 만족하게 생각하고 있는 상태가 내쉬평형 상태다.

그런데 문제는 이 평형상태가 전체를 위한 최선의 선택은 아닌 경우가 많다는 것이다. 애덤 스미스로부터 시작되는 고전경제학은 사람들 각자가 자신의 욕망을 채우기 위해서 이기적으로 행동하면 '보이지 않는 손'의 조화, 즉 시장의 자동조절 메커니즘에 의해 결과적으로 구성원 모두에게 최적의 상태가 된다고 보았다. 하지만 내쉬는 만약 사람들이 자신만의 이익을 위해서 상대방을 고려하지 않고 이기적으로 행동하면 모두 손해 보는 경우가 많다는 것을 논증했다. 내쉬평형 이론은 수학과 경제학은 물론 정치적·상업적 협상이론, 정치이론, 노동조합이론 그리고 생물진화론에까지 영향을 미쳤다.

내쉬평형과 집단행동

야구 경기장의 관중석 풍경을 상상하면 내쉬평형을 쉽게 이해할 수 있다. 경기를 좀더 잘 보기 위해서 관중석에서 한명이 일어나서 보기 시작하면 뒷사람도 일어서야만 볼 수 있다. 그러면 그 뒷사람도 일어서게 된다. 결국 뒤에 있는 모든 사람이 일어나서 경기를 관람하는 상황이 된다. 이렇게 되면 모두 서서 보느라고 불편한데, 앉아서 볼 때보다 잘 보이는 것도 아니다. 이 상황에서는 어느 누구도 자기만 앉으면 손해를 보기 때문에 앉기 어렵다. 즉 부조리한 평형 상태가 유지되는 것이다. 모두가 앉으면 모두가 편하게 잘 볼 수 있는 최적상태가 됨에도 불구하고, 모두가 일어나서 힘들게 경기를 보는데도 누구도 최적상태로 돌아가려고 하지 않는 상황이 바로 부조리한 내쉬평형 상태다.

다른 예로 야구경기 도중에 화재가 발생한 상황을 생각해보자. 각자가 살기 위해 달려나가면 서로 엉켜서 출구가 막힌다. 그러면 오히려 사람들이 빠져나가는 속도가 현저히 줄어든다. 이때는 누구도 '나는 나중에 나가겠다'라는 생각을 하기 어렵다. 남들이 모두 먼저 나가려는데 나만 뒤로 빠지면 손해를 보는 것이 확실하기 때문이다. 그래서 모두가 뒤엉킨 채 우왕좌왕하다가 큰 피해를 입게 된다. 이것도 내쉬평형 상태다.

관중석의 사람들이 모두 일어나서 보고 있을 때 안전요원이 나서서 '모두가 앉아서 보는 것이 모두에게 좋다'라고 설득하여 한꺼번에 앉으면 모두에게 이로운 상태가 된다. 화재가 발생한 경우에는 안전요원들이 나서서 출구에 한꺼번에 몰리지 않도록 통제하면 사람들이 빠르게 탈출할 수 있다. 여기서 안전요원의 역할이 바로 집단재 혹은 공공재다. 즉, 국가가 해야 할 일이다.

부조리한 이권평형 상태와 설탕 3사의 담합은 상당히 안정된 상태를 유지하는 내쉬평형이다. 갑, 을, 병은 충분한 이익이 있으므로 이 상태를 유지하고자 한다. 나머지 5000만명의 국민들은 각자가 이 상태를 타파하기 위해 행동할 인센티브가 없어 이를 무시하는 것이 합리적이므로 이 상태는 유지된다. 국가경제에 심각한 손실을 주는 이 상태가 한국에서 50여년이나 유지되었다.

이러한 평형상태는 애덤 스미스 이래 고전경제학에서 맹목적으로 믿어왔던 '일반균형이론' 그리고 '파레토 최적'을 정면으로 부정하는 현상이다. 주류경제학 이론의 핵심은 '각자가 자기 이익을 추구하면 시장이라는 보이지 않는 손이 작용하여 모두에게 최적인 상태가 된다'는 것이다. 그래서 '정부가 섣부르게 나서면 시장이 왜곡되어 모두에게 나쁜 영향을 준다'는 것이다. 시장가격이 합리적인 기대가치를 반영하여 자원을 효율적으로 분배되도록 한다는 논리가 시장근본주의 이론의 토대다.

그런데 '부조리한 이권평형'에서는 시장 참여자들이 모두 합리적으로 행동하는데도 자원배분은 왜곡되고 부당한 이익을 갖는 집단이 생겨나서 인간사회의 불평등은 증가된다. 또한 전체에게는 마이너스섬이 된다. 게다가 이 상태는 평형을 이루어 오랫동안 지속되는 경향이 있다. 여기에서 시장만능주의가 왜 틀렸는지, 신자유주의 이론의 모순이 무엇인지 확인할 수 있다. 빈부격차의 확대와 사회 불평등, 경제침체의 원인도 여기에서 찾을 수 있다. 세상에는 수많은 내쉬평형이 존재한다는 것이 알려지면서 '시장근본주의'에 심각한 오류가 있다는 것이 발견되었고, 부조리한 이권평형 상태를 최적상태로 바꾸는 '보이는 손' 역할을 하는 국가의 중요성이 부각되었다.

국가가 생기기 전에는 힘센 사람이 폭력을 사용하여 남의 재물을 빼앗는 일이 많았다. 억울하게 재산을 빼앗긴 사람은 복수를 하게 되고 이에 대한 반작용으로 또다른 복수가 저질러졌다. 남들이 모두 무력을 갖고 있는데 나만 무력을 포기하면 손해다. 이처럼 모두가 폭력의 수단을 준비해야 하는 내쉬평형 상태가 야만상태다. 이 문제를 극복하기 위해서, 도둑질한 사람과 남에게 폭력을 행사한 사람을 응징하는 권한을 왕에게 위임한 것이 국가의 시작이라고 할 수 있다.

내쉬평형과 잘 짜인 질서

내쉬평형의 문제를 슬기롭게 해결한 예를 들어보겠다. 요즈음 은행이나 우체국에는 순번대기표를 발급받고 기다리다가 자기 순서가 되면 업무를 보는 제도가 정착되어 있다. 1990년대 초반 이 제도가 도입되기 전까지는 각 창구마다 사람들이 줄서서 기다렸다. 이때 줄을 잘못 서면 다른 줄보다 기다리는 시간이 늘어나서 기분 나쁜 일이 생길 수밖에 없었다. 모든 사람이 조금이라도 빨리 일을 처리하기 위해서 각각의 창구마다 줄서서 기다리는 상황이 내쉬평형이다. 지금도 전국 도처의 공중화장실에서 나타나는 현상이다. 그런데 여러 줄이 아닌 한 줄로 서게 하면 우선 공평해져서 불만이 적어지고, 순번표를 나누어주면 줄서서 기다리는 것이 아니라 순번이 될 때까지 독서를 하거나 다른 일을 볼 수 있다.

이처럼 내쉬평형의 부조리를 공권력 혹은 씨스템을 통해서 해결할 수 있는데 이것이 바로 '공공재'다. 이러한 좋은 공공재를 많이 만들어야 경제는 생산성이 높아지고, 국민들은 행복하고 풍요로워진다. 선진국은 이러한 부조리를 극복할 수 있는 수많은 제도와 질서를 정착시킨 나라들이다. 내쉬평형의 부조리를 극복할 수 있는 정책의 예를 보겠다.

유럽을 여행해보면 간판이 도시 미관에 거슬리는 경우는 별로 없다. 유럽은 간판을 작고 아름답게 만들어 건물과 잘 어울리도록 정부 혹은 지역공동체가 규제하기 때문이다. 그런데 우리나라는 흉측한 간판이 건물을 뒤덮는 경우가 많다. 건물벽을 거의 다 덮고 창문까지 간판으로 도배를 한 끔찍한 풍경들이 전국 도처에서 발견된다.

여러 점포가 있는 건물에서 한 점포가 유독 크고 현란한 간판을 달면 다른 점포들의 간판이 눈에 덜 띄게 된다. 그러면 다른 상점들의 간판도 크게 달아야 묻히지 않는다. 결국 대부분의 상점들이 큰 간판을 달게 된다. 그런데 모두가 큰 간판을 달면 광고의 효과는 모두가 작은 간판을 달 때와 비슷하게 된다. 결과적으로 모든 점포들이 큰 간판을 달기 위해서 비용을 많이 지출하지만 효과는 없다. 게다가 비대해진 간판 때문에 건물의 외관이 난잡해져서 오히려 고객이 줄어든다.

우리나라에도 간판을 규제하는 법과 행정규제들이 있다. '옥외광고물 등 관리법'이 40여 년 전부터 시행되고 있으나 부조리한 이권평형을 없애기에는 부족했다. '간판의 크기가 매출을 좌우한다'는 것이 일정부분 사실이므로 간판의 크기가 커지는 현상을 막기는 쉽지 않다. 이것은 일종의 내쉬평형이다.

몇년 전부터 일부 지방자치단체들이 점포의 주인을 설득해 작은 간판을 달도록 하는 데 성공하고 있다. 빨간색이 지나치게 많은 간판은 금지하고, 건물의 3층 이상에는 간판을 붙이지 못하도록 하고, 넓은 면적을 차지하는 간판보다는 글자형의 간판을 장려한다. 이 문제를 잘 해결하고 있는 지방자치단체들을 보면서 내쉬평형을 해결하는 존재로서의 국가의 역할이 중요함을 깨닫게 된다.

6. 국가는 어떻게 흥망성쇠하는가

> 모든 전문직업단체는 비전문가인 문외한들을
> 공격하기 위해 결합한 공모집단들이다
> — 조지 버나드 쇼

맨슈어 올슨은 『집단행동의 논리』에서 제시한 이론을 발전시켜서 1982년 『국가의 흥망성쇠』를 발표했다. 올슨은 이 책에서 '이권집단의 누적이 국가를 쇠망하는 길로 이끈다'라는 명제를 9개의 함의(Implication, 함축적인 의미명제)로 정리하여 제시했다. 여기서는 그 중 몇가지만 설명하면서 나의 의견을 덧붙이고자 한다.

『국가의 흥망성쇠』의 핵심 내용

공공재가 필요한 개인들과 기업으로 이루어진 '소집단'의 구성원들은 그들의 이득의 합이 극대화되는 상태에 이를 때까지 서로 협상을 계속하려는 인센티브가 있다. 반면, 국가같이 다양한 집단이 존재하는 동시에 조직되지 않은 개인이 존재하는 '대규모 집단'의 경우에는 포괄적인 협상을 통해서 최적의 효율적인 공공재를 만들어 낼 수 없다(명제 1). 조직화된 다양한 집단들이 있지만, 소비자, 조세 납부자, 실업자 등의 수많은 사람들은 자신의 이익을 대변할 집단을 만들기 어렵기 때문이다. 신고전학파 경제학의 기본명제인 일반균형이론의 전제를 부정하는 중대한 문제제기다. 애덤 스미스가 개별적인 상품들의 수요공급의 균형을 이야기했고, 레옹 발라(Léon Walras)는 한계효용체감의 법칙과 수확체감의 법칙을 이용하여 경제씨스템에 존재하는 모든 상품의 가격이 균형에 이른다는 일반균형이론을 정립했다. 이것이 시장근본주의 혹은 신자유주의의 이론적인 기반이다. 그런데 올슨이 불합리하고 부조리한 내쉬평형이 광범위하게 형성된다는 것을 입증함으로써 신고전학파 경제학의 기반을 흔들어버린 것이다.

안정된 사회에서는 시간이 흐를수록 새로운 조직들이 만들어지게 마련이다. 조직화에 필요한 여건이 형성되고 지도력을 가진 사람들이 활동할 시간이 주어지기 때문이다. 조직은 한번 형성되면 잘 없어지지 않는 경향이 있다. 막스 베버(Max Weber)는 말했다. "조직을 통해 생계를 꾸리는 지도자는 비록 조직의 본래 목적이 사라진 후라 하더라도 그 조직을 유지하려 한다." 예컨대 마차시절에 마부(teamster)를 대표하기 위해서 창설된 조직은 자동차시대에 트럭 운전사를 대표하는 임무를 맡게 된다. 집단의 목적이 아니라 지도부에 대한 차별적인 인센티브가 그 조직을 유지하게 하는 것이다. 이처럼 집단행동을 위한 조직 중에서 '대집단'은 형태를 갖추어 출현하기까지는 오랜 시간이 걸리지만 일단 창설되면 혁명이나 폭동 같은 불안정과 변혁이 있기까지는 살아남는 것이 보통이다. 그러므로 올슨은 소집단들이 먼저 조직화되고 점차 대집단도 생겨난다는 점, 안정된 사회에서는 시간이 흐름에 따라 이권집단들이 집적되어가는 경향이 있다는 점에 주목했다.[21]

올슨은 또 '포괄적 이권집단'이란 개념을 제기한다. '포괄적 이권집단'이란 국가 전체의 상당부분의 생산능력을 감당할 정도로 큰 집단을 의미한다. 기업별 노조는 그 기업 노조원들의 이익만을 위해서 협상하지만, 직종별 노조는 자기 직종 노조원 전체의 이익에 관심을 갖고 활동한다. 여러 직종별 노조들이 모인 전국노조는 국가 전체의 번영을 위하는 방향에도 관심을 갖고 의사결정을 한다. 예컨대 스웨덴의 전국노동조합은 국가 전체의 절반 이상의 부가가치를 만드는 노동자들을 포괄한다. 전국노동조합은 개별 기업 노동조합원의 임금과 복지 향상뿐만 아니라 국가경제 전체의 번영이 자신들의 이익에 직결됨을 안다. '포괄적인 이권집단'들은 자신이 속한 사회 전체를 번영하게 하려고 노력하고 가능한 한 적은 비용으로 구성원들 전체에게 공공재를 공급하려고 노력하는 것이다.[22]

시장경제하에서 기업이 더 많은 부가가치를 생산하고 경제성장을 하기 위해서는 슘페터(Joseph Schumpeter)가 이야기한 '혁신'이 매우 중요하다. 새로운 기술의 발견과 적용, 소비자의 새로운 수요 충족, 비용절감 방법의 개발 등에서의 혁신은 기업에 초과이익을 누리게 해준다. 그런데 이권집단들은 진입장벽을 만들어 초과이익을 향유하기 때문에 신기술을 도입하고 적용하여 혁신하려는 노력을 저해하는 경향이 있다.

예컨대 노동조합은 노동 수요를 감소시키는 노동절약형 혁신을 바라지 않는 경향이 있다. 정부의 규제를 이용하여 사업을 보호받거나 독점권을 향유하는 이권기업들의 경우에는 신기술 도입에 따른 변화를 싫어한다. 이 때문에 자원 배분이 왜곡되고 결과적으로 경제성장이 저하된다. 장기적인 관점에서 볼 때, 이권집단들로 인하여 진입장벽이 생기고 신기술의 도입이 늦어짐으로써 사회가 잃어버리는 생산성의 피해는 집단들이 만들어내는 공공재의 가치보다 몇 배 더 크다. 따라서 이권집단들은 한 사회가 신기술을 도입, 적용할 수 있는 능력을 떨어뜨리고 변화하는 환경에 대응하여 자원을 재분배하는 능력을 둔화시킨다. 그 결과 생산성이 떨어져서 경제성장률을 저하시킨다는 것이 올슨의 견해다.[23]

이권집단은 포괄적이기보다는 배타성을 띠는 경향이 있다. 귀족계급과 서민계급으로 나누어진 사회의 경우에 귀족계급의 숫자가 늘어나면 특권과 재화가 적게 배분되므로 귀족집단은 강력한 배타성을 보인다. 부모 중 한 사람이라도 귀족이 아니면 상민이 되게 했던 사례는 동서양을 막론하고 공통적으로 나타났던 제도다. 이러한 제도는 도덕이나 관습 같은 가치관을 만들어내는 방식으로 고착화된다. 정치적인 이권집단의 경우 집단 구성원의 가치체계 혹은 이데올로기가 비슷하면 집단의식과 집단규범을 갖게 되므로 공공재의 생산과 분배에 대해 쉽게 의견 일치를 볼 수 있어 집단행동이 쉬워진다. 따라서, 올슨은 강력한 이권집단이 성공적으로 결성되면 그들은 배타성을 띠고 소속 구성원들의 배타성을 합리화하는 가치체계 즉, 이데올로기를 주입하려고 노력한다는 것을 설득력있게 논증했다. 이러한 구조 속에서 대부분의 조직되지 않은 사람들은 착취당하고, 그 결과 사회는 점차 쇠퇴해간다는 역사의 일반원리를 논증했다.[24]

이권집단은 정부정책에 영향력을 미치기 위하여 압력을 행사하며, 시장가격을 조작하기 위해 담합력을 사용한다. 이 두가지 힘은 한 사회의 효율성과 경제성장을 둔화시킨다. 또 신규참여자의 진입 기회를 박탈하는 진입장벽을 만들고 로비활동을 통해 규제를 많이 만들어서 정부의 활동을 복잡하게 만든다. 각종 로비에 의해서, 조세감면 규정이 복잡해진다. 로비를 하는 측은 전문가들이므로 교묘한 장치로 자신의 이익을 극대화하려 한다. 이에 대응하여 관료들은 부작용을 막기 위한 장치를 만들고 이 과정에서 규제는 점점 더 복잡해진다. 규정이 복잡해지면 변호사·세무사·회계사 등 전문가 집단의 써비스가 필요하게 된다. 이들은 규제가 복잡할수록 자신의 이익에 도움이 되므로 복잡성이 증가하는 방향으로 영향을 미치는 경향이 있다. 이처럼 규제와 관리가 복잡해지면 관료조직의 규모는 증가해야 한다. 이에 따라 국가의 역할도 크고 복잡해진다.

이러한 씨스템에 잘 적응하는 집단이 생존 가능성이 높다. 기득권을 갖고 있는 이권집단 구성원들은 득세하고 가난하고 덜 배운 사람들은 더 못살게 되는 방향으로 사회가 진화한다. 가난한 계층과 실업자 계층들은 그들을 조직화할 수 있는 차별적 인센티브가 없으므로 조직되지 못한다. 반면 대기업이 연합한 소규모단체와 부유층들은 쉽게 조직되어 영향력이 점차 강화된다. 이것이 역사에서 반복적으로 나타나는 극심한 빈부격차의 원인이다. 생산에 의한 부가가치보다 카르텔을 이용한 이권 수익이 우위를 점하면 정신세계에도 착취를 정당화하는 이데올로기가 생겨난다. 이 상태는 상당히 안정된 상태로 유지된다. 그들 사이에 혁명이나 전쟁 같은 거칠고 처절한 투쟁이 나타날 때까지는.

올슨의 '이권집단 누적의 폐해론'은 1950~60년대 사회학자들 사이에서 인기를 끌었던 '대중운동'(mass movement)의 장점을 강조하는 이론과는 정반대의 결론을 말한다. 대중운동은 국가처럼 큰 조직에서 소외되어 있는 개인들이, 내부에서 소통할 수 있는 작은 조직의 구성원이 됨으로써 사회적 안정이 증대되는 '공동체'에 가치를 부여하는 경향이 있는데, 올슨은 '공동체'가 이권집단의 역할을 하는 것을 경계한 것이다.

결론적으로 요약하면 이권집단이 만들어내는 공공재의 특성상 무임승차의 경향이 있기 때문에 단체들이 만들어지는 데는 시간이 걸린다. 안정적인 사회가 지속되면 이권집단의 숫자와 영향력은 꾸준히 늘어난다. 조직의 지도자들이 누리는 이익으로 인하여 이권집단은 좀처럼 해체되지 않기 때문에 이권집단은 누적적으로 증가한다. 이권집단은 사회가 만든 부가가치 중 더 많은 몫을 차지하려는 활동에 주력하므로 경제의 효율성을 떨어뜨린다. 이권집단들은 진입장벽을 만들고, 집단 간의 이해관계 협상이 복잡하게 되고, 의사결정이 느려져서 경제의 역동성은 떨어지고 경제발전은 지체된다. 이권집단은 배타성을 띠며 그들은 배타성을 정당화하는 이데올로기를 만들어 전파한다. 규제와 관료주의를 증가시키고 정치적인 개입을 증가시킨다. 이권집단들의 누적은 신기술 도입을 저해하고, 집단 간 갈등을 유발하고, 복잡한 규제를 만들어내고, 배타적인 착취를 강화한다. 결국 빈부격차가 커지며 집단 간의 갈등이 커져서 나라가 쇠망한다.

올슨이 규정한 이권집단에는 깡패나 도둑 같은 명백한 불법 범죄집단뿐만 아니라, 기업의 카르텔, 뇌물과 내부자정보를 이용한 이권공모집단 같은 비합법 이권집단, 변호사협회 등 각종 전문가집단과 산업계의 이익을 대변하는 협회들, 시장가격보다 지나치게 높은 임금을 추구하는 노동조합, 국가이익보다는 선거에서 승리를 우선시하는 정치인집단, 국민의 복리보다는 자신들의 권익을 추구하는 관료집단도 포함된다.

심지어는 NGO, 언론회사, 종교집단, 강한 연대를 가진 동창회 등도 잠재적 이권집단으로 보았다.[25] 그는 안정된 사회에서 이러한 집단의 숫자와 영향력이 꾸준히 증가하는 것이 보편적인 현상이라는 것을 논증했다.

이권집단의 증가와 영향력 강화가 경제성장을 저해하는 이유는 세가지다. 첫째로, 시장의 효율성을 해치는 이권집단의 활동이 경제에 미치는 손실이, 그들이 가져가는 이익규모보다 큰 마이너스썸 게임이다. 둘째로, 이권집단이 증가하면 부가가치 창출보다는 다른 사람이 생산한 부가가치를 나누어 가지려는 활동에 종사하는 사람이 많아지고 일반대중의 근로 의욕은 감소한다. 셋째는, 이권집단이 많아지면 집단 간에 이익이 충돌하는 경향이 커지므로 규제가 늘어나고 의사결정이 느려지며 신기술 도입이나 새로운 환경에 대한 적응 능력이 떨어진다. 올슨은 이러한 문제를 스스로 해결하지 못하면 국가는 파국적인 혁명으로 전복되거나 외국의 침략에 굴복하여 국가가 패망한다고 설파했다.

'이권집단 공동체'의 폐해가 어떻게 나라들을 망하게 하고 민중들을 고통으로 몰아갔는지에 대해서는 수많은 역사적 사례를 통해서 확인할 수 있다. 국가 형성 초기에는 특권층이 많지 않아, 대다수 국민들이 평등한 기회를 가지고 경제활동을 하여 효율적인 시장원리가 작동함으로써 경제가 번성한다. 이때 국민은 풍요로운 생활을 하고 경제는 발전한다. 시간이 흐름에 따라 이권집단이 늘어나 부당이익을 취하고 갈등이 심화되면서 경제의 효율이 떨어지고 만성적 실업이 늘어나며 잠재성장률이 떨어져 빈곤층이 늘어나며 국민은 도탄에 빠지고 결국 국가가 멸망한다.

1950~80년 기간의 일본과 독일 그리고 영국

2차대전의 패전국인 독일과 일본의 눈부신 경제발전을 '기적'이라고 부른다. '기적'이라고 부르는 것은 이러한 급속한 발전을 예상하지 못했거나 기존의 이론으로는 이를 설명하기 어렵기 때문일 것이다. 올슨은 자신의 '이권집단 누적 폐해이론'으로 이 현상을 일관성 있게 설명할 수 있으므로 결코 기적이 아니라는 것을 논증했다. 1930년대부터 1945년의 패전까지 독일과 일본의 군국주의 파시즘 정권은 군산복합형 재벌들과 힘을 합쳐 전쟁에 매진했다. 자유민주 세력과 사회주의 계열의 세력을 척결하고 강력한 민족우월주의적 이데올로기를 주입하면서 강압적인 무력통치를 자행했다. 이때 일본과 독일에서는 오랜 전통을 갖고 있던 상당수의 이권집단들이 붕괴되었다. 대신 극우적인 배경을 가진 카르텔과 이권집단들이 형성되었다.

전쟁 후 독일을 점령한 연합국의 군사정치당국은 전체주의 정권을 무력화하고 새로운 민주적 제도를 심기 위해서 노력했다. 1947년 카르텔 해체법령과 비나치화 같은 조치들을 통하여 전쟁범죄자들을 처형하는 등 극우적인 배경을 가진 카르텔과 이권단체들을 무력화시켰다. 전쟁 후 일본 점령군 최고사령관 매카서 장군은 1947년 '독점금지법'을 실시하여 재벌을 해체하고 전시에 조직된 수많은 단체의 관리자들을 숙청했다. 결과적으로 독일과 일본은 전쟁 후에 이권집단이 작고 약해졌다. 올슨은 이것이 '경제기적'의 주요 기반이었다고 주장했다.

반면 영국은 승전국이어서 별다른 변화를 겪지 않았다. 동업자조합, 전문직 직능단체, 농민단체, 노동조합같이 오래전에 조직된 강력한 이권집단들이 온존했으며 세력이 점차 강화되고 있었다. 그 결과 영국의 경제는 침체되고 악명 높은 '영국병'이 나타나고 심화되고 있었다. '영국병'의 원인이 영국인의 특성 때문이라고 말할 수는 없다. 18세기 중반부터 19세기 중반까지 영국은 산업혁명을 주도하면서 세계에서 가장 빠르게 성장한 나라였기 때문이다.

피터 뮤렐 교수의 통계적 검증

피터 뮤렐(Peter Murrell) 교수는 1973년 발표한 「경제단체의 국제비교」라는 논문에서 올슨의 논리를 보강하는 통계를 제시했다. 각국의 경제성장률과 경제단체들의 결성시기와의 상관관계를 비교해본 것이다. 1971년 존재하던 단체들 중에서 1939년 이전에 설립된 단체의 비율이 영국은 51%, 프랑스는 37%, 서독은 24%, 일본은 19%였다는 것과, 1949년 이후에 설립된 단체의 비율이 영국은 29%, 프랑스는 45%, 서독은 52%, 일본은 52%이었다는 것을 알아냈다. 오래된 단체들이 적었던 일본과 독일은 1950년부터 1970년 사이의 평균 경제성장률이 각각 8.1%와 5.6%로 매우 높았다. 반면 오래된 단체들이 많았던 영국의 성장률은 2.3%로 낮았다. 중간 정도였던 프랑스의 성장률은 4.1% 이었다. '오래전에 설립된 이권집단의 비중이 높은 나라일수록 경제성장이 낮다'는 상관관계가 뚜렷하다.

그래서 뮤렐 교수는 이렇게 결론을 내렸다. "각종 이권집단들이 영국의 경제성장을 감소시켰다. 이권집단을 억제하기 위한 개혁을 하지 않으면, 안정된 민주정치체제가 경제성장을 저해한다." 그는 꾸준히 개혁하지 않는 민주정치체제는 경제성장에 걸림돌이라는 명제를 제시했다.[26]

스위스의 경우

스위스는 외세의 침략을 받지 않고 오랫동안 안정을 누려왔음에도 불구하고 매우 높은 국민소득을 달성하고 유지했다. 관세장벽을 매우 낮게 유지해온 스위스와 스웨덴이 대부분의 유럽 국가들보다 1인당 국민소득이 높은 상태를 유지해온 것은 시사하는 바가 크다. 스위스와 스웨덴은 개방도를 높여서 경쟁력이 없게 된 산업은 과감히 도태시켰다. 이에 따라 이권산업의 축적이 어렵고 공평한 경제가 유지되고 국민경제는 윤택해졌다.

스위스에는 국회가 법을 통과시켜도, 5만명 이상의 유권자가 요구하면 100일 이내에 무조건 국민투표에 회부하는 제도가 있다. 이권집단이 국회의원들과 관료들을 포획해서 자신들에게 유리한 법안을 통과시켜도 국민투표에 의해 폐기될 수 있기 때문에 신중하게 행동한다. 국민투표에서 폐기되는 법안을 추진한 정치세력은 순식간에 몰락하기 때문이다. 따라서 자신들의 이권을 위한 법안을 만들기 어렵기 때문에 스위스에서는 이권집단과 카르텔이 축적되지 않았다. 이 외에 유럽 대륙에 비해서 규제가 적은 은행법을 갖춘 안정적인 피난처이기 때문에 금융산업이 발전한 것도 경제발전의 주요 원인이었다.[27]

'스위스가 법을 만들기 어렵기 때문에 이권집단이 적었고 경제발전을 했다'는 명제는 매우 중요한 교훈을 우리에게 준다. 우리나라의 관료와 정치인들은 법을 많이 만들수록 일을 잘하는 것이라는 생각을 가지고 있다. 그런데 상당수의 법들은 '조세특례규정'이나 각종 규제처럼 대기업과 이권집단들이 이권을 증대시키려는 목적으로 제정된다. 이것이 스티글러가 말한 '규제의 포획이론'이다. 오히려, 잘못된 법과 효력이 다한 법을 폐지하는 것이 국회가 해야 할 중요한 기능이다.

스웨덴과 노르웨이의 경우

스웨덴과 노르웨이는 늦게 산업화되었지만 오랫동안 조직의 자유를 누리며 외세로부터 거의 침입을 당하지 않았다. 또한 스위스와는 달리 헌법상 법률 제정을 어렵게 하지 않았다. 실제로 스웨덴과 노르웨이는 이권집단이 상당히 강력하다. 그럼에도 불구하고 스웨덴과 노르웨이는 영국과 독일에 필적하는 높은 경제적인 성취를 이루었다. 이에 따라 올슨의 이권집단 폐해론과 배치되는 발전과정이 아니냐는 의문이 제기된다.

스웨덴과 노르웨이의 건전하고 높은 경제적 성취는 '포괄적 이권집단이 발달했다'는 사실로 설명이 가능하다. 앞에서 포괄적인 이권집단들은 자신이 속해 있는 사회 전체를 번영하게 하려고 노력한다고 했다. 국가 전체에 영향을 주는 포괄적인 단체는 소규모 이권집단과는 달리 국민 전체의 이익을 고려하여 결정을 한다. 스웨덴과 노르웨이의 노동조합은 나라의 거의 모든 노동자를 포괄하고 있다. 스웨덴의 노동조합 간부들은 기업이 어려워지면, '정리해고 금지'를 주장하는 대신 고용의 탄력성을 인정하고 재교육 등의 국가 전체의 경제성장을 고려한 시장친화적인 정책을 지지했다. 물론 직업을 잃은 사람들을 위한 사회안전망인 실업수당 제도를 잘 갖추었고, 이 재원을 마련하기 위해 높은 세금을 감수했다. 2차대전 후에는 노동조합들이 부분적으로 통합되어 훨씬 더 포괄적인 노동당이 창설됨으로써 국가 전체의 효율과 성장을 추구했다. 스웨덴과 노르웨이의 사용자조합 혹은 기업의 연합들도 국가 전체를 포괄했다. 기업의 협회들은 다른 선진국들과는 달리 더 낮은 관세를 받아들이는 등 국가 전체의 경제발전을 중요시했다.

그렇다면 스웨덴과 노르웨이는 왜 포괄적인 조직을 갖게 되었는가를 살펴볼 필요가 있다. 대규모단체는 소규모단체에 비해 자생적으로 조직되기 어렵다(명제 4). 영국처럼 산업화를 이끈 나라에서는 소규모단체들이 많이 형성되었다. 산업화의 후발주자인 스웨덴과 노르웨이의 지도자들은 선진국가의 경험에서 소규모집단의 단점을 간파하고 이를 극복하고자 대규모집단의 결성을 위해 노력했다. 또한 통신·운반수단과 조직결성의 기술이 발달하여 대규모조직이 가능했다. 또한 스웨덴과 노르웨이는 인구가 적고 동질적이어서 포괄적인 조직을 만드는 것이 비교적 용이했다.

복지 논쟁이 뜨거운 요즈음 한국에서는 스웨덴의 경제씨스템이 바람직한 복지국가의 모델로 관심이 높다. 복지 수준이 높으면서도 경제의 성숙도와 삶의 질이 높아서 우리나라 발전의 좋은 본보기로 삼기도 한다. 직장을 잃어도 실업수당이 상당하다 보니 정규직의 해고가 비교적 자유롭다. 비정규직과 정규직의 임금 차이도 거의 없다. 소득세율이 매우 높은데도 불만이 크지 않은 것은 복지씨스템이 잘 짜여 있기 때문이다.

스웨덴이 바람직한 씨스템을 만들어낼 수 있었던 것은 포괄적인 노동조합이 전국민을 위한 결정을 수십년간 꾸준히 축적해왔기 때문이었다는 점이 교훈적이다.

우리의 일부 진보인사들 중에는 스웨덴을 바람직한 복지국가 모델로 연구하고 추종하는 사람들이 있다. 그러나 나는 스웨덴 모델보다는 스위스 모델이 우리나라 실정에 맞고 현실성이 있다고 생각한다. 그 이유는 우리나라를 스웨덴처럼 높은 국민부담률의 국가로 만들려면 혁명적인 변화가 필요하기 때문이다. 국민소득 GDP 중에서 세금(국세와 지방세)이 차지하는 비중이 '조세부담률'이다. 세금에 더해서 고용보험, 국민연금 같은 사회보장 기금을 포함하여 국민들이 부담하는 금액이 국민소득 GDP에서 차지하는 비중을 '국민부담률'이라고 한다. 2010년 기준으로 스웨덴의 조세부담률은 36%고 국민부담률은 48%이다. 국민경제의 절반 정도를 국가가 집행한다는 것을 의미한다. 우리나라의 풍토에서 국가의 기능이 지나치게 커지면 정치인과 공무원들의 이권집단적 성격 때문에 부정적인 효과가 나타날 가능성이 크다. 반면 스위스는 조세부담률 22%, 국민부담률 29%이어서, 한국의 조세부담률 21%, 국민부담률 26%와 비교해도 크게 다르지 않다. 참고로 IMF가 추계한 2011년 1인당 국민소득은 스위스가 8만 5000달러, 스웨덴이 6만 1000달러 그리고 한국은 2만 3749달러다.

스위스는 실직한 지 1년 후의 소득보전율(실직 전 임금에 비해 실직 후 받는 실직수당 등의 비율)이 80%이며, 2년 후에도 70%기 때문에 직장인들은 해고에 대한 두려움이 별로 없다. 우리나라는 실직 1년 후의 소득보전율이 30%에 불과하고 2년 후에는 없다시피 하기 때문에 '정리해고'에 대한 저항이 매우 크다. 스위스의 기업은 쉽게 해고할 수 있기 때문에, 오히려 적극적으로 적합한 직원을 찾아서 채용을 하며, 근로자들은 자신의 적성에 맞는 직장을 찾아서 근무하는 경향이 높아 경제발전에 원동력이 된다.

최근에 사업관계로 한국에 출장을 온 스위스 친구에게 "스위스가 잘사는 이유가 무엇인가"라는 질문을 했더니 의미심장한 답변이 돌아왔다. "스위스는 정치·사회·경제의 제반 관계가 치밀하게 질서잡혀 있기 때문이다. 불합리하거나 부조리한 일이 발견되면 국민들이 자발적으로 국민소환이나 국민투표 등 직접민주주의적인 방법으로 해결해왔기 때문에, 부패나 불편부당한 일이 거의 없다"는 것이다. 스위스의 사례를 보면서 역시 올슨이 이야기한 '이권집단의 억제'가 건전한 경제성장의 바탕이고, '합리적인 질서'가 경제에 중요하다는 생각을 하게 된다.

이권집단 누적폐해 해결방법: 통합과 개방

국가의 흥망성쇠라는 매우 복잡한 현상을 '이권집단'이라는 단 하나의 변수로 설명한다는 것은 무모한 시도일 수 있다. 하지만 이처럼 단순한 명제로 수많은 역사적 사례를 해석할 수 있고 미래를 예측하는 데에 도움을 얻을 수 있다면 훌륭한 과학적 이론이라고 할 수 있다. 이제부터는 필연적으로 누적되는 이권집단의 폐해를 해결하는 방안을 검토해볼 것이다.

21세기 들어 대한민국에 나타난 혼란과 쇠퇴의 원인을 하나만 들라고 하면 이권집단의 누적이라고 말하겠다. 정치, 언론, 검찰, 경찰, 사법 등 권력기관들이 이권집단화되어간다는 증상들이 도처에서 발견된다. 의사, 약사, 한의사 들이 서로 이권을 다툰다. 가정상비약의 일반상점 판매문제로 약국과 소매점이 다툰다. 침과 뜸을 인정하느냐 문제로 한의사와 전통의술인과 다툰다. 임플란트를 싸게 팔겠다는 유디치과와 비싸게 유지해야 한다는 치과협회가 다툰다.

각종 협회 같은 이권집단들은 한번 생기면 좀처럼 없어지지 않는다. 1970년대 박정희 대통령이 주창했으나 1980년대에 용도 폐기된 새마을운동중앙회는 아직도 남아서 10만명 이상의 회원들이 활동하고 있다. 1980년대 전두환 대통령이 만들어낸 어용단체인 민주평화통일자문회의가 변신하여 아직도 헌법상의 대통령 자문기구로서 1만여명의 자문위원을 두고 있다. 수많은 경제문제들도 이권집단의 누적과 관계가 깊다. 소득의 극심한 격차 문제, 이익추구에 급급한 금융기관의 경영진과 부실한 금융감독기관 문제, 공교육의 무능과 사교육비 문제, 그리고 부동산문제의 난맥상도 이권집단의 누적과 관계가 깊다.

이권집단의 누적으로 인한 국가의 쇠퇴문제를 해결하는 방법으로 올슨은 다음의 세가지 조건을 제시했다.

첫번째 조건은 평화가 보장된 시장영역의 통합이다. 진시황의 통일 이후 중국, 카이사르의 로마제국 초기, 비스마르크의 통일독일, 메이지유신 후의 일본이 번영했던 이유는 통일로 인해 일상적 전쟁이 사라지고, 시장이 통합됨으로써 사익을 추구하던 이권공모집단들이 몰락했기 때문이다. 그리고 시장이 커지면서 규모의 경제에 따른 원가 절감과 혁신경제의 발전이 촉진되었기 때문이다.

두번째 조건은 개방적인 대외무역이다. 물품 수입의 개방은 경쟁력이 없는 이권집단에 의한 낭비를 줄이며 외국의 최신 정보를 기초로 혁신산업을 발전할 수 있게 한다. 동시에 경쟁력이 있는 산업은 규모를 키워서 일자리를 늘리고 경제를 성장시킬 수 있다. 포르투갈, 스페인, 당나라, 원나라뿐만 아니라 통일신라와 고려도 무역이 활발한 시기에는 번영했으나 무역이 쇠퇴하면서 몰락의 길을 걸었다.

세번째 조건은 이권집단을 억제하는 정치적 씨스템과 리더십이다. 2차대전 후 승전국 영국은 기존 이권집단들이 유지되고 늘어나면서 경제력에서 독일과 일본에 추월당했다. 그러다가 80년대 영국은 노동조합 등 이권집단 억제와 시장친화적 개혁에 성공함으로써 문제를 상당부분 해결했다. 경제발전을 위해서는 꾸준히 증가하는 이권집단을 억제하기 위해 끊임없는 개혁을 추진해야 한다. 이권을 확대하고 보호하려는 수구집단은 경제발전과 건강한 사회 건설에 해로운 세력이다. 국민은 소수의 이권에 매몰된 집단이 아닌 국민 전체의 공익을 추구하는 포괄적 이익집단에서 정치지도자를 선출해야 한다. 국가지도자들은 구조적인 '이권집단의 폐해'를 인식하고, 정치인과 관료 집단이 이권집단에 의해 포획되는 경향에 유의해야 한다.

국제무역이 이권집단을 억제하는 원리

자유무역은 기업의 카르텔을 와해시키고 노동조합의 독점력을 감소시킨다. 생산요소의 자유로운 이동은 이권집단을 파괴하는 데 효과적이다. 만일 외국기업과 다국적기업이 현지 기업들과 똑같은 여건하에서 사업을 영위할 수 있으면 그 기업들은 국제적으로 경쟁력 있는 기술과 새로운 아이디어들을 도입할 것이며 현지시장을 더 경쟁적으로 만들어 카르텔을 파괴할 것이다.

이러한 점들 때문에 이미 국내에서 카르텔을 형성하고 있는 기업들은 외국의 기술이나 자본이 들어오는 것을 꺼린다. 이들은 애국심이라는 감정에 호소하여 외국기업의 진입을 저지하려 한다. 일단 외국기업이 진입하면, 국내에서 카르텔을 형성했던 기업들은 새로이 진입한 외국기업을 포함한 카르텔을 만드는 데 주력한다. 우리나라에 진입한 보험업은 선진기술을 일부 전파하기는 했으나, 한국의 보험회사와 결탁하여 카르텔에 합류하여 이권을 챙겼다. 외국기업의 진입 허용이 능사만은 아니다.

외국상품을 자유롭게 구매하는 소비자와 외국기업에서 새로운 일자리를 얻는 노동자는 다국적기업의 국내 진입으로 혜택을 얻는다. 그러나 다국적기업의 국내 진출이 국가경제에 해가 된다고 주장하는 국내 이권집단들의 선전활동에 의해 소비자와 노동자들은 설득당하기 쉽다. 외국에서 이주하는 노동자의 유입에 대한 저항도 비슷하다. 이민을 제한하고 외국노동자에 대한 규제를 하는 조치들은 국내노동자들을 대표하는 이권집단에 의해 조장된다. 노동조합은 육체노동자와 숙련공의 유입을 제한하고, 의사협회는 외국에서 교육받은 의사에 대해 까다로운 자격시험을 부과한다.

1인당 국민소득이 빠르게 성장해온 선진공업국은 새로운 노동이 많이 유입된 경제다. 기존의 노동조합이 국내기업에 대한 노동비용을 크게 상승시키면, 기업들은 외국으로 빠져나가 저임 노동자를 기반으로 하는 공장을 설립한다. 그러면 일자리가 줄어들어 오히려 노동조합에 불리하게 된다. 한진중공업의 조선공장이 필리핀으로 빠져나가자 노동자들이 대량해고된 사태를 보면 잘 알 수 있다. 자유무역과 생산요소 이동의 자유와 함께 카르텔의 로비활동을 줄이는 여러 정책들을 유기적으로 사용해야 한다. 그러나 이것도 전면적이고 영구적인 해결책은 아니다. 필연적으로 이권집단은 늘어나게 마련이기 때문이다.

한편 '자유무역' 혹은 '개방'이라는 구호가 선진국의 이권집단에게 이용되기도 한다는 점을 유의해서 보자. 제국주의시대와 소위 '세계화시대'에 다국적기업들이 후진국에 침투하여 이권을 장악하기 위해 써먹던 이데올로기가 자유무역과 개방이었다. 과거 30년간 중국의 사례에서 보듯이 혁신경제 부문에서 외국인 직접투자는 개방을 한 국가에게 도움을 주는 경우가 많았다. 그러나 은행이나 보험 등 써비스업 그리고 국가기간산업 같은 이권산업에 들어오는 외국자본은, 우리나라의 외환위기 이후 사례에서 보듯이, 집요하게 이권을 추구하는 존재라는 것을 주목해야 한다. 중국은 금융과 부동산 등의 이권산업에 대한 외국인 투자는 철저히 억제했다.

7. 4G+i 모델과 부동산문제

인간의 의식이 존재를 규정하는 것이 아니라
그 반대로 사회적 존재가 의식을 규정한다.
— K. 맑스

4G+i 모델: 네개의 그룹과 이데올로기

'자원이 효율적으로 분배되는 공평한 상태'가 아닌, 공평하지 못
한 사회경제질서가 고착되는 현상은 인류 역사 이래 세계 도처에서
반복적으로 나타난다. 이러한 부조리한 이권평형 상태에서는 소수
의 집단이 부당한 이익을 취하고 나머지 대다수 국민들은 고통 받
는다. 이런 현상이 지속되는 기제를 설명하기 위해서, '4개의 집단
(group)과 특정한 이데올로기가 결합'하는 모델을 생각해보았다. 이
것을 '4G+i 모델'이라고 부를 것이며, 이들 4개의 집단은 이권장악
집단, 이권비호집단, 이권추종집단, 침묵대중집단으로 이름 지었다.

G1 이권장악집단: 이권을 장악한 극소수의 권력집단

G2 **이권비호집단**: 이권장악집단에 충성하며 그들을 비호하며 댓가를 얻는 집단

G1, G2의 두 집단을 합하여 이권집단이라고 부를 수 있다.

G3 **이권추종집단**: 이권집단으로 신분상승이 가능하다고 생각하는 집단으로 약간의 혜택을 받으며 이데올로기에 설득 혹은 세뇌되어서 이권집단을 추종하는 집단

G4 **침묵대중집단**: 집단화되지 않고 침묵하고 행동하지 못하는 다수의 피해자 집단

i 이데올로기란 특정 집단이 자신들의 이익을 위한 행동을 정당화하기 위해 만들어서 전파하는 단순화된 논리로 과학을 가장한 선전체계를 말한다. 이권장악집단과 이권비호집단은 이데올로기를 만들어 전파하고 이권추종집단은 이데올로기에 감화되어 적극적으로 따르면서 그 사회의 핵심적인 문화가 만들어진다. 이러한 '4G+i 현상'은 인간집단 어디서나 일어나는 경향이 있다.

〈그림 2-2〉 4G+i 모델

G1이 담합하여 다수를 착취하기 위해서는 상당한 비용이 발생한다. 이 비용 지출과정에서 이득을 얻는 것이 G2다. 4장에서 본 '부조리한 이권평형 모델'에서 담합 주도자들이 G1이고, 이들에게 충성하거나 도움을 주는 담합 협조자들이 바로 G2다. G2는 G1으로부터 월급이나 뇌물을 받는 사람들과, G1을 주 고객으로 하는 언론사 등 관련 산업에 종사하는 사람들이다. G3는 이권집단을 감싸고 있는 집단으로 G2에 비해서 얻는 혜택은 작지만 G2로 신분상승이 가능한 계층이며 G4보다는 사회적으로 우대받는 집단이다. 이들은 G1, G2에 의해 조작된 이데올로기를 신봉하는 집단이다. 조선시대의 양반집단, 현재 북한의 노동당원들 중 대다수는 G3집단이다. 봉건사회나 독재사회 같은 후진적인 사회일수록 4G의 구분이 뚜렷하고 선진국이 되어갈수록 4G 사이의 격차가 적어진다. 근대의 모든 혁명들도, 2011년의 이집트와 리비아의 혁명들도, 모두 이런 신분구분을 혁파하기 위한 것이었다. 각 그룹 사이의 사회경제적인 격차가 작을수록 공평하고 행복한 국가다.

경우에 따라 다르지만 일반적으로 G1, G2, G3, G4 집단의 숫자는 대략 0.1%, 1%, 9%, 90% 정도의 비율로 피라미드 구조를 형성한다. 북한체제에서 G2와 G3에 해당하는 노동당원 수는 인구의 약 10%라고 한다. 조선시대 G2와 G3에 해당하는 양반계층은 초기에는 약 5%이다가 점차 늘어나서 17세기 말 숙종연대에는 9% 정도로 늘어났다고 한다. 일본의 토꾸가와 막부시대에 G2와 G3에 해당하는 사무라이 계급은, 1721년의 인구조사에 따르면, 인구의 5~10%이었다고 한다. 인간사회에서는 10의 배수로 조직이 이루어지는 경우가 흔하다. 공사현장의 노동자 10명을 십장이 지휘한다. 로마군대는 100

인대장(Centurion)이 중요한 일선 지휘관이었다.

왕국에서는 왕과 측근그룹이 이권장악집단 G1이고, 관료집단과 군대 간부들이 이권비호집단 G2이다. 그 주변에는 국왕체제를 신봉하고 복종하는 이권추종계급 G3가 형성된다. 이 체제에서는 '왕권신수설'같이 왕은 하늘에서 내려온 신의 자손이다 혹은 '군사부일체'같이 왕은 부모님처럼 모셔야 한다는 이데올로기를 강요한다.

독일의 제3제국에서는 히틀러 일파 주변에 '군산복합체'의 이권비호집단이 결집했다. 그리고 군국주의 파시즘과 독일민족 우월주의 이데올로기에 세뇌된 추종세력인 나치당원들 G3가 형성되었다. 히틀러는 '순수민족, 위대한 게르만민족의 피를 보호하기 위해서 유대인 불로소득자 인간기생충들을 몰아내야 한다. 저들은 2천년 전에 예수님을 살해하여 신의 버림을 받은 민족이다. 그런데 이제 우리 기독교 국가에 기생해 우리를 착취하고 피를 빠는 놈들이다. 그들의 재산을 빼앗고 완전히 씨를 말려버려야 한다' 같은 터무니없는 이데올로기를 전파했지만 잘 먹혀들어갔다. 다수의 선량한 독일인들은 유대인 학살이 크게 잘못된 것이라는 것을 알면서도 못 본 척할 수밖에 없었다. 이렇게까지 사태가 악화된 이유들 중에는 1차대전 패전 후 대다수의 독일 서민들이 극도로 경제사정이 어려웠던 상황에서 금융업 등을 통해 축적한 유대인들의 경제력이 인구 수에 비해서 지나치게 컸다는 배경도 있었다.

스딸린 치하의 러시아도 권력을 장악한 소수의 집단이 세뇌된 공산당원 G3들을 동원하여 민중들 G4를 침묵하게 하고 억압 착취했다. 여기서 맑스주의에서 도출된 그럴듯한 이데올로기가 동원되었다. 봉건체제와 비슷한 북한의 권력구조는 소수의 지배자와 관료들로 이루어진 이권집단과 이를 뒷받침하는 노동당원들로 이루어진 이권추종집단으로 구성되어 있다.

한국의 집값 폭등과 4G+i 모델

4G+i 모델은 국가 전체의 씨스템에서 볼 수 있으며, 기업집단과 특정 산업에서도 나타난다. 그 사례의 하나로 2002년부터 2008년 사이에 한국의 부동산 버블 당시 나타난 현상을 살펴보겠다.

G1 이권장악집단: 건설업계와 토지소유자, 그리고 집을 여러 채 가진 사람들이 가장 큰 이익을 본 이권집단이다. 우리나라 인구의 약 0.1%인 5만명 정도의 소수가 2002년 이후 집값 상승 과정에서 막대한 이익을 보았다. 이들이 종합부동산세의 약 90%를 납부하고 있으며 종부세를 없애기 위해 치열하게 노력해왔다.

G2 이권비호집단: 은행, 부동산업자, 언론·광고업계 관계자 중앙정부와 지방정부의 관료와 정치인들 중 일부로 우리나라 인구의 약 1%에 해당하는 50만명 정도다. 1997년 외환위기로 혼이 난 대기업들이 부채비율을 줄여나가서 돈 빌려줄 곳을 찾기 어려워진 은행들은, 집값이 오르자 대출할 곳이 많아져서 좋았다. 주택개발업자는 호황기를 만났고, 이들에게 프로젝트 파이낸싱을 해주는 저축은행은 고금리로 큰돈을 벌었다. 아파트 가격이 오르고 거래가 활성화되자 지방정부에는 막대한 세금들이 들어왔다. 우리나라 지방세의 절반 정도는 부동산 거래세다. 세금이 많이 들어오자 김문수 지사는 판교신도시와 광교신도시에서 그럴듯한 건물들을 많이 지어 업적

을 쌓으니 좋았다. 이정문 용인시장은 멋진 경전철과 호화청사를 지었으나 이와 관련된 비리로 구속되었다. 이대엽 성남시장은 세금이 많이 걷히고 판교에서 이익이 나오자 호화로운 시청건물을 지으면서 뇌물도 챙겼다. 상당수의 지자체 공무원들은 공사를 허가하고 분양가를 승인할 때 권세를 부리고 향응을 제공받아서 좋았다.

G3 이권추종집단: 2003년 이후 집값이 크게 올라 환호한 집단은 강남 3구와 목동 그리고 분당 등에 주택을 소유한 사람들이다. 2001년 이전에 100제곱미터 아파트를 3억원에 샀는데 2007년에는 10억원으로 올랐다. 매우 부자가 된 듯한 기분이 들었다. 비슷한 시기에 강북에서 집을 산 친구의 집은 별로 오르지 않아서 6억원밖에 되지 않았다. 살고 있는 하나뿐인 집 가격이 올랐다고 종합부동산세를 내라고 해서 노무현정부를 성토했다. 세종시가 생기면 집값이 떨어질까봐 반대했다. 집값을 떨어뜨리겠다고 호언장담했지만 오히려 가격을 올린 노무현정부를 비웃었다. 뉴타운을 대규모로 추진한 이명박에게 투표했다. 한강 주변을 개발하겠다는 오세훈을 지지했다. 어차피 살아야 할 집이고 팔기 어렵기 때문에 별다른 이득은 없었다. 게다가 최근 몇년 사이에 집값이 떨어져 기분이 상해서 이명박정부를 비난하는 '강남좌파'로 전향한 사람들도 많아졌다.

G4 침묵대중집단: 90퍼센트 다수의 중산층, 서민들이다. 이들은 강남권의 집값이 폭등하는 것을 보며 부럽기도 하고 불안해하며 절망했던 사람들이다. 작고 값싼 집 한채를 가지고 사는 사람들과, 남의 집에 세를 살지만 돈이 없어 집을 살 엄두를 내지 못하는 사람들과, 집값이 더 올라갈까봐 서둘러서 집을 산 사람들로 이루어져 있다. 이들 중 집 없는 사람들은 근래에 급격히 상승한 전월세비 때문에

생활이 쪼들린다. 전세를 월세로 바꾸어 다른 소비를 줄이거나 빚을 내는 사람들이 많아졌다. 능력이 안 되면서 무리해서 집을 산 사람들에게 큰 문제가 닥쳤다. 분양가격보다 아파트 가격이 많이 떨어져서 팔지도 못하고, 빌린 돈의 이자 때문에 빈곤층으로 전락하는 이른바 '하우스푸어'(house poor)가 된 것이다.

2011년 5월 현대경제연구원이 발표한 '하우스푸어의 구조적 특성'에 따르면, 집을 한채 가지고 있으면서 가처분소득 대비 원리금 상환 비중이 10% 이상인 하우스푸어가 무려 108만 가구로 나라 전체 1692만 가구의 6.4%라고 한다. 특히 소득 상위 20~60% 사이의 주택보유가구 중 13~14%가 하우스푸어라고 한다. 이들은 월평균 가처분소득 246만원 중 42%인 102만원을 원리금 상환에 쓰고 있다. 특히 30대의 주택소유주 중에는 하우스푸어가 20%나 된다. 하우스푸어 중에서 30%는 부채 만기를 연장하지 않으면 상환이 불가능하다고 하여, 금융권 전체의 부실로 연결될 수도 있다. 하우스푸어들의 19%는 노력을 해도 부채가 증가하고 있어 상당수는 극빈층으로 떨어질 것이다.

2012년 현재 가계부채 총액이 1000조원에 육박하고 가계부채에서 발생한 이자만 40조원이 넘게 되자 우리 경제의 뿌리인 가계경제가 경제위기의 근원지가 되고 있다. 이로 인해 소비가 침체되어 경제 전반에 활력이 떨어졌다. 가계부채가 급증한 주원인은 하우스푸어들이 무리하게 빚을 내어 집을 샀기 때문이며, 전셋값이 오르고 월세가 많아져서 상당수의 집 없는 서민들은 빚을 내서 생활하기 때문이다. 또한 조기에 퇴직한 50대가 무리하게 자영업을 시작하나 대다수가 실패하면서 부채가 급증하기 때문이다. 가계부채로 인한 경제위기는 1997년의 대기업발 외환위기보다 훨씬 해결하기 어렵다.

한국의 집값 상승은 이들 G1, G2, G3 세력들이 상승작용을 하며 힘을 받았다. 워낙 강력하게 서로가 서로를 촉진하는 되먹임 양상이라서 누구도 이를 거스르기 어려웠다. 지나치게 값이 올라서 더이상 지탱할 수 없게 될 때까지는.

i 이데올로기: 경제학자들은 이렇게 말했다. '가격은 항상 옳다. 원가가 가격을 결정하는 것이 아니다. 수요와 공급이 만나는 점에서 가격이 결정된다. 원가를 공개하는 것은 사업자의 영업비밀을 침해하는 것이다. 분양가 상한제는 옳지 않다. 가격을 통제하면 시장이 왜곡되어 공급이 줄어들고 결국 가격은 더 오른다. 정부가 시장가격을 통제하려는 시도는 항상 실패한다. 정부가 가격을 통제하려고 세금을 부과하면 실패한다. 자유시장은 항상 최선의 해결책이다.'

이데올로기 생산집단은 시장근본주의 경제학자들, 관료들, 뉴라이트 정치인들, 그리고 언론인들이었다. 집값이 오르면 자산효과로 인하여 소비가 늘어나서 GDP는 상승한다. 청와대와 재경부는 국민의 행복을 감소시키더라도 경제성장률이 오르는 것을 바랐다. 집값이 오르면 건설경기가 좋아지니 건설교통부의 관료들은 여러모로 좋았다. 신문들은 집값이 오르고 분양이 많아지자 광고를 많이 받아 좋았다. 인터넷에 광고시장을 빼앗기던 신문들에게는 단비 같은 축복이었다. 집값이 계속 오르도록 신문의 논조를 유지해야 했다.

시장근본주의 주류경제학은 가격이 오르면 공급이 늘어나서 결국 가격이 다시 내린다고 본다. 가격이 내리면 수요가 늘어나서 결국 가격은 균형을 찾아간다고 생각한다. 즉, 음성 되먹임을 통해서 시장은 자원의 배분이 최적인 균형상태가 된다는 것이다. 이러한 주류경제학은 21세기 들어 2007년까지 전세계적으로 휘몰아친 부동산 가격 폭등사태를 정당화했다. 그러나 2008년부터 부동산발 금융위기가 심각한 문제를 발생시켰고, 효율적 시장을 주창한 이론가들은 꼬리를 내렸다. 소위 신자유주의시대가 종말을 고한 것이다. 미국에서 박사학위를 받은 수많은 경제학자들은 시장근본주의 이데올로기를 과학으로 착각하고 있었기에 분양가 상한제는 당연히 반대해야 했다. 원가공개도 반대했다. 뉴라이트 정치인들은 0.1%의 인구가 90%를 부담하는 종합부동산세를 노무현 좌파정부가 대다수 국민들에게 던지는 '세금폭탄'처럼 선전하여 재미를 보았다.

그들의 이데올로기는 틀렸다는 것이 입증되었다. 우리나라의 아파트 분양시장은 자유경쟁시장이 아니다. 일반적인 상품시장과는 매우 다른 시장이다. 우선 토지의 공급권한을 중앙정부와 지방정부가 통제한다. 권력자가 어떤 마음으로 어떤 행동을 하느냐에 따라 가격이 바뀐다. 토지를 사서 설계도만 가지고 분양을 하는 건설회사가 판매가격을 결정한다. 분양가격을 결정할 때 원가는 그다지 중요하지 않고 얼마에 내놓으면 이익을 많이 볼 것인가가 가장 중요한 판단기준이다. 토지를 평당 600만원에 사서 건축비 400만원을 들여 원가가 1000만원인 집을 평당 3000만원에도 분양한다. 소비자는 선택권이 별로 없다. 정부가 땅을 공급하고 건설회사가 분양가를 내놓으면 미래의 가격상승 여부를 예상하여 살지 말지를 판단할 뿐이다.

노무현 대통령도 민주당도 이들 거대한 이권세력들의 힘을 막아내지 못했다. 경제학자와 관료들의 그럴듯한 논리에 포획당해서 헷갈려버렸다. 국민들은 더 오를 것을 염려해서 주택투기 행렬에 동참했다. 그러는 사이에 가격은 계속 올라갔다. 더이상 오르기 어려운 파탄 지경에 이르고 나서야 상승을 멈추었다. 건설회사들은 분양이 되지 않아서 부도가 나기 시작했다. 은행들은 가계부채의 비중이 너무 커져서 위험해졌다. 부동산 프로젝트 파이낸싱이 부실화되자 수많은 저축은행들이 파산했다. 언론사들은 분양광고 물량이 줄어서 경영이 어려워졌다.

그들이 단기적인 이익에 취해서 마음껏 탐욕을 부리는 사이에, 국민경제는 멍이 들고, 금융은 골병 들고, 건설경기는 급전직하했다. 실업자는 늘어나고, 자영업자들은 임대료가 올라서 고전하고, 물가는 올라 서민가계는 허리가 휘고, 임금상승 압력으로 중소기업은 더욱 어려워지고 국제경쟁력은 떨어졌다.

서울에 집이 심각하게 부족하다

그렇다면 한국의 부동산문제의 본질은 무엇일까? 분명한 것은 우리나라가 직면한 문제의 태반이 부동산가격 상승에서 비롯되었다는 것이다. 빈부격차와 빈곤층 증가 문제, 가계부채와 이에 따른 금융불안 문제, 저축은행 부실화 문제, 저출산과 젊은이들의 불만, 교통난 등은 부동산문제와 직접 연결되어 있다. 그래서 부동산문제의 핵심적인 맥을 잡는 것이 중요하다. 내가 생각하기에 한국의 부동산 시장은 G1, G2의 이권집단들에게 농락당해온 시장이며, 그들은 공급을 적게 하는 방법으로 부동산가격을 올려서 이권을 챙겨왔고 대다수의 국민들을 고통에 빠뜨렸다는 것이다. 즉, 공급부족이 핵심 문제라고 생각한다.

2011년 10월 25일 권도엽 국토해양부 장관이 국토해양부 기자실에서 다음과 같이 발언하면서 박원순 서울시장이 재개발 재건축을 촉진하는 정책을 써 주기를 촉구했다. "서울이 인구 1000만명을 수용하기 위해서는 주택 500만호가 필요한데, 2010년 기준으로 340만호에 불과하다." "집을 지을 만한 땅이 거의 없는 서울에서 재개발 재건축 규제를 강화하면 집값이 오르고 구매력이 떨어지는 서민들은 서울 밖으로 밀려나갈 수밖에 없다." 주택사정을 잘 알 법한 장관의 말을 새겨보면 서울과 경기도의 주택정책을 앞으로 어찌해야 할지 답이 나온다. 그는 서울에 집이 심각하게 부족하다고 고백했다. 서울의 집값과 전셋값이 오른 핵심요인은 공급이 심각하게 부족하기 때문이지만 당국은 그동안 이 사실을 알리지 않으려 했다.

통계청의 인구통계 총조사에 따르면 2010년 말 현재 서울은 979만 인구에 350만 가구로 되어 있다. 주택은 253만호로 조사되었다. 97만호나 차이가 난다. 주택수 통계를 낼 때 다가구주택을 한채로 잡는다. 그중 오피스텔에 거주하는 20여만호를 제외해도 약 80만 가구, 즉 인구의 20%가 열악한 주거에서 살고 있다는 것을 의미한다. 이 80만 가구 200만명 정도는 다가구주택의 일부, 옥탑방, 반지하방, 여인숙, 고시원, 심지어 비닐하우스에서도 산다. 게다가 가구당 평균 인원수가 빠르게 줄고 있다. 1990년 가구당 인원수가 3.7명이었는데 2000년에는 3.1명으로 줄었고 2010년에는 2.8명이 되었다. 2020년에 인구 변화 없이 가구당 인원이 2.4명으로 줄어들면 약 408만 가구의 주택이 필요하다. 현재보다 58만 가구가 더 늘어난다는 것이다. 멸실되는 것까지 감안하면 10년 동안 80만채 이상의 주택을 새로이 공급해야 한다. 그런데 서울에는 이 많은 주택을 추가로 공급할 땅은 없다.

전국적으로 보면 2010년 말 현재 총 주택수는 1468만채이며 거주단위의 가구수는 1734만이다. 무려 266만 가구가 부족하다. 23만호의 오피스텔은 법적으로 주택이 아니므로 주택수 통계에는 잡히지 않는다. 2010년 정부의 공식 주택보급률 101.9%는 실제 거주단위 기준 주택수 1767만채를 가구수 1734만으로 나눈 수이다.[28] 주택보급율이 100%를 넘었다는 통계의 허구성을 간파해야 한다.

주택가격이 떨어지기를 원하지 않는 G1, G2인 집부자들, 땅부자들이 장악한 새누리당과 이명박정부는 주택이 심각하게 부족한 것을 몰랐는지 대책을 세우지 않았다. 그래야 집값이 더 올라가니까! 주로 강남에 사는 고위관료들이 이를 교묘히 조장했다. 이것이 주택가격 폭등의 핵심 원인이었다. 그렇다면 어떤 대책이 가능할까? 주택에 대한 기존의 인식으로는 해결이 불가능하다. 서울에 80만채의 주택을 늘리려면 대규모로 고층아파트 위주의 재개발을 해야 한다. 그러나 집값이 오르지 않으면 각 가구의 건축비 부담이 커져서 이 방식은 불가능하다. 이미 집값이 너무 높은데, 집값이 더 올라가면 금융이 불안해지고 대부분의 중산층 서민들이 불행해진다. 특히 집 없는 젊은이들은 암담해진다. 집값을 올려서 재개발을 하는 방식이 불가능하다는 것은 이미 판명되었다. 그러면 어찌해야 할까?

서울의 인구를 20% 줄이자

이 문제의 해결책으로 서울의 인구를 1000만명 수준에서 800만명 정도로 줄이는 방안이 있다. 그리하면 2020년에 평균 2.4명이 사는 333만 가구의 800만 인구가 된다. 그러면 주택수를 크게 늘릴 필요

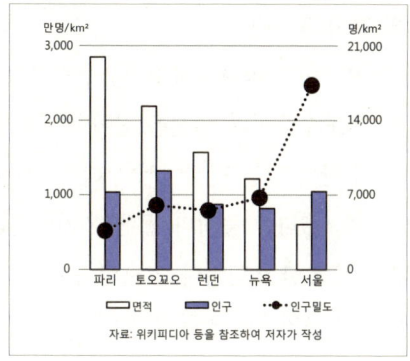

〈그림 2-3〉 주요 도시들의 인구밀도

자료: 위키피디아 등을 참조하여 저자가 작성

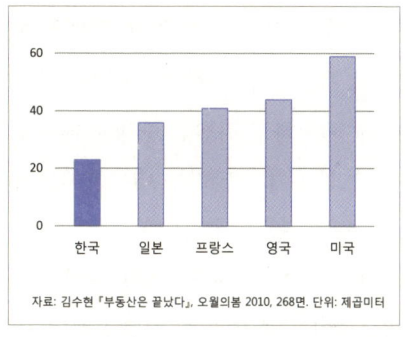

〈그림 2-4〉 각국의 1인당 주거면적

자료: 김수현 『부동산은 끝났다』, 오월의봄 2010, 268면. 단위: 제곱미터

가 없고, 교통체증이 적고 공간적으로 여유있는 살기 좋은 곳이 될 것이다. 사실 서울의 인구밀도는 지나치게 높다. 〈그림 2-3〉은 서울과 인구가 비슷한 빠리, 토오꾜오, 런던, 뉴욕의 인구밀도를, 〈그림 2-4〉는 각국의 1인당 주거면적을 비교한 것이다. 서울의 인구밀도는 제곱킬로미터당 1만 7000여명으로 토오꾜오의 2.9배, 빠리의 4.8배에 이른다. 지나치게 좁은 땅에서 살다보니, 임대료가 높아 생활

비는 비싸고 아파트가 60%가 넘고 교통은 혼잡하고 시끄러우며 공기가 나빠서 삶의 질이 떨어진다.

〈그림 2-4〉에서 보듯이 우리나라의 1인당 주거면적은 23제곱미터로 독일과 영국의 절반 수준이다. 일본은 집이 좁기로 유명한데도 사람들은 우리의 한배 반이 넘는 면적에서 산다. 그동안 정부가 택지를 형편없이 조금 공급했다는 증거다. 물론 우리나라의 주거형태로 고층아파트가 많은 것도 한 요인이다. 앞으로 우리가 일본 정도의 넓이에서 살려면 엄청난 양의 주택공급이 필요하다는 것은 분명하다.

민간이 주택을 많이 공급하려면 주택가격이 오르는 분위기가 형성되어야 한다. 그런데 현상황에서 주택가격이 더 오르면 국민경제가 감당하기 어렵다. 가격을 올리지 않고 주택을 대량 공급하는 방법은 정부가 대규모 택지를 싼 가격에 공급하여 실수요자의 구매를 유도하는 것뿐이다. 쾌적하고 저렴한 주택을 대규모로 건설하는 정책을 추진하면 수요 부족에 시달리는 내수경제를 활성화해서 경제성장과 고용에 큰 도움이 될 것이다.

그렇다면 서울을 떠나게 될 200만명의 주택은 어디에 건설해야 할까? 노무현 대통령이 세종시 건설을 추진했던 목적 중의 하나는 수도권 인구집중의 해소였으나, 새누리당의 수구보수세력들은 이를 저지하기 위해 온갖 노력을 다했고, 헌법재판소는 조선 초의 경국대전까지 동원하여 위헌 판결을 내렸다. 200만명에게 저렴하고 쾌적한 주택을 공급해주려면 교통문제를 해결해야 한다. 이들 태반이 서울에 직장을 갖고 있거나 서울이 근거지이기 때문이다. 만약에 서울 도심까지 50킬로미터 거리를 고속철도로 20분 정도에 갈 수 있는 지역에 싸고 좋은 집이 있다면 기꺼이 이사하려는 사람들이 많을 것이다.

이제는 우리도 쾌적한 환경의 단독주택이나 타운하우스에서 텃밭과 정원을 가꾸며 살 때가 되었다. 1960년대에 뉴욕이나 워싱턴 D.C. 그리고 런던의 경우 소득수준이 높아진데다가, 고속도로가 늘어나고 자동차가 저렴해지면서, 중산층이 대거 교외로 빠져나갔다. 그로 인해 도심이 공동화되고 슬럼화되었다. 우리도 오래된 아파트들이 가격이 오르지 않고 재개발되지도 않으면서 슬럼화되는 현상이 대규모로 나타날 것에 대비해야 한다.

이미 시작하여 100조원 가까이 투입한 150만 가구의 보금자리 주택사업은 문제점을 보완하여 잘 마무리해야 한다. 그래도 부족한 물량은 서울과 부산 도심에서 50킬로미터 정도 떨어진 지역에 60제곱미터 면적의 전원형, 제곱미터당 200만원, 가구당 1억 2000만원 정도의 저가형 주택단지들을 대규모로 건설해야 한다. 이를 위해서는 KTX와 GTX를 확대 건설해야 한다. 정부가 의지를 가지고 저가의 토지를 공급하면 가능한 사업이다.

이러한 나의 견해는 새누리당의 정책과는 매우 다르다. 그들은 집값을 올리기 위해서 온갖 정책을 쓰고 있다. 잘못된 생각이다. 집값이 떨어져야만 국민이 산다. 나의 견해는 일부 민주진보진영의 접근방법과도 매우 다르다. 그들은 토목과 건설을 맹목적으로 싫어한다. 신도시 같은 대규모 건설을 하면 토건족이 가격을 올릴 것이라고 주장해왔다. 수요가 줄어드는 추세이므로 주택가격은 저절로 떨어질 것이라고 큰소리를 친다. 틀린 생각이다. 공급이 심각하게 부족하다는 현실을 모르고 하는 소리다. 그들은 노무현정부 당시에도 비슷한 주장을 해서 집값을 폭등시키는 데 결정적인 역할을 했다.

혁신질서 모델

8. 혁신경제를 말한다

> 부의 기원은 적합한 질서(fit order)다.
> — 에릭 바이하커

제3부에서는 혁신경제의 원리와 이를 활성화시킬 수 있는 정책과 이론을 소개하겠다. 그리고 내가 생각해낸 새로운 경제 패러다임의 후보를 제시하겠다.

우선 내가 경험한 혁신경제를 간략하게 소개한다. 1995년 제일제당을 떠난 후 나는 미국 뉴저지에 살면서 몇가지 벤처사업을 시도했다. 그중 하나는 컴퓨터 소프트웨어를 이용한 증권거래 기법인 알고리즘 트레이딩 씨스템을 개발하는 것이었다. 사실 이 프로젝트는 내가 제일제당에서 일하던 1985년경부터 몰두해온 분야였다.

원당의 국제선물(futures)시장을 분석하고 예측하는 보고서를 매일 써야 했던 나는 시장가격을 예측하는 것이 거의 불가능에 가까운 영역이라는 것을 알게 되었다. 그러나 회사의 업무로 내게 주어진 것이었으므로 최대한 열심히 노력했다. 나는 수집 가능한 정보들과 시장예측 기법들을 컴퓨터에 입력하여 컴퓨터가 가격을 예측하는 방법을 연구하기 시작했다. 때마침 개인용 컴퓨터가 보급되기 시작하여 직접 소프트웨어를 개발할 수 있었다.

1991년부터 제일제당 뉴욕지점에서 매일같이 원당선물을 거래하는 일을 했던 나는 이 방법을 이용한 선물거래로 나름대로 성과를 거두었다. 그즈음 인공위성통신으로 데이터를 실시간으로 받아 증권가격을 컴퓨터로 분석하는 써비스가 상용화되었고 월스트리트의 세계적인 전문가들과 교류하면서 본격적인 연구가 가능해졌다. 그러나 신도 모른다는 미래가격의 예측이 쉬울 리 없었다.

그러던 중 1996년 한국에서도 주가지수 선물거래가 시작되고 1997년 외환위기로 주식시장이 격변하여 국내시장에도 관심을 갖고 분석해보았다. 1999년 1월 한국 증권시장 제도의 개선방안을 한 인터넷 싸이트에 기고한 것을 시작으로 증권투자와 관련한 글을 활발하게 쓰기 시작했다.

월스트리트의 투자기법과 알고리즘 트레이딩을 소개하고 주가를 예측하는 글들을 써서 곧 인기있는 싸이버 필자가 되었다. 이를 계기로 3월에는 독자적인 웹싸이트를 열었는데 이것이 좋은 반응을 얻었고, 5월에는 (주)팍스넷이라는 법인을 설립했다. 증권정보 인터넷사업을 하는 벤처사업가가 된 것이다. 그리고 7월에는 12년간의 외국생활을 마치고 가족과 함께 한국으로 돌아왔다. 때마침 인터넷기업이 각광을 받기 시작했고 증권시장이 활황이어서 순조롭게 창업투자자금을 받아 회사를 키워나갔다.

창업한 지 1년이 되지 않아 한국에서 열번째 이내로 접속 횟수가 많은 웹싸이트로 성장했고, 상근직원이 130명이 넘었으며, 2000년 초에는 미국의 투자회사 골드만삭스와 일본의 벤처캐피털인 히까리투신으로부터 각각 500만 달러씩 투자를 받았다. 그런데 2000년 후반 증권 가격이 급락하고 인터넷 버블이 꺼지면서 어려움을 겪었다. 당시 인터넷 버블의 후유증으로 많은 인터넷기업들이 몰락했으나, 비교적 수익모델이 좋았던 (주)팍스넷은 잘 견딜 수 있었다. 일본과 대만에서도 비슷한 사업을 추진했으나 여러가지 문제로 성공하지는 못했다.

4년 가까이 대표로서 경영을 하던 나는, 2002년 말에 SK텔레콤에 회사를 매각했다. 당시 SK텔레콤은 (주)팍스넷을 인수하여 다른 분야와 씨너지효과를 일으켜 회사를 크게 키우려는 계획을 가지고 있었다. 지금도 (주)팍스넷은 증권정보 전문 인터넷기업 중에서는 가장 크다. 이때 인터넷 기업인들과 벤처기업가들 그리고 정보통신사업 관계자들과 교류하면서 혁신경제 분야의 역동성과 어려움을 직접 경험했다.

혁신경제-요소경제-이권경제 모델의 작동방식

3장에서 간략하게 설명한 혁신경제, 요소경제, 이권경제의 세가지 경제모델에 대해서 좀더 자세히 설명한 후에 다음 논의를 진행하자. 세 경제모델들의 근본적인 차이는 공급의 증가가 가격에 미치는 영향이 모두 다르게 작동한다는 것이다.

요소경제에서는 공급곡선이 우상향한다. 즉, 공급이 늘어나면 수확체감 현상 때문에 가격이 올라간다. 한편 가격이 올라가면 수요가 감소하여 수요와 공급이 균형점에 도달하는 '음의 되먹임'(negative

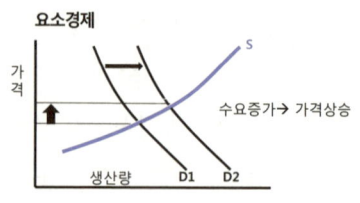

요소경제

가격 / 생산량 / S / D1 D2 / 수요증가→가격상승

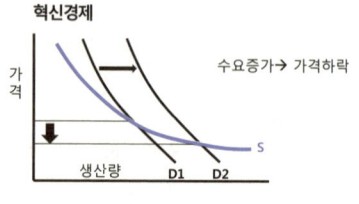

혁신경제

가격 / 생산량 / D1 D2 / S / 수요증가→가격하락

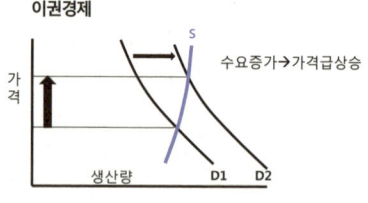

이권경제

가격 / 생산량 / S / D1 D2 / 수요증가→가격급상승

〈그림 3-1〉 세가지 경제모델의 공급곡선과 효과

feedback) 현상이 작동한다. 그래서 고전경제학에서 말하는 자유경쟁시장의 원리대로 자원이 효율적으로 분배된다.

혁신경제에서는 공급곡선이 우하향한다. 공급이 늘어나면 가격이 내려간다. 수확체증 현상이 나타나기 때문이다. 소비가 증가하면 가격이 내려가서 소비가 더욱 증가하는 '양의 되먹임'(positive feedback) 현상이 나타난다. 그러면 균형이 생기지 않기 때문에 신고전학파 경제이론이 작동하지 않는다. 양의 되먹임 현상 때문에 새로운 산업이 빠르게 성장하며 정체된 구산업을 밀어내는 창조적 파괴가 나타난다.

이권경제의 공급곡선은 수직에 가까운 모습이다. 가격이 올라가도 공급은 잘 늘어나지 않는다. 주택시장에서 보듯이 수요가 증가하면 공급이 늘어나기 어려우므로 가격이 급상승한다. 담합세력은 공급을 인위적으로 줄여서 높은 가격을 유지하려 한다.

요소경제와 신고전학파이론

신고전학파 경제이론의 중요한 가정 중 하나는 수확체감의 법칙이다. 수확체감이란 어느 수준 이상으로 생산이 늘어나면 요소를 투입한 것보다 생산이 적게 늘어난다는 것이다. 생산을 늘리기 위해 잔업과 주말근무를 시키면 시간외 수당을 주어야 한다. 농사에서 보통보다 높은 소출을 내기 위해서는 척박한 땅에서도 농사를 지어야 한다. 석탄광산에서 더 많은 생산을 하려면 작업이 어려운 곳에서도 채굴해야 한다. 그러면 비용이 많이 들게 되므로 가격이 올라간다.

수확체감의 법칙과 상응하는 것이 소비의 한계효용체감의 법칙이다. 소비를 늘린 만큼 효용이 증가하지 않는 현상이다. 더울 때 한 잔의 청량음료의 만족도에 비해서 두잔째 먹는 청량음료의 만족도는 적다. 가정에서 자동차를 한대 가질 때의 효용에 비해서 추가로 한대를 더 가질 때의 효용은 크지 않을 것이다. 즉 소비가 증가하면 한계효용은 줄어들어 수요곡선은 우하향한다.

생산이 증가하면 규모의 경제 때문에 가격이 떨어지다가 일정 물량을 넘게 생산하면 수확체감의 법칙 때문에 가격이 올라간다. 한편 한계효용체감의 법칙 때문에 공급이 증가하면 효용이 감소하므로 소비도 감소하여 균형가격에 이르는 것이 필연이라는 원리가 신고전학파 경제학의 토대다. 수많은 상품들로 이루어진 경제씨스템에서도 모든 상품이 상호작용하여 하나의 균형으로 수렴한다는 원리가 프랑스 경제학자 레옹 발라의 '일반균형이론'이고, 이 균형상태가 모든 자원이 합리적으로 배분되고 낭비가 없게 된다는 '파레토 최적'(Pareto optimality)이다.

요소경제는 시장에 참여자가 많고, 상품에 대한 정보가 널리 알려져 있고, 거래비용이 크지 않은 자유경쟁시장에 근접해 있는 경제다. 일반균형이 성립되며 자원이 효율적으로 배분되는 경향이 있다. 따라서 정부의 개입을 최소화하고 국제무역을 활성화해야 생산과 교환이 원활해져서 모든 인간들에게 이득이 된다는 논리가 설득력이 있다. 고전학파 경제학에 따르면, 자본과 토지를 이용하여 생산수단을 만들고 여기에 노동력을 투입하여 특정한 물질을 부가가치 높은 상품으로 전환하는 것이 생산이며, 생산된 부가가치는 투입된 노동과 자본 등 요소의 양에 비례한다. 토지와 노동과 자본이 생산에 기여한 정도에 따라 지대, 임금, 이윤으로 분배한다. 이 이론은 애덤 스미스와 리카도 이론의 가정인 노동가치설에 뿌리를 두고 있으며, 카를 맑스의 이론도, 밀턴 프리드먼과 쌔뮤얼슨의 이론도 기본적으로 이 전제 위에 있다. 오늘날 경제학 교과서 지면의 대부분을 차지하는 주류경제이론인 신고전학파의 이론적 전제도 이것이다. 시장근본주의의 이론적인 기반인 신고전학파 경제학은 요소경제에는 잘 들어맞지만, 혁신경제와 이권경제는 잘 설명하지 못하며 모순되는 부분이 많다.

혁신경제에서는 수확체증의 원리가 작동되므로, 신고전학파의 경제원리가 작동되지 않는다. 혁신경제에서 발생하는 수확체증 현상의 예를 들어보겠다. 모바일 애플리케이션(mobile application, 앱) 게임 중에서 가장 많이 팔리는 '앵그리 버드'는 제작에 100만 달러가 들었는데, 2011년에는 대략 1억명이 1달러씩 구매하여 약 1억 달러의 매출이 발생했다고 한다. 이 상태에서 스마트폰이나 스마트패드를 통해서 1억명이 더 구매한다고 해도 추가로 들어가는 비용은 거의 없다. 앱의 특성상 한계생산비용이 영에 가깝기 때문에 판매가 늘어나면 평균원가는 떨어진다. 수확체증의 법칙이 작동되면, 일반균형이론은 통하지 않고, 파레토 균형이 형성되지 않으며, 시장의 보이지 않는 손도 작동하지 않는다. 애플의 아이폰 같은 경우 초기 개발비용은 많이 필요하나, 판매 마진이 크기 때문에 판매량이 늘어날수록 평균원가는 떨어진다. 네트워크 효과와 규모의 경제로 인하여 수확체증 현상이 나타나면 승자독식 양상이 생긴다. 네트워크 효과로 페이스북이 성공을 하니 경쟁자가 진입하기 어렵다. 메모리 반도체시장에서 삼성전자가 워낙 강하다보니 규모의 경제 때문에 경쟁자가 들어오기 어려운 것도 승자독식 양상이다.

이권경제에서는 신고전학파가 말하는 '가격기구를 통해 모두에게 최적인 균형으로 회복'되지는 않는다는 것은 이미 설명했다. 부조리한 이권평형이 정착되어 이권을 장악한 소수가 침묵하는 다수를 착취하는 구조가 누적된다. 이권집단은 공급을 인위적으로 적게 하고, 가격은 인위적으로 높게 유지한다. 앞에서 본 설탕, 조미료, 밀가루, 식용유, 휘발유, 가스, 보험 등 수많은 담합사례는 대부분 이권경제에서 나타난다.

혁신경제 기업, 이권경제 기업

혁신경제에 속하는 업종들은 어떤 것이며 이권경제에 속하는 사업들은 어떤 것이 있는지 살펴보자. 유의해야 할 점은 대부분의 업종과 기업은 혁신경제적인 성격과 요소경제적인 성격과 이권경제적인 성격이 혼재되어 있다는 것이다. 여기서는 논리 전개의 편의상 뚜렷한 특징만을 강조하며 설명하겠다.

1) 수출을 주로 하는 제조업은 대부분이 혁신경제다. 삼성, 현대, 대우중공업의 조선업은 국제시장에서 강자들과 치열하게 경쟁하기 때문에 이권이 끼어들 여지가 별로 없다. 삼성전자의 스마트폰과 현대자동차의 수출 부문도 혁신경제에 속한다. 이들이 우리 경제의 희망이다. 많은 수출품목들은 세계시장에서 많은 공급자들과 경쟁해야 하므로 요소경제적인 성격도 있지만, 경쟁자와 다른 창조적 가치를 제공하지 못하면 중국 같은 저임금 국가의 기업들에게 밀리므로 창조형 렌트를 치열하게 개발해야 한다.

수출제조업이지만 이권경제에 속하는 예외도 있다는 것에 유의해야 한다. 설탕정제업이나 석유정제업의 경우 상당한 물량을 수출한다. 이 경우에 수출은 규모의 경제를 도모하고 계절적인 변화에 대응하여 안정적인 가동률을 유지하기 위한 목적인 경우가 많아서 대개 수출가격이 국내가격보다 싸고, 수출에서 버는 이익은 별로 없다. 즉, 국내에서 이권경제를 영위하기 위해서 부수적으로 수출을 하는 것이다.

2012년 7월 9일 정보통신정책연구원이 방송통신위원회의 용역으로 작성한 '이동통신시장 단말기 가격형성 구조 연구' 보고서에 따르면 국내 스마트폰의 판매가격이 대부분의 주요 외국들에 비해 수십만원 비싸다. 2011년 말 기준으로 애플 아이폰 4S(32GB)의 판매가는 한국에서 81만 1000원이었으나 외국에서는 평균 57만 9000원이었다. 한국이 40%나 높은 것이다. 삼성전자의 갤럭시S2의 한국

판매가는 73만 7000원으로 외국의 평균 39만 9000원에 비해 85%나 비쌌다. 이처럼 국내 스마트폰의 판매가가 해외와 큰 차이가 있는 것은 스마트폰 기기가 다양한 유통망을 통해 판매되는 외국과는 달리 국내에서는 이통사 위주로 유통되기 때문이라고 보고서는 분석했다.[29] 이와 같이 삼성전자와 통신회사의 카르텔이 폭리를 취하는 것은 전형적인 이권경제의 모습으로 극복해야 할 대상이다.

또한 2012년 8월 출시한 스마트TV 'ES9000'의 미국 출시가는 9999달러로 한국 돈으로 환산하면 약 1140만원이다. 그런데 한국에서는 1980만원에 팔았다. 같은 제품임에도 국내 판매가격이 미국보다 74%나 비싼 셈이다. 이처럼 한국 내의 독점적인 지위를 이용한 가격 인상은 우리 국민들을 궁핍하게 만드는 주요 요인이며 혁신산업에서 공공연하게 이권을 챙기는 사례다. 이권경제와 혁신경제를 구분할 때, 수출가격과 내수가격의 차이가 좋은 판단 기준이 된다.

한편 수출로 회계처리되지만, 관계회사의 영향력을 이용한 현대자동차 계열의 물류회사 글로비스와 광고회사 이노션 같은 회사들의 국제사업은 이권산업적 성격이 강하다. 자체 경쟁력보다는 대주주의 영향력으로 이익을 만들기 때문이다.

2) 내수시장에서 주로 활동하며 인허가가 필요한 산업은 대부분이 이권산업이다. 정부 허가가 필요한 정유사업, 가스사업과 정부 정책이 많이 반영되는 통신사업도 이권산업적인 성격이 강하다. 방송회사도 이권경제의 대표산업 중의 하나다. 조선, 중앙, 동아일보가 종합편성채널이라는 이권을 따내기 위해 엄청난 노력을 한 것을 보면 알 수 있다. 대다수의 사립대와 사립중고교 운영도 허가가 필요한 이권

사업이다. 비싼 등록금과 정부예산으로 정규직 교수와 교사들에게 높은 연봉을 지급하지만, 정작 인사권은 재단이 행사한다. 학교의 경영권을 암암리에 사고 판다는 사실도 이권사업임을 증명한다.

이처럼 이권을 목적으로 학교를 운영하는 사람들 때문인지 대학마다 자율적으로 학생들을 뽑겠다고 주장해서 입시제도는 지독하게 복잡해졌고 입학사정 수수료로 돈벌이하는 학교들도 많다. 중고교 학생과 부모들은 너무나 복잡한 입시제도 때문에 힘들고, 대학에 들어가면 비싼 등록금 때문에 허덕이고, 졸업을 해도 지나치게 많이 배출된 대졸자들 때문에 청년실업으로 고통 받는다. 적어도 교육만큼은 이권적 요소를 줄이고 공공성을 강화해야 한다. 보기에 따라서는 교원자격증 제도, 중등학교 졸업자격 검정고시 제도, 학교인가 제도들도 일종의 이권이다. 이처럼 교육관계자들이 이권에 얽히고 설킨 것이 우리나라 공교육의 품질이 형편없이 낮은 이유다.

3) 금융산업은 이권경제적 성격이 강하다. 은행과 보험회사도 이권산업의 속성이 뚜렷하다. 은행과 보험 모두 많은 사람들의 돈을 받아서 운영하다가 상당시간이 흐른 후 되돌려주는 사업의 면허를 가지고 있기 때문이다. 저축은행 사업이 이권사업이었다는 것은 충분히 증명되었다. 1인당 예금 5000만원을 정부가 지급보증해주고 '은행'이라는 이름까지 붙여주자, 저축은행의 이권은 매우 커졌다. 다수의 서민들로부터 예금을 받아 자기 돈처럼 투자하거나 빌려 쓸 수 있게 되었던 것이다. 수십조원 규모의 자금이 모였고, 이명박정부와 새누리당의 핵심권력자들에게 뇌물을 주면서 제멋대로 착복했다. 여기에 금융감독원 출신 감사에게 월급을 주면 감독기관이 못 본 척

범죄행위를 눈감아주었다. 결국 부실로 파산하여 예금을 지급할 돈조차 부족해져서 20조원 규모의 공적자금이 투입되고 있으며, 관련자 다수가 감옥에 들어갔다.

신용카드업도 정부의 인가를 받아야 하는 이권사업이다. 모두 30여개 회사가 카드사업을 영위하지만, 그중에서 신한, 삼성, 국민, 현대카드가 국내시장의 60% 정도를 점유하는 과점시장이다. 정부가 소매점에서 카드결제를 거부할 수 없도록 법적으로 강제함으로써 신용카드 회사들의 이권을 키워주었다. 이들은 2002년 카드대란을 일으키며 수많은 신용불량자를 만들어낸 바 있고, 최근에는 과도한 수수료로 자영업자들을 착취한다는 비난을 받고 있다. 보험회사와 증권회사도 정부 허가를 받아야 사업을 영위할 수 있고, 가격 결정 등에서 정부의 통제를 받는 이권사업이다.

금융업은 경제에 차지하는 비중이 워낙 크고 혁신을 이끄는 역할도 중요하다. 특히 기술개발을 촉진하는 창업투자 금융, 대규모 투자를 가능하게 하는 자본조성과 신용창조 기능, 사회적 리스크를 분산하는 보험 기능, 증권시장을 통해 자본을 조달하고 회사의 적정가격 정보를 제공하는 기능 등은 현대 자본주의 질서의 핵심이다. 수많은 금융인들이 은행업, 신용카드업, 보험업, 증권업에 종사하면서 자금의 유통을 원활하게 하고 기업인들에게 자금을 제공하는 등 경제씨스템이 돌아가게 하는 데에 중대한 역할을 한다.

그런데도 금융업들이 이권산업적인 요소가 크다는 점을 강조하는 것은 첫째로 금융기관의 주주나 경영진들이 자신의 능력과 노력만으로 이익을 낸 것으로 착각하여 과도한 배당과 급여를 가져가는 것을 통제할 필요가 있기 때문이다. 금융업은 정부의 인허가 방침과 관리감독 정책에 따라서 손익이 크게 좌우되는 산업이다. 둘째로 신용을 바탕으로 하는 금융업종이 의외로 파산하기 쉬우므로 이에 대한 대비가 있어야 하기 때문이다. 1997년 외환위기 당시 우리 은행들 절반 이상이 파산했고, 2002년 삼성, LG등 주요 신용카드 회사들이 사실상 파산했다. 2008년 금융위기 때는 우리 은행들이 파산에 직면했고, 미국의 주요 투자은행들 여럿이 파산했으며 세계 최대 보험회사인 AIG가 사실상 파산했다. 또한 2011년에는 한국의 저축은행 상당수가 파산했다. 셋째로 이들의 특성상 민간회사 성격도 있지만 공적인 성격이 강하므로 현명하고 철저하게 감독을 해야 한다는 이유 때문이다. 넷째로 금융업은 국가 기간산업적인 성격이 있고 라이선스를 기반으로 이익을 내는 산업이므로 무리하게 민영화를 추진하거나 재벌이 소유하게 하거나 외국자본이 경영권을 차지하는 것을 경계해야 한다는 점 때문이다.

4) 자격증이 부여되는 직업은 대부분 이권산업이다. 변호사와 의사는 자격증의 공급이 제한되는 이권집단들에 속한다는 것은 이미 언급했다. 미국의 의료 비용이 2009년 기준 국민소득의 약 17%로 세계 최고 수준인데도(참고로 한국은 약 7%), 국민들의 상당수가 의료보험이 없어 아파도 병원에 갈 수 없어 죽을 지경이 된 근본원인은 의사집단과 변호사집단 그리고 보험회사와 제약회사들의 야합 때문에 생긴 부조리한 이권평형 현상이다. 의료사고에 대한 재판 비용이 많다는 핑계로 의사들은 높은 치료비를 청구하고, 의료비의 규모가 커지면 사보험회사와 제약회사가 이익을 내기 쉬운 구조다.

우리나라 젊은이들이 공무원, 공기업, 교사, 변호사, 의사 등 이권을 가진 직업을 갖기 위해 과도한 경쟁을 하며 청춘을 허비하는 현실이 안타깝다. 선진국에서는 보기 드문 현상이다. 이를 해결하기 위해서는 이들의 이권을 적절히 줄여야 한다. 공무원과 교사 자리가 공급은 적은데 수요가 과도하게 많다는 것은 자릿값, 즉 렌트가 너무 크기 때문이다. 이 자리값을 낮추면 문제의 상당부분은 해결된다. 이들의 급여와 대우를 적절히 조정하고 대신 부족한 교사와 사회복지 공무원들을 늘려야 한다. 이권경제적 요인을 축소하고 공공성을 강화하면서 요소경제의 장점인 경쟁을 유도해야 한다. 담합으로 이권을 유지하는 산업은 경쟁을 유도하여 요소경제와 혁신경제로 변화하도록 해야 한다.

다시 한번 강조하건대 모든 산업과 기업은 혁신·요소·이권산업적인 요소가 섞여 있다. 그 비중이 회사마다 다를 뿐이다. 예컨대 (1) 우리나라의 설탕 제조업의 경우, 담합으로 인한 초과이익 부분인 이권산업적 요소가 전체 이익의 80%를 넘는다고 생각된다. (2) 자영업자들이 주로 종사하는 소형 식당의 경우 이권경제의 요소는 거의 없고 요소산업적인 성격이 70%를 넘는 것으로 본다. 여기서도 음식메뉴 개발과 앱을 이용한 마케팅 같은 혁신적인 요소를 발전시켜야 성공 가능성이 커진다. (3) 대우중공업 선박건조업의 경우 수출 비중이 100%에 근접하므로 대부분이 혁신사업이다. 국제시장의 관점에서 보면 중국의 저가 선박 수출과 경쟁하는 요소경제라고 볼 수도 있다. 그러나 이 책에서 네가지 경제의 구분은 국민경제 씨스템을 분석하는 관점에서 접근한 것이므로, 경쟁이 치열한 부문의 수출도 혁신산업으로 분류했다. (4) 삼성엔지니어링의 경우 외국사업

비중이 2011년 기준으로 74%가 되며 국내사업도 기술집약적이므로 혁신산업적인 요소가 80%가 넘는다고 생각한다.

2장에서 산업의 변천과정으로 설명했듯이, 각각의 기업과 산업들은 혁신산업으로 태어나서 요소산업으로 천이했다가 이권산업으로 변화하는 경향이 있다. 예컨대 국내 최대의 포털싸이트 네이버를 운영하는 NHN은 창업 초기에는 혁신산업이었지만, 2000년 중반 시장점유율이 60%를 넘기면서 이권산업적이 요소가 커졌다. 특히 주요한 콘텐츠를 웹싸이트 울타리 내부에 가두어두는 독점추구 방식은 다른 벤처기업들의 성장을 막는다고 비판받고 있다. 애플이나 구글의 개방형 플랫폼 전략과 대비된다. 또한 검색 결과를 보여줄 때 콘텐츠의 원저작자를 찾아주지 않고 복제한 것을 앞에 보여주는 경우가 너무 많아서 원저작자의 권리를 침해하여 창작의욕을 저해하는 문제가 있다.

이마트의 경우에 1993년 창동에 1호점을 세우면서 유통산업의 혁신을 이끌었으나, 2012년 현재 홈플러스 테스코, 롯데마트와 함께 과점상태가 고도화되면서 이권산업적인 요소가 크게 높아졌다. 지역독점적인 성격 때문에 재래시장이나 동네 가게에 비해서 가격이 높은 제품이 많고, 공급자들에게 불공정한 거래조건을 요구하기도 하며 제품별로 담합 가능성이 있기 때문에 규제가 필요하다.

공공경제와 이권경제

국민경제 전체를 이권경제-요소경제-혁신경제로 나눌 때 어려운 점이 있다. 공공경제 부문이라는 확연히 다른 특성을 지닌 영역이 있기 때문이다. 그래서 국가재정이 투입되는 경제행위와 공기업의 사업에 대해서는 공공경제라고 별도로 구분했다. 우리의 조세부담률이 21%이므로 여러 공기업들의 사업까지 포함하면, 한국의 공공경제는 GDP의 30% 정도가 투입되는 매우 큰 경제활동이다.

국방, 공교육, 치안, 사법써비스 등도 중요한 경제활동이며 유일한 공급자가 국가다. 고속도로, 공항, 우편, 의료보험, 국민연금 등 공기업들은 과점적인 성격을 가지고 있는 경제주체들이다. 공공경제의 속성을 보면 공급을 국가가 독과점하기 때문에 수요가 증가해도 공급이 탄력적으로 늘어나지 않으며, 산업발전단계에서 성숙기를 지났으므로 혁신적인 기술개발은 크지 않은 산업분야다. 앞에서 정의한 이권경제의 속성과 유사하다.

그러나 공공경제는 민간부문의 이권경제와는 확연하게 다른 속성이 있다. 우선 공급가격을 국가가 통제하므로 수요가 증가한다고 가격이 급등하지는 않는다. 결정적인 차이는 렌트를 누가 가져가느냐에 있다. 독과점적 공급에서 나오는 렌트를 이권장악집단이 가져가는 것이 이권경제라면, 렌트를 국가가 모아 국민 전체에 나누어주는 것을 목적으로 하는 것이 공공경제라고 하겠다.

그런데 공공경제에 대한 이해가 부족하여 공적인 재산을 이권집단에 넘겨주어 실패한 사례가 지난 10년 사이에 많이 일어났다. 골드만삭스가 국민은행에서, 론스타가 외환은행에서 수조원의 차익을 챙겨서 떠난 사례나 맥쿼리한국인프라펀드가 인천공항고속도로를 비롯한 다리 그리고 터널에 투자해서 큰돈을 번 경우는 공적인 이권을 외국자본에 넘겨주었기 때문에 생긴 일이다. 저축은행들의 집단적인 횡령사건도 공적인 금융사업을 부적격자들에게 넘겨주는 바람에 생긴 것이다.

특히 공공경제의 요소가 강한 토지문제를 잘못 다룬 것이 우리 경제에 결정적으로 악영향을 주었다. 부동산 가격이 올라가는 이유는 도로, 학교, 지하철 등 국가예산이 투입된 공공시설 덕분인 경우가 많다. 특정 위치의 부동산은 추가공급이 불가능하며 정치적 결정에 의해 렌트의 크기가 좌우된다. 파이시티나 제2롯데월드처럼 서울의 요지에 큰 건물을 지을 수 있는 허가를 받으면 렌트가 커진다. 부동산 소유주가 가치를 창조해서 집값이 올라가는 것이 아닌 것이다. 용도와 용적률을 정부가 결정해줌으로써 생기는 렌트를 사적인 이익으로만 돌려서는 안 된다. 일정 부분은 공적인 영역이다. 일부 지역의 지가상승은 상대적으로 다른 사람의 가치를 빼앗는 결과를 가져온다. 이것이 부동산보유세가 필요한 근거다. 공공재의 투자 때문에 부동산 가격이 올라가므로 이로 인해서 생긴 렌트의 상당부분을 공공재 투자재원인 세금으로 돌려야 하는 것이다.

이권을 추구하는 집단들은 신자유주의 이데올로기를 동원하여 공공부문을 축소하여 민간에 팔아야 한다는 주장을 하며 관료와 정치인들을 포획하여 자기들의 이권을 챙겨왔다. 공공기능이 중요한 공항, 철도, 상수도, 도로 같은 기간산업의 이권을 소수의 민간업자에게 넘겨주는 민영화는 바람직하지 않다. 이런 분야들은 국가가 소유하는 체제를 유지하며 경영합리화를 추구하는 것이 바람직하다. 정책금융과 전력, 의료보험 그리고 통신같이 이미 민영화된 부문 중 이권집단의 탐욕을 통제하기 어려운 분야는 공공성을 강화하는 것이 바람직하다.

네가지 경제로 분류한 산업통계

경제 전체를 네가지로 나눈 정의에 따라 다음의 식을 만들 수 있다.

GDP= 혁신경제 + 요소경제 + 이권경제 + 공공경제

네가지 경제가 한국경제에서 어떤 양상을 보이는지 실제 데이터를 분석해보았다. 다음의 〈표 3-1〉은 한국은행이 발표한 '2010년 산업연관표'와 '국민계정'에서 산업별 부가가치와 취업자 수를 구하고, 고용노동부가 발표한 2010년 '사업체 임금·근로시간 조사'에서 업종별 인건비를 구한 후 일부 보정하여 내가 작성한 자료다. 기존의 경제통계들에서 산업들은 1차산업(농업, 어업, 광업), 2차산업인 제조업(소비재제조업, 기초소재제조업, 조립가공업)과 3차산업인 써비스업 등의 15가지로 분류해왔다. 나는 이 산업들을 나름의 기준을 세워 19개로 구분한 후 요소경제, 혁신경제, 이권경제, 공공경제로 나누었다. 예로부터 학문은 사물이나 현상들을 분류하여, 구분된 집합들에 이름을 부여하는 일에서 시작된다.

농림업·어업·광업은 당연히 요소경제다. 도소매업, 음식 숙박업과 운수 보관업도 요소경제다. 이 업종들의 특징은 임금이 낮고 총부가가치 중에서, 피고용자와 자영업자를 포함하여 인건비로 지급되는 부분이 71~91%로 매우 높다는 것이다. 내수시장에서 경쟁이 많은 소비재제조업은 요소경제로 보았다. 사업써비스와 사회써비스 직종도 요소경제에 넣었다. 건설은 70%는 요소경제로 보았고

30%는 공공경제로 편입시켰다. 도로 등 공공건설을 고려한 것이다. 제조업 중에서 현대자동차와 삼성전자가 포함된 조립가공업은 혁신경제로 보았다. 수출이 많고 첨단기술력이 있어야 하는 분야이기 때문이다. 기초소재제조업 중에서 70%는 혁신산업으로, 30%는 이권산업으로 보았다. 내수이고 과점상태인 석유정제업과 싼 전기를 이용하는 금속제련업이 포함된 까닭이다.

방송·통신업은 50%는 이권산업으로, 50%는 혁신산업으로 분류했다. 정보통신기술과 한류 문화를 이끄는 성격을 보면 혁신산업이고, 방송회사와 통신회사의 소유주는 이권기업의 특성으로 돈을 번다는 것을 감안한 것이다. 금융, 보험 그리고 부동산 임대사업은 이권산업으로 보았다. 전력, 가스, 수도 사업 중에서 50%는 이권경제, 50%는 공공경제라고 상정했다. 행정·국방·교육·보건은 공공경제로 분류했다. 건설의 30%와 전기·가스·수도의 50%도 공공경제에 넣어 계산했다. 이처럼 분리하여 각각의 경제규모를 정리한 내역을 〈표 3-1〉에 제시했다.

이와 같은 분류는 논란의 소지가 많은 거친 시도다. 한 기업에도 여러 경제의 속성이 있는데, 산업군 전체를 하나의 경제부문으로 본 것은 무모한 일이다. 부동산과 사업써비스로 통계 잡혀 있는 것을 둘로 나누면서 부동산임대업은 이권경제로 분류하여 부가가치 135조원에 취업자 수 40만명으로 보고, 나머지 50조원과 175만명은 사업써비스로서 요소경제로 편입한 것도 다분히 임의적이다. 관점에 따라 분류방법이 달라질 것이어서 엄밀한 추가연구가 필요하다. 논란을 무릅쓰고 이런 분석 결과를 제시하는 이유는 나의 논리를 보강할 의미있는 데이터를 얻었기 때문이다. 연구자들의 비판적인 검토

〈표 3-1〉 네가지 경제부문의 부가가치, 취업자 수와 인건비

		부가가치 (조원)	비율	인건비 (조원)	자본잉여 (조원)	인건비/ 부가가치	취업자 수 (천명)	비율	연평균임금 (만원/인)	1인당 자본잉여
요소경제	농림·어업·광업	30	3%	27	3	91%	1,600	8%	1,700	175
	소비재제조업	50	4%	26	23	53%	880	4%	3,000	2,625
	건설업 70%	53	4%	32	21	60%	1,122	6%	2,818	1,880
	도소매업	90	8%	77	13	86%	3,214	16%	2,400	394
	음식 숙박업	31	3%	27	4	88%	1,674	8%	1,620	220
	운수 보관업	42	4%	30	12	71%	1,021	5%	2,922	1,201
	사업써비스	50	4%	34	16	67%	1,750	9%	1,920	937
	사회써비스 등	61	5%	32	29	53%	1,196	6%	2,717	2,384
혁신경제	기초소재업 70%	98	8%	29	70	29%	755	4%	3,780	9,226
	조립가공업	163	14%	59	105	36%	1,609	8%	3,660	6,495
	방송·통신업 50%	13	1%	4	9	29%	79	0%	4,838	11,807
이권경제	전력·가스·수도 50%	12	1%	2	10	17%	35	0%	5,748	27,585
	방송·통신업	13	1%	4	9	29%	79	0%	4,838	11,807
	금융·보험업	76	6%	33	43	43%	679	3%	4,795	6,383
	기초소재업 30%	42	4%	12	30	29%	323	2%	3,780	9,226
	부동산임대업	135	12%	15	120	11%	404	2%	3,600	29,816
공공경제	행정·국방	64	5%	30	34	48%	846	4%	3,600	3,965
	교육·보건	118	10%	80	37	68%	2,575	13%	3,120	1,443
	건설업 30%	23	2%	18	5	78%	481	2%	3,663	1,016
	전기·가스·수도 50%	12	1%	2	10	17%	35	0%	5,748	27,585
	합계	1,174	100%	572	602	49%	20,356	100%	2,811	2,955
	요소경제	406	35%	285	121	70%	12,457	61%	2,291	967
	혁신경제	275	23%	91	183	33%	2,443	12%	3,735	7,511
	이권경제	278	24%	65	212	23%	1,520	7%	4,285	13,980
	공공경제	216	18%	130	85	61%	3,936	19%	3,313	2,162

와 후속연구를 기대한다.

네가지 경제의 임금격차와 부가가치 배분

이처럼 네가지 경제부문으로 나누어 합산해보니, 부가가치생산은 요소경제가 35%, 혁신경제가 23%, 이권경제가 24%, 공공경제가 18%로 분산되는데, 취업자 수는 요소경제는 1246만명으로 61%이고, 혁신경제는 244만명으로 12%, 이권경제는 152만명으로 7%, 공공경제는 394만명으로 19%로 나누어진다.

이 분석을 통해서 몇가지 중요한 시사점을 발견했다. 첫째는 경제 부문별로 인건비 차이가 크다는 것이다. 〈그림 3-2〉에서 보듯이 요소경제 종사자들은 연봉이 2291만원으로 매우 낮은데, 이권경제는 4285만원으로 요소경제에 비해서 87%나 높다. 그다음이 혁신경제 3735만원과 공공경제의 3313만원이다.

두번째 특징은 경제부문별로 부가가치 중에서 인건비로 지급되는 비율이 크게 다르다는 것이다. 〈그림 3-3〉에서 보듯이 요소경제는 부가가치 중 70%가 임금으로 분배되며, 공공경제에서는 61%가 임금으로 분배된다. 반면, 혁신경제는 33%, 이권경제는 23%만이 임금으로 지급된다. 생산된 부가가치 중에서 임금 이외의 금액은 주주 배당, 경영진의 급여, 차입금에 대한 이자, 투자에 대한 감가상각, 추가투자를 위한 사내 유보, 토지에 대한 지대 그리고 세금 등으로 쓰이게 된다. 나는 이를 합하여 '자본잉여'라고 이름 지었다. 요소경제의 자본잉여는 전체 부가가치의 30%에 불과하여 추가투자 여력과 임금인상 여력이 극히 작다. 그런데 혁신경제의 자본잉여율은 67%이고, 이권경제의 자본잉여율은 76%로 매우 높다. 대단히 큰 차이다. 이러한 부문별 차이가 네가지 경제 구분이 타당한 이유 중 하나다. 이 분석방법은 한국뿐만 아니라 세계 어느 나라에 적용해도 산업구조와 임금격차의 구조를 잘 설명할 것으로 생각된다.

이 숫자들은 요소경제에 종사하는 우리의 농어민, 자영업자 그리

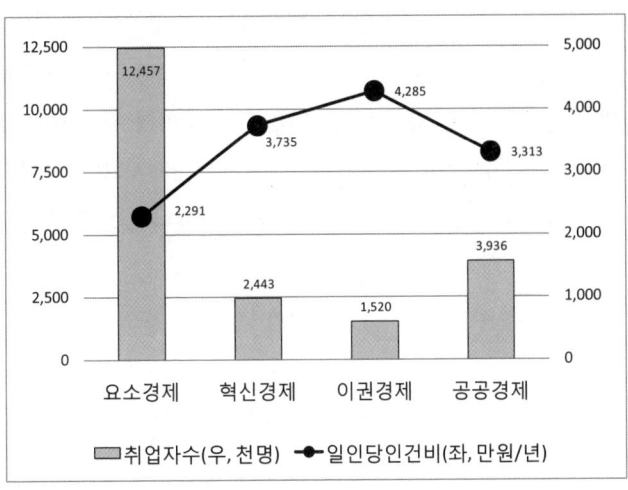

〈그림 3-2〉 네가지 경제부문의 취업자 수와 1인당 인건비

〈그림 3-3〉 네가지 경제의 부가가치 창출과 분배

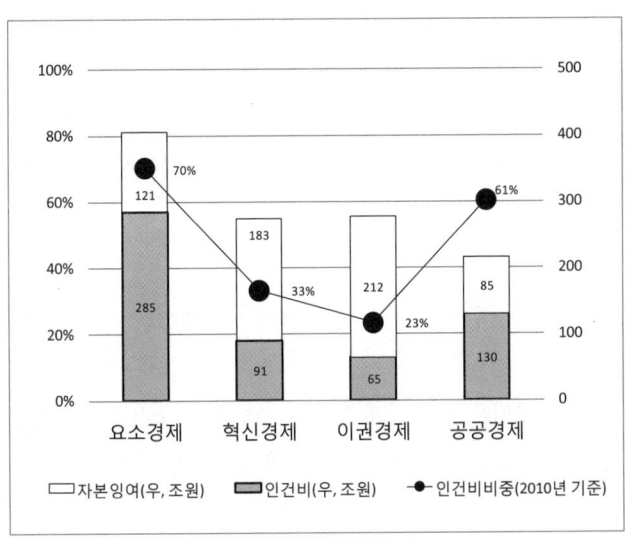

고 중소기업인들의 열악한 모습을 잘 드러낸다. 전체 취업자 2036만명 중 61%나 되는 1246만명이 종사하는 요소경제에서 한 사람이 연평균 생산하는 부가가치는 3259만원에 불과하다. 이 중에 70%인 2291만원을 임금으로 가져가는 것이다. 이 분야가 생산성이 낮고, 과잉인력이 취업하고 있다는 것을 보여준다. 그래서 요소경제를 온존시키며 노동운동을 하거나 협동조합을 하거나 일자리를 나누거나 하는 것을 통해서 종사자들의 임금을 올리는 것은 매우 어렵다.

수출제조업을 주로 하는 혁신경제의 1인당 연평균 부가가치 생산액은 1억 1257만원에 이른다. 이 가운데 33%인 3735만원을 임금으로 가져가도 기업에는 7522만원의 자본잉여가 생긴다. 이것으로 과거의 투자를 회수하고, 미래를 위한 추가투자도 하고 이윤도 챙긴다. 한편 금융업, 부동산임대업 그리고 자본집약적인 독과점품 제조업이 속한 이권경제는 1인당 부가가치가 1억 8289만원이나 된다. 이 가운데 23%인 4285만원을 임금으로 지급한다. 이권경제가 이처럼 부가가치가 큰 이유는 자본집약적인 점도 있지만 독점력과 협상력에서 유리한 지위에 있어서 상품과 써비스를 비싸게 팔기 때문이다. 그리고 1인당 부가가치가 크다보니 임금을 넉넉히 줄 수 있는 것이다.

경제를 성장시키고 일자리를 늘리는 방법

이 분석을 바탕으로 어떻게 경제성장을 하고 좋은 일자리들을 늘려갈지 탐구해보자. 경제성장이란 부가가치의 증가를 말한다. 부가가치를 늘리려면 인력이 더 투입되거나 임금이 오르거나 자본잉여

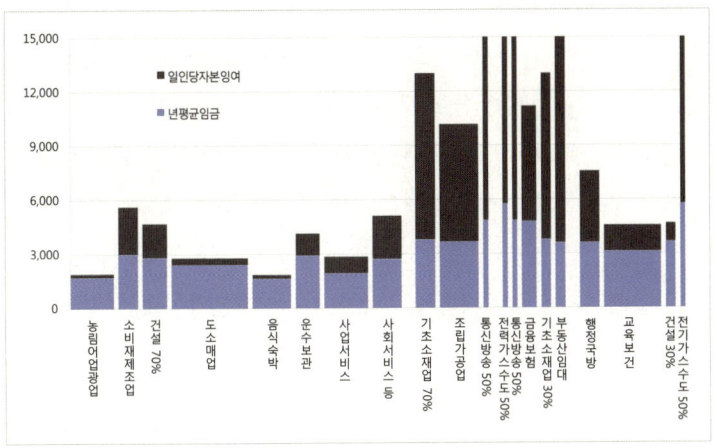

〈그림 3-4〉 업종별 임금과 1인당 자본잉여

(단위: 만원/년간)

가 늘어나야 하는데, 요소경제에서는 인력을 더 투입하면 경쟁으로 인해 임금은 더 떨어지므로 총인건비를 늘리기 어렵다. 자본잉여가 적은 것은 판매처가 주로 내수시장인데다가 중국산 등의 저가 제품과 경쟁하기 때문이기에 이를 극복하기는 매우 어렵다. 오히려 요소경제 부문의 인력을 빼서 혁신경제 쪽으로 이동시켜야 요소경제 부문의 인건비가 올라간다. 이를 위해서는 최저임금을 적절히 인상해야 한다. 수출시장을 바라보면 혁신경제의 부가가치 증대 가능성은 무한히 열려 있다. 세계시장에서 우리 경제가 차지하는 비중은 2%밖에 안 된다. 혁신경제 부문의 임금을 적절히 낮추면 더 많은 정규직을 고용하여 국제경쟁력이 올라가고, 공장을 외국으로 이전하는 경향도 줄일 수 있다.

〈그림 3-4〉는 네가지 경제에서 부가가치가 어떻게 분배되는지

를 보여준다. 이권경제에 취업자가 7%밖에 되지 않는데 자본잉여가 212조원으로 국가 전체 자본잉여의 35%나 되는 것이 우리 경제의 추악한 모습이다. 부동산 소유주들이 무려 120조원의 자본잉여를 가져가고, 금융업 주주들이 무려 43조원의 자본잉여를 향유한다. 대한민국 양극화의 주범이다. 새누리당과 이명박정부가 끈질기게 시도했던 부동산가격 상승정책은 부동산 소유주와 금융업자들의 자본잉여를 더욱 늘리려는 시도였다. 그리해도 고용은 증가하지 않고 추가 설비투자도 많이 일어나지 않는다. 이 자본잉여를 잘 분배해서 혁신경제를 활성화하고 요소경제의 저임금 근로자들을 흡수해야 하며, 이를 세금으로 거두어 공공경제로 돌려서 춥고 배고픈 이웃을 도와야 한다.

이권산업들이 기승을 부리면 경제는 파탄의 길로 간다. 2008년 미국과 유럽에서 세계금융위기가 발생한 원인은 부동산투기를 이용한 금융회사, 신용평가회사와 건설업자들의 이권경제 카르텔이 요소경제와 혁신경제를 압도했기 때문이다. 멕시코와 인도네시아가 인구와 자원이 많고 인건비가 저렴하여 경제성장에 좋은 조건을 갖추었음에도 불구하고 경제가 잘 발전하지 못한 이유는, 강고한 이권집단들이 남들이 생산한 가치를 착취하는 구조가 고착되어 있기 때문이다. 이런 착취구조 때문에 일반 국민들은 근로의욕도 잃고 젊은 이들은 학습의욕을 잃으니 경제가 발전할 리 없다. 후진국이 발전하지 못하는 이유는 이권경제가 강하고 혁신경제는 약하며 공평하지 못한 이권평형이 고착되어 있기 때문이다.

이권경제를 억제하는 방법

소수가 공급을 과점하는 이권경제 억제 방법에는 세가지가 있다.

첫째, 개방과 경쟁으로 이권경제를 요소경제로 되돌리는 것이다. 독과점 제품들과 금융업종에 국내외의 경쟁자들이 진입할 수 있도록 하여 이권에서 나오는 렌트를 억제하고 혁신과 원가절감으로 이익을 내도록 유도해야 한다. 도시계획과 간접자본이 완비된 토지와 대중교통을 국가가 충분히 공급하여 부동산에서 지나치게 많은 렌트가 발생하지 않도록 해야 한다.

둘째, 반독점법을 이용하여 국가가 강제로 이권산업을 분할하여 경쟁을 유도하는 것이다. 록펠러의 스탠더드오일이 미국의 석유시장을 장악한 후 폐해가 커지자, 정부는 1911년 반트러스트법을 적용하여 이 회사를 34개의 독립회사로 해체시켜 경쟁체제로 만들었다. 유선전화회사 AT&T의 독점에 의해 폐해가 커지자 미국정부는 1970년대 초반 독점소송을 거쳐서 AT&T를 지역별 전화회사 8개와 연구개발사업으로 분리하고 장거리 써비스만 하도록 강제했다.

셋째, 앞의 방법으로도 이권산업이 기승을 부리면 이권을 공유화하는 방법이 있다. 국내외의 경쟁을 유도하기 어렵고 국가의 인프라적인 성격이 있는 산업은 국유화하는 방법도 있다. 국가가 경제에 개입하는 것을 지극히 싫어하는 미국도 20세기 초반에 광산, 제철소 등을 국유화한 적이 있다. 1970년대에는 철도를 국유화하여 좋은 결과를 가져온 것으로 평가되었다. 2008년 금융위기로 많은 금융회사와 자동차회사들이 파탄에 이르자 사실상 국유화 조치를 취하기도 했다. 유럽도 광산, 철강, 심지어 자동차업계까지 국유화한 경우가 많다. 토지와 전기 공급, 공항이나 우체국 써비스같이 독점성과 공공성이 강한 분야를 민간에 넘기면 엄청난 이권이 되고 주주나 관계자들만을 위한 경영을 하기 쉬우므로, 공기업 형태로 경영하여 전국민에게 혜택이 골고루 가도록 해야 한다.

공공경제의 문제점

공공경제가 필요하기는 하지만 공공부문은 이권경제적 속성이 강하며 동시에 시장경제에서 벗어나 있다보니 세가지의 심각한 문제가 있다.

첫째는 인사권을 가진 권력자가 자신들의 정치적 목적을 위해 불합리하게 경영한다는 것이다. 토지주택공사의 부채가 2007년 말에는 67조원이었는데 이명박 대통령 재임 4년 만인 2011년 말 245조 5000억원으로 178조원이나 늘어났다. 이처럼 큰 돈을 썼는데 뚜렷하게 좋은 성과를 보았다는 증거는 찾기 어렵다. 이명박 대통령 재임 4년간 64조원을 감세하고 97조원의 재정적자를 늘린 것이 작게 보일 정도다. 국가 1년 예산의 반이 넘는 금액을 일개 공기업이 마구 빌려다가 썼다. 이를 어찌 수습할지 기가 막힌다. 이명박정부는 국가예산을 쓰기 어려운 4대강사업에 수자원공사를 동원했다. 2007년 말 1조 6000억원이던 수자원공사의 부채를 4년 후인 2011년 말 12조 6000억원으로 11조원이나 늘렸다.[30] 지방정부와 지방공기업의 부채 증가도 큰일이다. 2008년 지방정부의 부채가 19조원, 지방공기업의 부채가 32조원으로 도합 51조원이었는데, 3년 후인 2011년 지방정부

부채는 28조원, 지방공기업 부채는 49조원으로 도합 77조원으로 늘어났다. 특히 서울의 SH공사, 경기도시공사, 인천도시개발공사 등 세 공사가 부채의 77%를 차지한다.[31] 국회의 통제를 받지 않는다고 마구 써대면 결국 스페인이나 이딸리아처럼 국가경제 위기의 원인이 될 수 있다.

두번째 문제는 관료들과 공기업의 임직원들은 정년이 보장된데다가 지나치게 고임금이라는 것이다. 국가가 부여한 사업권에서 생긴 이익을 임직원들이 지나치게 많이 챙기는 것은 문제다. 우리나라 교사의 급여수준은 매우 높다. 미국이나 유럽의 경우 교사의 급여수준은 1인당 국민소득의 110%~130% 수준에서 결정된다. 그런데 우리나라는 이 비율이 220% 내외로 비교적 높다.[32] 여기에다가 정년보장과 연금까지 생각하면 혜택이 지나치게 많다. 요즘 퇴직하는 교사의 연금은 한달에 300만원 수준인데, 이는 현금 6억원에 해당하는 큰 금액이다. 민간기업에서 25년간 국민연금을 충실하게 납부한 사람이 받는 최고액 100만원의 3배나 된다. 이렇게 많이 지급하다보니 교원과 공무원연금 기금이 고갈되어 국민이 세금으로 부담해야 한다. 공기업의 급여와 복지수준은 비슷한 일을 하는 중소기업 노동자들의 2~3배가 넘기도 한다. 교사와 공기업 직원, 공무원들은 목소리 높은 노동조합을 통해 자신들의 이권을 방어한다. 이것이 우리나라의 빈부격차와 노동자들 간 사회갈등의 주요원인 중 하나다. 〈표 3-1〉에서 보듯이 이권경제의 임금은 4285만원으로 매우 높고 공기업의 임금은 2011년 평균연봉이 6000만원이나 될 정도로 요소경제에 비해서 지나치게 높은 편이다. 이를 조금씩 낮추어 동일노동에 동일임금이 형성되도록 하는 것이 억울한 사람들을 줄이고 정의를 세우는 일이다.

　세번째 문제는 경쟁에 노출되지 않은 독과점적 공급자이다보니 효율 추구와 혁신적인 활동이 부족하다는 것이다. 공공부문의 투입 대비 산출효율이 적다는 측면도 무시할 수 없다. 공공경제에서 관료들의 낭비를 줄이고 효율성을 높여야 한다. 임금을 낮추어서 투입되는 예산에 걸맞게 더 많은 취업자들을 흡수하는 것이 바람직하다. 이 데이터를 분석하면서 잘 이해되지 않는 부분 중 하나는 공공부문에 투입되는 비용은 GDP의 30% 정도 되는데, 여기서 생산되는 부가가치가 18%밖에 되지 않고 취업자도 19%밖에 되지 않는다는 점이다. GDP에서 조세로 걷는 부분이 21%이고 국채를 발행하여 25% 정도를 정부예산으로 투입하고 있으며 국민연금 등 4대보험도 부담하고 추가로 공기업까지 포함하면 30%가 넘는 비용이 들어가는데, 이처럼 산출량이 작은 이유는 무엇일까? 게다가 이 18%에는 의료와 교육 부문 등 여러 민간부문까지 포함된 것이므로 민간의료 등을 빼면 15% 정도밖에는 부가가치를 생산하지 못한다. 이처럼 공공경제가 투입 대비 산출물이 적은 이유는 관료의 생산성이 낮은 탓도 있고 부가가치로 표현되지 않는 공공의 가치를 만들기 위해 자원이 투입되기 때문이다. 예컨대 국방이나 외교 그리고 공교육 등이다. 실제 국민의 복리를 다 측정하지 못한다는 점이 GDP 추계의 한계다.

　이권경제에서는 보이지 않는 손은 마비되고 부조리한 검은 손에 의한 무질서가 고착될 가능성이 크다. 이 문제를 해결하기 위해서 '보이는 손'인 '정부'가 나서야 하는 이유와 정책의 예는 앞에서 설명한 바 있다. 그러나 '정부'의 '손'인 정치인과 관료들은 스스로가 이권 집단이면서, 동시에 이권집단에 의해 포획당하는 경향이 있으므로

'정부'가 문제를 해결하리라고 믿는 것은 순진한 생각이다. 그래서 크지 않은 적정한 규모의 강하고 스마트한 정부가 필요한 것이다.

신고전학파의 위축과 새로운 경제성장 이론

신고전학파 경제학의 패러다임이 파탄에 이른 이유 중 하나는 이 이론이 작동하지 않는 혁신경제와 이권경제 그리고 공공경제의 규모와 영향력이 워낙 커졌기 때문이다. 〈표 3-1〉을 보면 요소경제의 산출량이 우리 경제에 차지하는 비중은 35%에 불과하다. 신고전학파의 경제이론에서는 요소경제를 중시하고 혁신경제나 이권경제 부분은 예외적인 현상으로 취급하고 있으나, 현실에서는 혁신경제와 이권경제 그리고 공공경제의 비중이 워낙 크다. 대기업의 경우 경쟁이 치열하고 렌트가 없는 요소경제는 이윤이 적기 때문에, 창조적 렌트를 확보할 수 있는 혁신경제나 정치적인 렌트를 확보할 수 있는 이권경제를 지향한다. 이는 고용과 투자의 주력인 대기업들이 신고전학파 이론의 처방에 입각하여 행동하기를 원하지 않는다는 것을 의미한다.

우리의 간절한 목표인 '좋은 일자리 많이 만들기'는 경제성장에서 비롯되는바, 일자리를 만드는 정책을 찾아내려면 경제성장의 원리를 이해하는 것이 중요하다. 경제성장은 부가가치 생산 금액의 증가, 즉 GDP의 증가로 측정되는데, 신고전학파 경제학자들의 논리는 경제발전을 설명하기에 빈약하다. 뉴턴의 물리학 패러다임에서 차용해온 정태적인 균형이론으로 교환문제를 설명하는 것이 경제학의 임무라고 그들은 생각했다. 그들은 '소비를 줄여서 저축된 잉여를 장비에 투자함으로써 노동생산성을 높이는 것'을 경제성장의 핵심요인으로 본다. 이 궁색한 이론은 다이나믹한 경제성장 현상을 설명하기에는 매우 부족하다. 정작 중요한 경제발전의 원동력인 '새로운 상품 창조의 원리'는 복잡계물리학과 진화생물학에서 나온다.

미국의 경제학자 솔로우(Robert Solow)는 1957년 발표한 논문 「기술변화와 생산총함수」에서 경제성장에서의 기술요소 기여를 분석하여 신고전학파의 대표적인 경제성장이론가로 인정받았다. 그는 1909년부터 1949년 사이의 자본과 '기술변화'가 각각 경제성장에 얼마나 기여했는지를 계량해보았는데, 자본의 증가분은 15%만 기여했고 나머지 85%는 '기술의 발전' 때문에 경제가 성장했다는 놀라운 결론을 얻었다. 그런데 그는 경제성장에서 85%나 기여하는 '기술발전'을 외생적 변수로 취급했다.[33] 결과적으로 경제발전의 핵심요인인 '기술발전'을 고전경제학으로는 설명하지 못한다는 것을 고백한 셈이다. 솔로우의 균형성장 모델에 따르면 "후진국의 경제성장률은 선진국보다 빨라야만 하고 시간이 흐르면서 선진국과 후진국의 격차가 줄어들어야 한다. 왜냐하면 인구증가율이 높아 노동의 투입 증가가 빠르고, 기술수준이 낮기 때문에 따라잡을 기술이 많아 기술진보의 속도가 빠를 것이기 때문이다." 그런데 현실에서는 후진국은 선진국을 잘 따라잡지 못한다. 중국과 인도도 1980년대까지는 성장률이 매우 낮았다. 이는 경제성장이 요소투입의 증가에 의존한다고 보고 기술을 외생변수로 본 이론에서 나온 필연적 모순이다.

이 문제를 극복한 이론을 미국의 경제학자 폴 로머(Paul Romer)가 1990년 발표했다. 「내생적 기술변화」라는 논문에서 로머는 기술의 진보와 새로운 아이디어가 경제발전을 주도하는 현상을 수학적인 모델로 설명함으로써 신성장이론(New growth theory)을 정립했다. 그는 기술을 외생변수로 본 솔로우의 균형성장 모델의 문제점을 극복하고 기술을 내생적 변수로 설명했다. 그는 "생산이란 물질을 새로운 아이디어로 재배치하는 것"이기 때문에 생산의 3대 요소는 사람, 아이디어, 물질이라고 규정했다. 그리고 기술을 생산으로 연결시키려면 사회적인 규칙(rule set)들이 중요하다고 주장했다.[34]

슘페터와 혁신경제

조지프 슘페터(J. Schumpeter)는 '창조적 파괴'가 경제발전의 원동력이며, 창조의 주역은 벤처정신과 과학지식으로 무장한 기업가들이라고 했다. 슘페터는 혁신적 기업가가 이윤을 창조한다는 이론을 전개하며 (1) 발명을 위한 연구, (2) 혁신을 위한 개발, (3) 상품화의 3단계를 구분하고, 개발과 상품화에 대규모 자본이 들어가므로 은행과 모험자본의 역할이 중요하다는 것을 설파했다. 그는 혁신산업이 경제를 성장시키고 새로운 고용을 창출한다는 것을 체계적으로 설명했다. 혁신경제의 관점에서 경제성장은 단순히 노동이나 자본을 더 투입해서 이루어지는 것이 아니다. 새로운 상품이 창조되어 새로운 효용을 제공하면 새로운 수요가 만들어지고 그에 따라 공급이 늘어나는 현상이 경제성장에 중요하다. 예를 들면 바퀴 발명 이후 마차가 등장한 후, 증기기관의 상용화로 기관차가 발달하고, 내연기관 발명으로 자동차산업이 발전하는 방식이다. 여기에 더해 새로운 제품이 인접분야의 발전도 촉진하는 공진화(co-evolution)[35]를 통해 경제가 발전하는 것이다. 기관차의 확산으로 철도산업과 철강산업이 발달하고, 자동차의 증가로 도로가 발달하며, 이에 따라 시장의 규모와 영역이 커지고 물류비용이 낮아지는 방식의 공진화로 경제 전체에서 합리적 자원활용과 규모의 경제가 실현된다. 혁신경제의 발전에는 기계나 토지 같은 자본이나 노동 같은 투입요소보다는 기술이라는 정보재산과 창의력 그리고 기업가정신 같은 인간의 정신활동이 중요하다.

경제 패러다임들의 경쟁

애덤 스미스의 이론에 바탕한 '자유방임주의 패러다임'은 1929년의 대공황을 분수령으로 파탄을 맞았다. 증권시장의 버블이 꺼진 후 수요가 감소하고 재고가 넘치자, 생산이 감소하여 노동자의 일자리가 줄어들고, 이것이 수요를 더 축소시키는 악순환이 서방세계를 괴롭혔다. 케인즈는 정부가 재정지출을 통해서 유효수요를 창출하여 악순환의 고리를 끊고 선순환으로 돌리는 방법을 제시하여 경제위기를 극복하는 데 기여했다. 이 정책은 나름대로 잘 작동하여 1970년대까지 세계경제의 중심적인 패러다임이었다. 한편 베버리지 보고서[36]에 입각하여 영국의 노동당이 1945년 이후 복지정책을 추구했고, 비그포르스[37]가 주도한 스웨덴의 복지정책은 1960년대까지 경제성장과 빈부격차 해소라는 두가지 목표를 조화롭게 달성했다. 세금을 크게 올리고 요람에서 무덤까지 국가가 국민의 적절한 생계를 책임지는 복지체제는 케인즈의 재정정책과 일맥상통했다. 이 시기에는 케인즈 이론에 바탕을 둔 '수정자본주의 패러다임'과 복지국가 씨스템이 꽃을 피웠다.

그러나 1970년대 후반 과도한 세금으로 인한 부작용, 과도한 복지에 따른 영국병, 대규모 파업과 석유파동과 임금상승으로 인한 스태그플레이션까지 겹쳐 케인지언 패러다임은 파국을 맞이했다. 1979년부터 1990년까지 마거릿 새처 수상의 집권기에는 이에 대한 반작용으로 소위 신자유주의가 득세했다. 이때 하이에크의 자유주의와 프리드먼의 통화주의 이론에 기반한 '시장만능주의 패러다임'이 풍미했다. 1981년부터 1989년까지 재임한 미국의 레이건 대통령도 시장중시정책을 통해서 스태그플레이션을 극복하고 성장을 이끌었고, 체제경쟁에서 승리하여 결국 소련과 동구권을 궤멸시키는 데도 영향을 미쳤다. 이후 1993년부터 2001년까지 재임한 클린턴 대통령 시대에는 인터넷과 정보통신의 발달로 미국은 신경제의 번성기를 누렸다. 그러나 2000년대 들어서 부동산 버블과 탐욕스런 금융자본의 폐해로 2008년 시장만능주의는 파국을 맞았다. 그후 미래 세계의 지침이 될 새로운 패러다임은 아직 뚜렷한 모습을 드러내지 않고 있다.

한편 자유방임주의에 대한 반작용으로 힘을 얻은 맑스의 이론에 바탕을 둔 공산주의 패러다임이 한때 소련, 중국, 동유럽, 북한 등을 석권하였고 중남미와 아프리카에서도 맹위를 떨쳤으나 1989년 베를린장벽과 함께 붕괴되었다. 맑스가 간파했듯이 요소경제에서는 경쟁으로 인하여 이윤율이 장기적으로 저하하는 경향이 있고, 이에 적응하기 위해서 노동자의 임금은 떨어질 수밖에 없다. 이 과정에서 자본가가 다수의 노동자를 착취하는 계급질서가 고착된다는 맑스의 이론은 이권경제의 양상을 잘 설명했다. 노동이 가치생산의 원천이라는 '노동가치설'에 뿌리를 두었던 맑스는 생산된 잉여를 자본가가 아닌 노동자들이 나누어 갖는 세상을 설계했다. 맑스-레닌주의 혹은 공산주의가 실패한 결정적인 이유는 진화를 촉진하는 시장 메커니즘이 작동하지 못한 것과 혁신경제의 역동성을 활용하지 못했던 때문이다.

2008년 미국의 금융위기로 불황이 닥치자, 미국과 유럽 각국은 케인즈의 유효수요이론을 명분 삼아 대규모 재정지출을 하여 급격하게 깊은 불황의 늪에 빠지지는 않았다. 그러나 2012년에 닥친 유럽의 재정위기에서 보듯이 부동산 버블에 따른 민간경제의 위기는 이제 국가부도 위기로 전이되었다. 케인즈가 스스로 실토했듯이 그의 처방은 당면한 문제를 신속하게 해결할 수 있는 단기적인 처방이었던 것이다. 특히 케인즈의 '개인들이 저축을 하지 말고 소비를 해야 국가경제가 좋아진다'는 단기적 처방이 잘못 해석되어 여러가지 문제를 일으켰다. 국가의 적자재정을 정당화하는 수단으로도 쓰였고, 수많은 사람들이 돈을 빌려다 미리 소비해놓고 이자를 갚는 일로 인생을 허비하게 만드는 나쁜 영향을 주었다. 역시 국가나 개인이나 절약해서 저축한 돈으로 투자를 하거나 이자를 받아가며 살아야 풍요롭게 살 수 있는 법이다. 저축률이 높아야 자본재 투자를 유발하여 국가경제가 발전할 수 있다.

네가지 경제와 패러다임

네가지의 경제구분이라는 도구를 이용해서 패러다임의 변화를 살펴보면 이해하기 쉽다. 공공경제를 어떻게 취급할 것인가가 경제정책에서 핵심 논란거리였다. 19세기 자유방임주의 패러다임은 공공경제를 극도로 싫어했고 자유시장을 옹호했다. 그러다가 석유산업을 록펠러가 독점하고, 철강산업을 카네기가 독점하고, 철도산업을 밴더빌트가 과점하여 소수의 이권장악집단에 의한 폐해가 커졌다. 요소경제의 장점을 주장하면서 이권경제를 키운 꼴이었다. 1929년 대공황 이후 반작용으로 나타난 케인즈주의, 복지를 중시하는 사회주의, 파시즘, 공산주의 모두 공공경제를 크게 키웠다. 2차대전 이후 미국과 유럽에서는 공공부문의 확장으로 복지제도를 강화하여 경제성장과 분배의 조화를 이뤄 성공적으로 번영을 구가했다.

그러나 공공경제가 과도하게 커지면 가격의 수요공급 자동조절 기능이 약화되어 비효율로 인한 자원의 낭비가 증가하고, 경제효율이 떨어진다. 또한 자유경쟁시장의 진화 촉진기능이 약화되어 기술 발달이 저해되기 때문에 혁신에 의한 경제성장이 저해된다. 이를 극복하기 위해서, 케인즈의 처방에 따라 재정을 투입하고 화폐를 증발(增發)하는 경향이 생기므로 스태그플레이션이 생긴다. 또한 공공경제 부문의 노동자들이 이권에 집착하고 변화를 거부하며 이권집단화되는 경향 때문에 '불만의 겨울'(Winter of Discontent)[38] 같은 사회갈등이 생겨난다.

1970년대 후반 케인즈주의 혹은 수정자본주의 체제의 실패가 극명하게 드러나자 공공경제의 상당부분을 요소경제로 환원시켰던 것이 소위 신자유주의다. 신자유주의자들은 시장을 중시하는 요소경제 옹호론자들이다. 그런데 요소경제는 필연적으로 이권경제로 천이된다는 원리를 몰랐거나 의도적으로 무시했던 것이 신자유주의자들의 실패 원인이었다.

요소경제의 결정적인 문제점 중 하나는 주기적으로 양의 되먹임 현상이 일어나 증권시장, 주택시장 등에서 버블이 형성된다는 것이다. 그런데 신고전파 경제이론은 가격이 음의 되먹임 작용을 하므로 버블은 없다고 강변한다. 그러나 금융자본주의가 이권경제로 치닫고 주요 국가들에서 양의 되먹임 현상의 결과인 부동산 버블이 일어나 2008년 이 체제는 무너졌다. 2008년 금융위기를 극복하기 위해서 케인즈의 처방대로 한국은 물론 유럽과 미국 등 여러 나라에서 대규모의 재정을 투입했으나, 이것이 재정위기로 전이되는 양상이 전개되고 있다. 특히 유럽은 유로존 통합의 부작용도 함께 나타나서 그리스와 스페인 등 여러 나라들이 어려움을 겪고 있다. 단일한 유로 통화를 쓰게 되면서 통화가 고평가되는 바람에 수출경쟁력이 떨어졌지만, 환율조절 기능이 없어서 대책 마련이 어려운 것이 문제다.

모든 패러다임이 몰락하자, 맑스의 유령이 살아나고, 케인즈주의자들이 다시 득세하고, 비그포르스가 갑자기 각광을 받고, 박정희체제 옹호론자들까지 들끓는 유령들의 잔치가 벌어지고 있다. 이제 스미스, 맑스, 케인즈, 하이에크라는 거인들의 어깨 위에 서서 이들 모두를 극복할 새로운 패러다임을 찾아나서야 할 때다.

9. 두 도로 모델과 한계비용 세금

과학은 과거에 대한 장례식을 치르며 발전해간다.
— 막스 플랑크

이 장에서는 우리나라 에너지시장에서 공평한 질서를 증가시키며 이권경제를 혁신경제로 바꾸는 방안을 제시하고자 한다. 이 문제의 이해를 돕기 위해 게임이론의 모델 하나와 '무질서의 비용'이라는 개념을 소개하겠다. 무질서의 비용(price of anarchy)의 뜻은 "집단 구성원들이 공동으로 최적의 선택을 할 때에 비하여, 각자가 이기적으로 행동할 때 추가되는 비용"이다. 즉, 질서가 부족할 때 생기는 낭비다. 이 개념을 설명할 때 흔히 '두 도로 모델'(2 roads model)을 이용한다.[39]

두 도로 모델

다음의 그림같이 도심의 사무실에서 주택지구로 가는 방법에 거리는 가깝지만 좁은 다리가 있는 도로 A와, 거리는 멀지만 넓은 고속도로가 있는 B의 두가지가 있는 경우를 생각해보자. 모두 10대의 차량이 두 도로 중 하나를 선택하여 퇴근하는 상황이다. B고속도로는 넓지만 멀어서 한대가 이용하든 10대가 이용하든 이동하는 데 10분이 걸린다. 그런데 A도로는 가깝지만 좁은 다리를 통과해야 하므로 이동차량이 많을수록 오래 걸린다. 차량 1대가 이용하면 1분, 2대면 2분, 3대면 3분… 10대가 이용하면 10분이 걸린다고 가정하자.

가장 이상적인 것은 B로 5대가 이동하여 도합 50분(10분×5대)이 소요되고, 나머지 5대는 A로 이동하여 25분(5분×5대)이 소요되는 경우다. 그러면 10대가 도합 75분 걸려 이동할 수 있게 된다.

⟨Case 1⟩ 최적상태

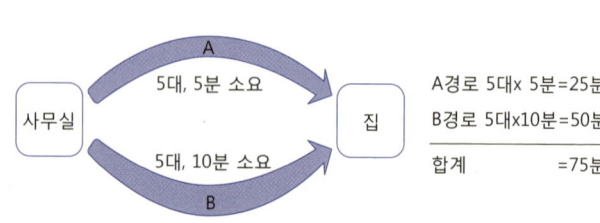

사무실 → 집
A 5대, 5분 소요
B 5대, 10분 소요

A경로 5대x 5분=25분
B경로 5대x10분=50분
합계　　　　　=75분

그런데 이 경우 A를 이용하는 차는 5분 걸리지만, B를 이용하는 차는 10분 걸려서 B로 다니는 사람들은 손해를 본다. 그래서 모두가 좁은 다리를 통과하는 A를 선택하는 경향이 생기게 되고, 그러면 총소요시간은 10대가 10분씩이므로 도합 100분이 걸린다. 전체에게 모두 이로운 ⟨Case 1⟩을 선택하지 않고, ⟨Case 2⟩를 선택하는 것이 개인들 각자에게는 합리적이나 전체에게는 해로운 집단행동의 딜레마다.

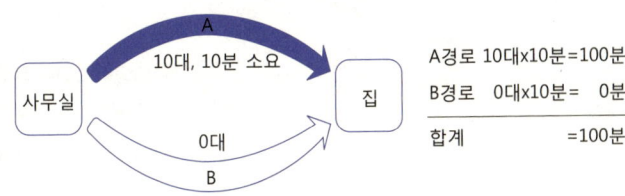

〈Case 2〉 무질서상태

A
10대, 10분 소요

사무실 → 집

0대
B

A경로 10대x10분=100분
B경로 0대x10분= 0분
―――――――――――――
합계 =100분

〈Case 2〉는 여러 사람이 다른 사람의 결정에 필요한 정보를 알고 있고, 각 개인이 자기에게 가장 유리한 판단을 하여 결정을 바꿀 인센티브가 없는 내쉬평형 상태다. 하지만 집단 전체에 가장 합리적인 상태는 〈Case 1〉이다. 여기에서 각자가 최적의 선택을 한 내쉬평형 상태의 비용인 100분을 집단적으로 최적상태의 비용 75분으로 나눈 133%를 '무질서의 비용지수'(price of anarchy)라고 한다.

무질서의 비용지수가 133%라는 것은 무질서로 인하여 비용 33%가 낭비된다는 것을 말한다. 이 모델은 이기적인 개인들이 무질서하게 낭비하고 있을 때, 누군가가 개입하여 합리적인 상태로 유도할 필요가 있다는 것을 시사한다. 그러면 어떻게 해야 할까. 앞에서 본 내쉬평형 상태인 〈Case 2〉에서 A경로로 가는 차량에는 5분의 가치에 해당하는 통행세금을 부과하는 방법이 있다. 서울의 남산터널에서 차량이 붐비는 시간에는 통행요금 2000원을 받아 지나치게 많은 차들이 몰려 길이 막히는 현상을 방지하는 것과 비슷한 정책이다. 그러면 A로 가는 데 5분이 걸리고 5분에 해당하는 세금을 내서 도합 10분이 비용이므로, B로 10분 걸려서 가는 것과 비용이 비슷해진다. 그렇게 되면 A, B경로를 각각 5대 정도가 선택하는 경향이 생길 것이다.

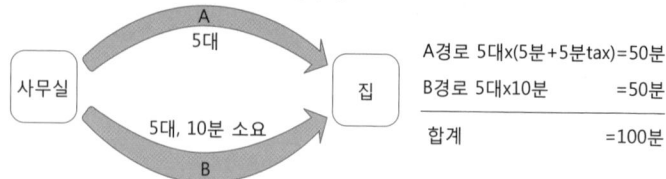

〈Case 3〉 세금으로 질서가 증가한 상태

5분 소요+5분에 해당하는 통행세

A
5대

사무실

집

5대, 10분 소요
B

A경로 5대x(5분+5분tax)=50분
B경로 5대x10분　　　 =50분

합계　　　　　　　　=100분

이때 사회 전체에는 25분(5분×5대)에 해당하는 세금이 생기므로 사회의 총비용은 75분(100분-25분)이 된다. 이때 사회 전체의 비용은 최적상태와 같으므로 무질서의 비용지수는 100%가 된다. 세금을 걷기 위한 3분에 해당하는 비용이 든다고 하면 무질서의 비용지수는 104%가 된다. 〈Case 2〉의 133%에 비해서 질서가 높아졌다.

한계비용세금의 개념

이같이 가격의 차이로 인하여 생기는 쏠림현상을 교정하기 위해서 가격의 차이만큼 부과하는 세금을 한계비용세금(marginal cost tax)이라고 부른다. 한계비용세금을 이용한 해결책은 이기적인 개인들이 무질서하게 낭비하고 있을 때, 국가가 세금을 이용하여 건강한 질서를 증가시키는 효과적인 수단이다.

신고전학파 경제학에서는 '이기적인 개인들의 행동은 보이지 않는 손에 의해 조화롭게 균형을 이루기 때문에, 세금과 규제는 합리적인 자원 분배를 저해하므로 적을수록 적다'는 주장을 한다. 그런데 두 도로 모델은 '보이지 않는 손에 의한 자원의 최적분배'라는 신고전학파 경제이론이 틀리는 경우가 많다는 것을 과학적으로 증명한 것이다. 뉴라이트나 신자유주의를 표방하는 사람들은 이 원리에 대해서 무지했거나 무시했으며, 일부 인사들은 자신의 이권추구를 합리화하기 위해서 이런 현상을 애써 인정하지 않으려 한다.

집단화된 인간이 어떻게 하면 무질서의 비용을 줄이고 최적화된 협동의 결과를 만들어 낼 수 있는가가 기업경영과 국가정책 설계의 핵심이다. 한계비용세금 같은 인센티브들을 동원하여, 여러 부문이 각자의 목표를 추구할 때 생기는 집단의 낭비문제를 조정·해결하는 규칙체계를 만들어야 한다. 정치과정을 통하여 한 사회가 축적한 사회질서의 불합리를 해소하고, 창조적인 노력을 부추기고, 집단적 분업을 극대화해야만, 경제가 성장하고 국민은 행복해진다. 역시 공평하고 건강한 질서가 부의 원천이다.

두 도로 모델은 '부조리한 이권평형 상태'를 정부가 세금을 이용한 개입을 통하여 전체에 좋은 상태로 바꿀 수 있다는 것을 입증했다. 그런데 이와 유사한 현상이 우리나라의 에너지시장에 고착화되어 있다. 이 상태에서 정부가 한계비용세금을 부과하여 최적에 가까운 상태로 평형을 이동시킴으로써 무질서의 비용을 줄이고 국민의 소득과 재산을 증가시키는 방안을 제시하겠다.

〔정책 4〕전기요금에 50%의 탄소세를 부과하자

에너지문제는 우리 경제의 사활을 좌우할 정도로 중요하다. 한국의 에너지 소비는 200조원 규모로 2011년 GDP 1081조원의 약 15%이다. 석유, 석탄, 가스 등 에너지자원을 외국으로부터 수입하는 금액이 140조원이며 대외의존도가 97%에 이른다.

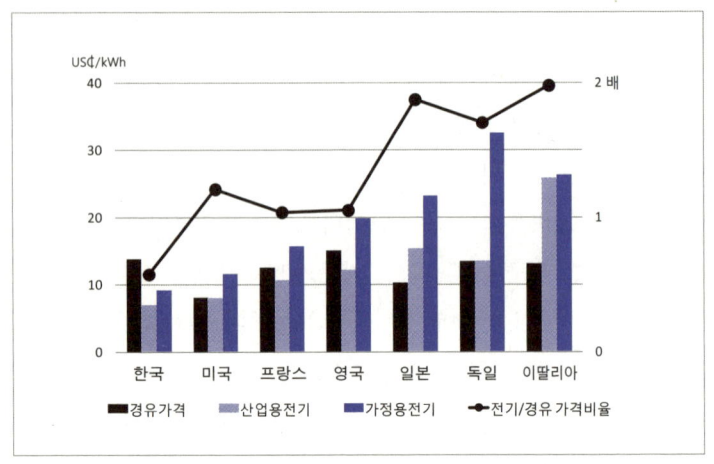

〈그림 3-5〉 전기가격과 자동차용 경유가격 국제 비교

우리나라의 에너지시장에는 매우 부조리한 구조가 고착되어 있다. 석유류에 비해서 전기 가격이 지나치게 싸서 전기가 낭비되고 있는 것이다. 2000년 이후 2011년까지 11년간 우리나라의 전기 사용량은 239TWh(18조원)에서 455TWh(41조원)로 1.9배로 증가했다. 반면 에너지용 석유류(수송용 연료와 산업 소재용은 제외)의 소비는 3000만톤에서 1500만톤으로 절반이 줄어들었다. 자유시장경제에서는 납득하기 어려운 일이다. 이렇게 된 이유는 경유 같은 석유류 가격이 지난 11년간 2.8배나 상승하는 동안 전기가격은 1.2배 인상되는 데 그쳤기 때문이다. 같은 열량을 기준으로, 2000년에는 전기 가격이 경유 가격의 1.4배 수준이었으나, 11년이 지난 2011년에는 전기 가격이 경유의 0.6배로 역전되었다.[40]

전기 가격이 지나치게 싸서 생기는 대표적인 낭비현상은 고급에너지인 전기를 난방용으로 사용하는 것이다. 가축을 키우는 축사와

농업용 비닐하우스의 난방에 전열기를 사용하기도 한다. 상점 중에는 에어컨의 시원한 바람이 나가도록 문을 열어놓는 방법으로 고객을 유혹하기도 한다. 이 모두 전기 가격이 지나치게 싸서 생기는 시장왜곡 현상이다. '전기로 난방을 하는 것은 생수로 빨래를 하는 것과 같다'는 말까지 나돈다.

냄새나고 위험한 경유나 휘발유에 비해 플러그만 꽂으면 쓸 수 있는 편리하고 안전한 전기는 비싸야 마땅하다. 그래서 대다수의 선진국에서 전기는 경유에 비해서 상당히 비싸다. 〈그림 3-5〉에서 보듯이 미국의 전기 가격은 경유 가격의 1.2배이며, 일본은 1.9배, 독일은 1.7배, 이딸리아는 2배이다. 그런데 한국의 전기 가격은 유독 싸서 경유 가격의 0.6배에 불과하다.

많은 사람들은 우리나라의 전기 가격이 싼 이유가 핵발전[41]의 비중이 높고 핵발전의 원가가 낮기 때문이라고 생각한다. 사실은 2012년 현재 전기의 생산원가는 디젤이나 휘발유의 생산원가와 비슷한 수준이다. 그런데도 경유 가격이 전기에 비해서 170%로 비싼 이유는 경유에 약 70%의 세금이 부과되어 있기 때문이다. 즉, 정부의 정책에 의해서 가격이 왜곡된 것이다.

두 도로 모델을 응용한 문제해결 방법

성능이 비슷한 두개의 보완재인 전기와 경유 중에서 경유는 정부가 세금을 많이 부과하여 매우 비싸고, 전기에는 세금이 적어 저렴한 바람에 전기로 소비가 몰려 부작용이 큰 상황에서, 이를 바로 잡으려면 어찌해야 할까. 해답은 경유의 세금을 내리거나 전기에 세금

〈그림 3-6〉 에너지시장의 두 도로 모델

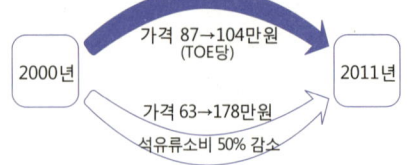

전기수요 1.9배로 증가

2000년 → 2011년

가격 87→104만원
(TOE당)

가격 63→178만원
석유류소비 50% 감소

〈그림 3-7〉 현재 정부의 계획

- 가격 낮게 유지 87원 → 130원/kWh(년 4.1% 증가)
- 전기생산 462 → 589TWh(년 2.4% 증가)
- 핵발전 비중 31% → 44%(년 6% 증가)
- 전기소비 40조원 → 76조원/년
- 핵발전소 10기 건설에 29조원 투자

2010년 → 2020년

전기소비 36조원 증가
발전소 투자 45조원

자료: 제5차 전력수급 기본계획 2010년, 지식경제부

을 올려서 적정한 가격으로 균형을 이루는 것이다. 이 문제를 앞에서 검토한 두 도로 모델을 응용하여 해결해보자.

값싼 전기로 수요가 몰리는 현상은 좁고 가까운 길로 차들이 몰리는 현상과 비슷하다. 이때 차량의 속도가 느려지듯이, 전기로 지나치게 몰려서 정전사태 같은 무질서의 낭비가 생긴다. 이를 '두 도로 모델'과 유사하게 도식화하여 표현한 것이 〈그림 3-6〉이다. 이 문제의 해결책은 '두 도로 모델'에서 한계비용세금을 부과하듯이 전기에 세금을 부과하여 무질서를 줄이고 국민 전체의 복리를 증진시키는 것이다.

이 정책의 효과를 검토하기 위해서 우리나라의 장기 전력수급계획을 〈그림 3-7〉에 정리해보았다. 지식경제부가 수립한 '제5차 전력수급 기본계획'을 보면, 전력가격은 연간 4.1% 정도로 인상하고, 2020년에는 2010년에 비해서 27%의 소비를 증가시키는 것을 목표로 하고 있다. 이를 위해 29조원을 투자하여 핵발전소 10기를 새로 건설하여 핵발전의 비중을 31%에서 44%로 올리겠다는 것이다. 즉, 전기가격을 낮게 유지해서 소비를 늘리고 핵발전을 확대하겠다는 것이다.

50%의 탄소세를 부과했을 때 효과

내가 공평한 질서를 회복하는 방안으로 제안하는 방안은 전기에도 경유처럼 세금을 부과하여 에너지 가격 간의 불합리한 차이를 줄임으로써 무질서의 비용을 줄이자는 것이다. 지금도 전기사용자들은 3.7%의 전력산업기반기금을 납부하는데 이를 전기탄소세로 전환하고 세율을 5% 정도에서 시작하여 점차 올려서 2020년에는 50%의 세율을 높이자는 것이다. 이렇게 하면 2020년에는 약 30조원의 전기탄소세가 걷힐 것으로 예상된다.

이 정책을 아래의 〈그림 3-8〉 '50% 탄소세 부과 씨나리오'에 도식화했다. 전기가격은 정부의 계획과 같이 2020년에는 킬로와트당 130원이 되는 것으로 보았다. 세금을 포함하면 195원으로 오른다. 전기 가격이 10% 오르면 전기 소비가 약 4% 감소한다고 추정되므로, 전기의 소비는 증가하지 않는 것으로 가정했다. 전기의 소비가

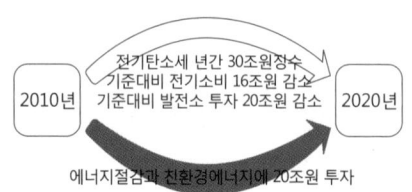

〈그림 3-8〉 50% 탄소세 부과 씨나리오

- 2020년 가격; 130원+65원 세금＝195원으로 인상
- 탄소세 점차 증가시켜 2020년에 50% 30조원 부과
- 전기소비증가억제 462 → 462TWh(불변)
- 핵발전 축소 31% → 26%(신규건설 없음)
- 전기소비 금액 40조원 → 60조원/년

늘어나지 않으니 핵발전소를 건설할 필요가 없어진다. 전기 소비금액이 40조원에서 60조원으로 증가하고, 여기에 50%의 세금을 부과하면 30조원의 세금이 걷힌다. 전기소비자들이 납부한 30조원의 세금은 정부가 복지정책 재원 등에 쓸 수 있다. 연간 30조원의 세금은 민주통합당과 새누리당이 발표한 복지재원의 상당부분을 감당할 정도로 큰 금액이다.

이렇게 하면 핵발전소의 추가 건설을 중단하고 노후화된 원전을 폐기하여, 핵발전이 차지하는 비중을 31%에서 26%로 낮출 수 있다. 이 계획이 지나치게 급격한 변화를 추진하는 것으로 생각할 수 있으나, 2011년 후꾸시마 핵발전소 사고 이후 독일 등이 핵발전소를 전부 폐기하는 방향으로 가는 것과 비교해보면 오히려 온건한 정책이라고 생각할 수 있다.

세금 부과로 가격이 오르면 당초 계획 대비 21%인 16조원의 전기가 절약될 것으로 추정했다. 우리나라 화력발전소 생산원가의 약 85%가 외국에서 수입하는 석탄, 가스 등의 원재료비이므로 16조원의 소비 감소는 13조원 정도의 원료 도입 감소를 의미한다. 논의의 편의상 전기소비 감소가 다른 연료의 소비증가를 유발하지 않도록 관리했다고 가정하면, 에너지 원료 수입대금의 감소는 외환보유고 의 증가와 국내투자 그리고 소비로 연결되어, 경제성장을 유발하여 고용을 창출하게 된다. 단순하게 13조원의 국민소득이 증가한다고 추정할 경우, 이는 2020년 예상 GDP 1600조원 기준으로 약 0.8%에 상당하는 엄청난 금액이다. 부가가치의 60% 정도가 인건비로 지출 되므로 8조원의 인건비가 증가하며, 이는 연봉 4000만원의 일자리 가 20만개 창출되는 것에 비견된다. 우리나라의 실업자가 100만명 수준임을 감안할 때 이는 매우 큰 효과다.

이 계산은 발전소 건설에 투자하면 GDP가 증가한다는 것을 반 영하지 않았다는 비판을 받을 수 있다. 그런데 새로운 발전소 건설 에 쓰려고 했던 20조의 자금을 에너지절약 사업과 신재생에너지 사업에 투자하면 오히려 일자리가 더 많이 생긴다. 미국의 경우 10 억 달러(약 1조 1000억원)를 투자해서 화력발전소를 지을 때는 870 개의 일자리가 생기고, 태양에너지 발전소는 1900개, 풍력발전소는 3300개, 대형건물의 에너지설비 개선에는 7000개의 일자리가 만들 어진다고 한다.[42] 이를 기준으로 계산해보면, 화력발전소 건설에 20 조원을 투자할 경우 1만 5800명 정도의 일자리가 생기지만, 풍력발 전소를 세우는 데 투자하면 6만명의 일자리가 생긴다는 것이다.

세금으로 인해 전기가격이 올라가면 기업들의 수출경쟁력이 떨 어진다는 우려는 당연하다. 그러나 우리의 경쟁국가인 일본과 독일 의 전기세는 우리의 2~3배 비싸며 중국도 우리의 1.5배 정도 비싸 다는 것을 감안할 때 50% 정도의 가격상승은 큰 부담은 아니다. 전기 가격이 50% 올라간다고 해도 우리나라는 일본이나 독일보다 많이 싸다. 세금 부과로 전기세가 올라가면 수출기업의 경쟁력뿐만 아니라 물가에도 상당한 영향을 줄 것이므로 5~7년에 걸쳐서 점진적으로 세금을 올리는 것이 좋다. 선진국들처럼 우리도 에너지 다소비 산업사회에서 저(低)에너지 산업사회로 변화되어야 하므로 이는 필연적으로 거쳐야 할 과정이다. 물가상승 압박은 부동산 가격안정과 환율 평가절상 등으로 해결하는 것이 좋다. 전기가격 상승에 따른 서민들의 부담을 줄이기 위해 가정용 기본요금의 인상폭은 최소화하고 상대적으로 싼 산업용 전기의 인상폭을 더 늘려야 할 것이다. 그리고 걷은 세금의 일부는 저소득층의 에너지 복지를 강화하는 데 써야 한다. 또한 택시와 트럭 운전자들이 부담하는 지나치게 비싼 연료비를 줄이는 데에도 쓰는 것이 좋겠다.

2012년 9월 현재 대통령선거 후보들은 공통적으로 경제민주화와 복지 강화를 주장하는데 정작 세금을 더 걷겠다는 이야기는 주저하고 있다. 새누리당 박근혜 후보는 법인세를 높이지 않겠다고 하고, 민주통합당 문재인 후보는 새로운 세금은 없이 대기업과 부유층의 증세만을 이야기한다. 엄청난 복지 혜택을 약속하면서 세금은 늘리지 않겠다는 것은 재정적자를 크게 늘리겠다는 것이다. 오히려 안철수 후보가 말하는 전반적인 증세가 상식적으로 맞다. 차라리 증세를 인정하고 어떤 세금을 올릴 것인지를 논의해야 한다.

일부 전문가들 사이에서는 복지재원을 마련하기 위해서 부가가치세를 올려야 한다는 논의가 있으나, 부가가치세는 전형적인 간접세로 소득재분배 효과는 없고, 즉각적으로 물가를 상승시키므로 좋은 방안이 아니다. 법인세나 소득세를 높이는 것도 기업의 부담과 개인의 소득 감소 때문에 쉽지는 않다. 특히 저소득층에 대한 소득세 확대는 매우 어렵다. '전기탄소세'는 전기사용량에 비례하는 것이므로 전기를 많이 쓰는 측이 세금을 많이 내는 직접세다. 불공평한 것을 공평하게 만드는 한계비용세금은 이론적으로도 '참 좋은 세금'이다. 세금에 대해 한가지 덧붙이자면, 지나치게 복잡한 세금 항목들은 줄여야 한다. 휘발유 값만 해도 교통세, 주행세, 교육세, 부가가치세 등 너무 많고 복잡한 세금들이 포함되어 있다. 이런 복잡하고 불합리한 제도들은 행정편의주의에 물든 관료들의 조직이기주의와 관련이 있다. 복잡할수록 관료들의 권한과 이권이 많아지기 때문이다. 휘발유와 상관없는 교육세 100원은 폐지하여 경유와 휘발유의 가격을 조금 낮추는 것도 검토할 필요가 있다.

대규모 전기 사용자들에 대해 누진세율을 적용하자

우리나라는 산업용 전기소비가 유독 많다. 전기를 많이 쓰는 기업들의 현황을 정리한 〈표 3-2〉에서 보듯이 상위 10개 기업이 전체 전기의 10% 이상을 소비한다. 이 회사들의 전기비용의 원가 부담을 보면 삼성전자, 포스코, LG디스플레이 등은 매출액에서 전기요금이 차지하는 비중이 1.3% 이하여서 전기 가격에 50%의 세금을 부과해도 큰 어려움은 없을 것이다. 그런데 전기를 이용하여 금속을 제련하는 회사들의 제조원가에서 전기가 차지하는 비중은 매우 높아서, 현대제철은 6.3%, 고려아연은 5.6%, 동부제철은 3.7%이므로 큰 영향을 받는다.

이 회사들은 다른 나라의 경쟁회사들에 비해 싸게 전기를 씀으

	전력사용량 GW	금액, 억원 74원/kWh	매출액 조원	영업이익 조원	원가비율 매출대비	종업원수 명
삼성전자	11,480	8,495	154.6	16.6	0.5%	100,000
현대제철	8,752	6,476	10.2	1.0	6.3%	8,254
포스코	6,989	5,172	40.4	4.2	1.3%	17,435
LG디스플레이	4,956	3,667	25.5	1.3	1.4%	34,118
하이닉스	3,717	2,751	12.0	3.1	2.3%	18,743
SK에너지	2,949	2,182	60.0	1.6	0.4%	2,925
고려아연	2,334	1,727	3.1	0.5	5.6%	995
GS칼텍스	2,218	1,575	35.3	1.2	0.4%	3,158
동부제철	1,864	1,379	3.7	0.1	3.7%	1,753
소계	45,169	33,425	344.8	29.6	1.0%	187,381
총계	434,160	373,900				
비중	10%	9%				

(자료: 각 회사의 재무자료 등을 참고하여 작성)

로써 큰 이익을 보아왔다. 한국의 두배가 넘는 전기요금을 내고 있는 일본의 재계에서는 한국정부가 산업용 전기요금에 지나친 특혜를 주는 것은 불공정행위라고 비난하기도 했다. 사실상 국민들이 이들에게 보조금을 준 셈이다. 과연 앞으로도 이런 기업에 계속 특혜를 주어야 하는지 국민들의 의견을 물어야 한다. 우리나라는 다른 OECD국가들에 비해 가정용 전기는 적게 쓰는 편이므로 전기 소비를 줄이려면 산업용 전기 사용을 줄여야 한다.

여기서 한가지 따져볼 일이 있다. 핵발전소의 용량은 대체로 1기 가와트이고 1년에 약 8000기가와트 정도의 전기를 생산한다.(1기가와트×24시간×365일×91%) 〈표 3-2〉에서 보듯이 삼성전자, 현대제철, 포스코는 각각 1만 1000, 8000, 7000 기가와트의 전기를 소비한다. 이 회사들 각자가 핵발전소를 하나씩 쓰고 있는 셈이다. 이들 대규모 전기사용자들은 자체 발전소를 지어서 전기를 충당하는 것이 시장경제 논리에 합당하다. 공공적인 성격의 발전소는 다수의 전기소비자들을 모아 규모의 경제를 살려 큰 발전소를 세운 것이다. 이미 포스코는 대형 발전설비를 가동하고 있다. 세계적인 추세도 분산형 전력망을 지향하고 있다. 먼 곳의 전기를 끌어다 쓰면 전력손실도 많고 고압선 설치에 따른 환경파괴도 심각하다. 큰 기업들이 자체 발전소를 세우면 이런 문제도 줄어든다. 이 문제를 해결하기 위해서는 산업용 전기에도 누진세율을 적용하여 자체 발전소 건설과 전기절약을 유도하는 것이 좋다. 1년에 1000기가와트 이상을 사용하는 20개 이내의 기업에만 적용해도 상당한 효과를 볼 것이다.

취약한 에너지 안보

우리나라의 에너지자원 수입금액은 2001년 337억 달러에서 2010년 1217억 달러로 3.6배로 늘어났다. 물량은 1억 9300만 석유환산톤에서 2억 8000만 석유환산톤으로 1.45배로 늘었고 가격은 석유환산톤당 175달러에서 435달러로 2.5배로 상승했다. 한국은 세계 10대 에너지 소비국이며, 미국, 중국, 일본, 독일 다음으로 에너지 수입이 많은 세계 5위의 석유 수입국이다. 석탄과 천연가스의 수입은 세계에서 두세번째로 많다. 2010년 총수출액이 4664억 달러인데 에너지 수입금액이 1217억 달러였다. 수입한 석유를 가공하여 다시 수출하는 금액은 317억 달러다. 이를 총수입액에서 뺀 900억 달러 규모를 에너지 순수입액이라고 볼 수 있다. 이는 총수출액의 19%에 해당하며 GDP의 9%나 된다.

삼성전자와 포스코의 영업이익률이 10% 내외인 것을 감안하면,

우리나라는 수출하여 만든 이익의 대부분을 석유, 석탄, 가스를 수입하는 데 지출하는 경제구조라고 볼 수 있다. 이것이 우리 국민들이 열심히 일하는데도 잘살지 못하는 결정적인 원인 중 하나다. 생산활동을 하여 이익이 나면 풍요롭게 사는 데 쓰기도 하고, 미래를 위하여 저축도 하고, 새로운 산업에 투자도 하고, 어려운 사람들의 복지에도 써야 하는데, 이익의 태반을 사우디아라비아와 쿠웨이트 왕족들과 국제석유자본들에게 바치는 꼴이다.

2008년에 한국이 외환위기를 겪은 결정적인 원인 중 하나는, 원유가격이 배럴당 145달러까지 올라간 것이었다. 에너지 수입대금이 수출액에서 차지하는 비율이 2000년대 초반 20% 수준을 유지하다가 국제유가가 올라가자 2008년에는 무려 33%까지 올라갔다. 이에 따라 외환보유고가 급격히 줄어들자 외국계 은행들이 한국의 외환사정을 불안하게 보았던 것이다. 앞으로도 국제 원유가격 등 에너지 가격이 크게 오르면 우리 경제는 타격을 받을 것이다. 과다하게 에너지 소비가 많은 산업구조를 개혁하지 않으면 우리 경제의 미래는 불안하다.

에너지문제는 국가의 안전보장과 직결되어 있다. 2차대전을 촉발한 것은 미국과 영국의 독일과 일본에 대한 석유 금수조치였다. 1940년대 일본이 위험을 무릅쓰고 싱가포르까지 전선을 확대했던 것은 석유 수송로를 확보하기 위한 것이었다. 히틀러의 독일이 아프리카와 중동으로 원정길에 나선 것도 석유를 확보하기 위한 것이었다. 독일은 석유가 워낙 부족하자 석탄액화기술[43]을 개발해서 버텼다. 이 기술을 남아프리카공화국의 사솔(Sasol)이라는 회사가 발전시켜, 인종차별주의로 인한 국제사회로부터의 고립을 견뎌냈다.

2003년부터 2011년까지 참혹하게 진행되었던 이라크전쟁도, 석유자본의 본산인 텍사스 출신 조지 부시 미국 대통령이 주도한 석유전쟁이었다.

전력업계와 4G+i

이처럼 여러가지 이유로 전기사용량을 줄여야 함에도 불구하고 우리나라의 전기사용량은 과거 10년간 81%나 증가했다. 연평균 6.7% 증가한 것이다. 10년간의 평균 GDP성장율 4.2%보다도 크게 높다. 도대체 시대정신이 무엇인지 모르는 국가라고 비난받아도 할 말이 없는 지경이다. 그렇다면 다른 선진국들과는 달리, 우리나라는 전기사용을 늘리는 정책을 고집한 이유는 무엇일까? 여기에도 '이권집단의 사익추구'가 작동한다. 국민 전체의 이익보다는 재벌들의 이익과 전력산업 관계자들의 이익이 관철된 것이다. 이를 4G+i 모델로 설명해보자

G1 이권장악집단은 둘로 나뉘어 있다. 하나는 싼 전기를 쓰는 재벌기업들이고 다른 하나는 한국전력과 건설회사들이다. 삼성전자, 포스코와 현대제철의 이익이 큰 이유 중 하나는 외국의 경쟁자들에 비해 싼 전기를 쓸 수 있기 때문이다. 두산중공업, 현대건설 등은 발전소 건설사업에서 큰 이익을 만들어온 회사들이다. 2001년 한국전력에서 분리된 5개의 화력발전—남동, 중부, 서부, 남부, 동서 발전—회사들과 한국수력원자력의 사장과 임원들의 자리는 정치권과 얽혀 있는 거대한 이권이다. 1년에 40조원이 넘는 매출과 5조원에 달하는 발전소 건설 자금에서 파생되는 이권도 어마어마하다. 이

들 모두에게는 발전소를 계속 더 짓는 것이 유리하다. 국민 전체에는 손해지만 그들에게만 유리한 부조리한 이권평형이다.

이들 두 종류의 이권집단들은 낮은 전기 가격을 유지하며 전력소비를 계속 늘리는 데는 이해관계가 일치하지만, 전력 가격인상에 대해서는 상반된 이해관계를 가진다. 2012년 현재 재벌 등 사용자집단과 한국전력 사이에 전기요금을 두고 갈등이 치열하다. 2011년 8월 4.9%와 12월 4.5%로 두번이나 전기요금을 인상했음에도 불구하고 한국전력은 2012년 4월에 13.1% 인상안을 올렸다가 지식경제부에 의해 거부되었다. 그러자 한전은 7월에 다시 16.8% 인상안을 들이댔다. 그러면서 치열한 언론전쟁이 벌여졌다. 전력생산 관계집단에서는 연일 전기요금 인상의 당위성을 언론을 통해서 홍보했고, 전경련과 재벌들은 지식경제부를 앞세워 인상을 저지했다. 이 갈등은 두개의 이권장악집단 사이에 누가 이권을 더 가져갈 것인가의 싸움이다. 서민가계와 국민경제 전체를 위한 논의는 아니다.

G2 이권비호집단은 관료들과 수많은 관변학자들 그리고 뇌물과 부조리로 엮여 있는 납품업체들이다. 이들은 이권장악집단에서 흘러나오는 혜택을 챙기며 이권장악집단을 비호한다. 여기에서 핵심적인 매개체가 '전력산업기반기금'이다. 전력산업기반기금은 전기요금에 3.7%를 부과하여 국민 1인당 3만원꼴로 매년 약 1조 5000억원을 징수하지만 세금은 아니다. 전력기금은 지식경제부의 관료 몇명이 재량껏 주무르는 2조 2000억원의 기금이다. 이 기금의 핵심 목적은 신재생에너지 보급과 전력수요관리다. 매출과 이익을 추구하는 기업인 한국전력이 공익적인 성격의 사업을 하기 어렵기 때문에 별도로 분리한 것이다. 그런데 지식경제부가 이 자금을 엉뚱한 곳에

지출하고 있다. 기획재정부에서 발간한 『2011년도 기금현황』에 나타난 자금집행 항목들을 보면, 원자력에 대한 대국민 홍보 목적으로 원자력문화재단이라는 단체에 95억원을 지출했다. 원자력 기술개발에 622억원, 핵융합에너지 기술개발에 894억원을 지급했고 신재생에너지기술개발에도 1938억원을 지급했다. 게다가 전기설비 안전점검에 879억원, 전기안전관리 홍보에도 25억원을 지출했고 전문인력 양성이라는 명목으로 231억원을 지출했다. 기술개발과 홍보비용 그리고 설비안전에 관한 비용을 어째서 국민들로부터 특수목적으로 걷은 기금으로 쓰는지 납득하기 어렵다. 전국민들에게 모은 돈을 눈먼 돈처럼 나누어준다는 느낌이 든다.

또 하나의 이권비호집단은 한국전력의 고임금 종업원들과 협력업체의 임직원을 비롯한 이권의 수혜자들이다. 발전소 건설과 관련해서 많은 불법적인 비리가 적발되었다. 핵발전과 관련된 업계에 정비 하청, 폐기물처리 자재 납품 등 이권이 짭짤하다는 것은 비밀이 아니다. 정권이 바뀔 때마다 한국수력원자력의 임직원 자리 다툼이 치열하다. 이권과 연계된 불법적 로비와 향응의 잔치가 벌어진다. 일본도 이권집단의 원리는 똑같아 이들을 '원자력 마피아'라고 부른다고 한다. 이들 원자력 마피아들이 정치자금을 불법적으로 상납해왔다는 것이 밝혀졌다. 원자력 마피아 같은 구조적인 문제가 없었더라면 후꾸시마 핵발전소 사고는 피해를 줄일 수 있었다고 본다. 이들 원자력 마피아의 대부분은 몇개 되지 않는 원자력공학과 출신 선후배들과 교수들이 장악하고 있다.

2012년 2월 고리 핵발전소의 전기가 완전히 두절되는 사태가 발생했다. 게다가 이 사고를 은폐하기까지 했다. 이 사고의 원인이 납품업체의 뇌물을 받고 불량부품을 눈감아주었기 때문이라는 것이 밝혀졌고 직원 4명이 구속되었다. 이 사고를 보면서 북한의 핵무기나 쓰나미보다 무서운 것이 핵발전소의 뇌물로 얽힌 부패의 카르텔이라는 생각이 들었다. 아무리 씨스템적으로 여러 겹의 안전장치를 만들었다고 해도 임직원이 뇌물을 받고 불량부품을 쓰면 아무런 소용이 없다. 게다가 사고를 은폐까지 했다니 끔찍한 범죄다. 만약 고리 핵발전소에서 큰 사고가 나면 반경 30킬로미터 안에 있는 울산과 부산은 사람이 살 수 없는 곳이 될 것이다. 반경 80킬로미터 안에 있는 창원, 포항, 경주, 대구도 위험하다. 환경운동연합이 전문가들과 함께 분석한 보고서에 따르면 고리원전에서 체르노빌 사고와 같은 양의 방사능 누출사고가 생기면 급성사망자 약 5만명, 장기적으로 암에 의한 사망자를 85만명으로 예측했다.[44]

G3 이권추종집단은 이권장악집단과 이권비호집단들이 언론을 이용하여 퍼뜨린 이데올로기에 현혹된 상당수의 국민들이다. 그들 이데올로기의 핵심 논리는 산업경쟁력과 물가안정을 위해 전기가격을 낮게 유지해야 한다는 것이다. 그리고 핵발전소를 늘려야 싼 전기를 생산할 수 있다고 주장한다. 그리고 핵발전소 건설이 주요한 수출산업이라는 것이다. 이는 자기들의 이권을 연장하기 위한 혹세무민의 논리일 뿐이다. 물가와 산업경쟁력을 걱정한다면 휘발유와 경유의 세금도 줄여야 한다. 핵발전소의 원가가 싸다는 것도 허구다. 긴 건설기간을 고려하고 폐기물처리와 해체 비용까지 생각하면 결코 원가가 싸지 않다. 비용을 미래세대에 전가할 뿐이다. 수출 전망도 밝지 않다. 핵발전소 산업은 이미 사양산업이다.

G4 침묵대중집단은 한달에 100킬로와트를 쓰고 1만원 남짓의 전

기요금을 내는 대다수의 서민들이다. 2011년 기준 주택용 전기요금은 평균 킬로와트당 104원으로 산업용 76.6원보다 35%나 비쌌다. 한 집에서 500킬로와트를 초과하면 킬로와트당 670원이나 내는 누진제가 무서워 더운 여름밤에도 에어컨 켜는 것을 겁낸다. 우리 가정은 미국에 비해 27%밖에 쓰지 않고 일본에 비해서도 53%밖에 쓰지 않으면서도, 전기가 부족하니 아껴 쓰라는 정부의 주문 때문에 불편함을 감수한다. 하지만 정작 이들이 피해를 보는 것을 비싼 휘발유 값 때문이다. 비싼 세금이 붙은 휘발유를 쓰느라고 비용이 엄청난데 이것이 산업용 전기값을 싸게 하기 위해 전가된 것이라는 복잡한 사연은 잘 모른다.

전기 생산원가 절감방법

한국전력은 전기가격이 원가에 미치지 못해서 손해가 나므로 전기 값을 올려야 한다고 주장하는데, 내가 보기에는 방만한 경영이 적자의 핵심 원인이다. 직원들의 평균 연봉이 7000만원 수준으로 우리나라에서 연봉 순위 10위 안에 든다. 평균 근로자들의 임금의 2배가 넘는 것이다. 1개이던 회사를 7개로 쪼개어 사장, 임원, 감사 등이 7배로 늘어났다. 활동비에다가 회의 비용 등도 엄청나게 늘어났다. 6개의 발전 자회사를 왜 분리해야 하는지 정당성이 부족하다. 우선 6개를 3개로라도 줄여야 한다.

전기의 원가를 크게 낮추는 방법으로 수요 관리가 중요하다. 전기 수요가 많아지면 비싼 연료인 가스나 석유를 써서 전기를 생산하는 바람에 원가가 많이 올라간다. 그리고 공급 부족에 대비하여 발전소를 새로 건설하다보니 비용이 많이 들어가는 것이다. 스마트그리드[45]를 조속히 도입하여, 수요가 많고 공급이 부족할 때는 가격을 탄력적으로 올려서, 기업들이 자발적으로 전기를 적게 쓰는 전기절감 씨스템을 구축하도록 유도해야 한다. 에너지저장설비 ESS를 확장하여 낭비되는 전기를 모았다가 써야 한다. 전기자동차는 전기가격이 싼 밤에 주로 충전하므로 훌륭한 ESS 역할을 한다. 이것이 전기차를 많이 보급해야 하는 주요 이유 중 하나다. 그래야 신규 발전소 설립도 줄일 수 있고 전기의 원가도 떨어진다. 우리나라에 스마트그리드와 시장반응형 전기 가격 변동제가 도입되지 않는 이유가 발전소를 더 많이 건설하고 싶어하는 이권집단의 카르텔 때문이 아닌가 의심된다.

10. 크고 강한 기업과 좋은 일자리

분업은 시장의 규모가 클수록 잘 발달한다.
— 애덤 스미스

일자리를 만드는 것이 가장 중요한 경제정책이라고들 말한다. 그러나 영세기업과 자영업의 일자리는 별로 인기가 없다. 급여수준이 낮고 사회적으로 대접을 받지 못하기 때문이다. 정부가 예산을 투입하여 건설노무자를 늘리거나 임시직 공무원을 늘리는 것은 일시적이고 낭비적인 정책이다. 중요한 것은 지속적으로 '좋은 일자리' (decent jobs)를 많이 만드는 것이다. 좋은 일자리란 '대기업이나 강한 중소기업의 정규직 일자리'를 말한다. 따라서 큰 기업과 강한 중소기업을 많이 만드는 것이 경제정책의 핵심이 되어야 한다. 지나치게 많은 자영업 종사자를 줄이기 위해서도 '대기업과 강한 중소기업'들을 많이 육성해야 한다.

취업여건과 임금의 양극화

우리나라는 중소기업에서 일하는 사람들의 비중이 지나치게 높다. 2010년 12월 중소기업중앙회에서 발간한 해외 중소기업 통계자료를 보면 미국은 대기업이 전체 임금 근로자의 50%를 고용하고 있으며, 영국은 40%, 독일은 31%의 비율이다. 일본은 22%, 대만은 21%가 대기업에서 일한다. 그런데 한국은 30대 재벌의 근로자는 100만명으로 7% 정도이며, 300인 이상 사업체에 종사하는 근로자는 239만명으로 전체 근로자의 16%이다.[46] 전체 취업자 수 2400만명의 10%에 불과하다.

우리나라는 임시직과 자영업 종사자의 비중이 매우 높다. 한국은행이 2012년 5월 발표한 2010년 산업연관표에 따르면 전체 취업자 중 상용직 근로자는 54%, 임시·일용직 근로자는 19%, 자영업자와 무급 가족종사자가 27%이다. 우리나라 전체 취업자 2400만명 가운데 1~4인 영세기업 취업자가 40%에 이른다. 영국, 독일, 프랑스, 일본의 경우 1~9인 기업의 고용비중은 10% 내외일 뿐이다.

사업체 규모별 월평균 임금을 보면 300인 미만의 사업체는 256만원으로, 300인 이상 사업체 405만원의 63%에 불과하다. 산업별 임금도 차이가 크다. 전기·가스·수도 사업은 593만원이고, 금융보험업은 528만원인 데 비해 음식 숙박업은 165만원이다. 임시·일용근로자는 121만원으로 전체 근로자 평균 272만원의 44%밖에 되지 않는다.[47] 10~29인 기업의 평균임금은 500인 이상 대기업의 60%밖에 되지 않는다. 5~9인 기업의 평균임금은 대기업의 50%로 한심한 수준이다. 10인 미만의 영세기업에서 일하는 정규직 근로자의 임금은 300인 이상 대기업의 비정규직 근로자 임금보다 7%가 낮다.

전문직을 포함하여 좋은 일자리라고 할 만한 직업은 20% 정도밖에 되지 않는다. 이들 20%만이 한달에 300만원 이상의 급여와 복지혜택을 누리고, 나머지 80% 사람들은 영세중소기업, 비정규직 혹은 자영업에서 일하며 한달 평균 200만원 내외를 받고 있다. 요소경제는 지나치게 임금이 낮고 이권경제의 임금은 지나치게 높은 것도 특징이다. 1990년대 초반까지만 해도 대기업과 중소기업의 임금 차이가 그리 크지 않았다. 과거 20년간 이권집단이 누적 강화된 탓에 상위 20%의 임금과 나머지 80%의 임금의 양극화가 심화되어왔다.

중소기업 보호정책의 문제

이처럼 심각하게 양극화된 근로소득 문제의 해결방안은 크게 두 가지로 접근할 수 있다. 하나는 중소기업을 보호해야 한다는 관점이고, 다른 하나는 대기업들을 더 키워야 한다는 관점이다. 나는 이 가운데 중소기업을 보호해야 한다는 관점에 대해서는 비판적이다.

첫째, 80% 이상의 근로자가 중소기업에 근무하므로, 중소기업을 보호해야 한다는 관점을 검토해보자. 이런 관점에서는, 중소기업 고유업종을 지정하여 대기업이 못 들어오게 보호하고, 정책자금을 지원하고, 하청업체의 납품단가를 지나치게 깎지 못하도록 규제하는 정책이 도출된다. 초과이익 공유제 같은 애매한 발상도 나온다. 최저임금이 오르면 중소기업이 어려워지므로 최저임금 인상을 억제하는 정책을 쓴다. 이는 많은 관료와 정치인들이 가지고 있는 고정관념이며, 이명박정부와 정운찬 동반성장위원장도 썼던 정책이다.

그런데 이런 정책들이 일으키는 많은 부작용에 주목해야 한다. 중소기업 고유업종 제도는 일시적으로는 효과가 있을지 모르나, 중장기적으로는 혁신을 저해하여 산업의 경쟁력을 떨어뜨리는 경향이 있다. 1980년대 조명산업을 중소기업 고유업종으로 지정하자 중소기업들끼리 잠시 국내시장에서 이권을 챙겼으나, 얼마 안 가서 GE, 필립스, 오스람 같은 국제적인 대기업들과의 경쟁에 밀려서 대부분 몰락했다. 인도의 경우 정부가 완구산업에서 중소기업을 보호했으나, 중국의 완구에 밀려서 고전했던 사례도 있다. 중소기업 고유업종 제도는 이러한 부작용을 고려하여 조심스럽게 취해야 하는 정책이다.

중소기업을 지원하는 정책이 오히려 중소기업에 피해를 주는 경우도 많다. 살아남기 어려운 기업까지 지원함으로써 우량 중소기업들까지 망하게 했던 2001년의 프라이머리 CBO 정책자금 지원 사례에서 교훈을 얻어야 한다. 당시 벤처 버블이 꺼지면서 여러 문제들이 생기자, 2001년 김대중정부는 2조 3000억원이라는 막대한 정책자금을 850개의 중소 벤처기업들에 빌려주었다. 기술보증기금이 지급보증을 한 채권을 발행하여 자금을 조달하는 방식을 취했다.[48]

워낙 큰 규모의 자금이 공급되다보니 웬만큼 근거가 있는 벤처기업들은 수십억원의 단위로 돈을 빌렸다. 몇몇 회사들은 이 자금 덕분에 위기를 면하고 성장했다. 그러나 사업역량이 부족했던 많은 벤처기업들이 이 자금을 방만하게 쓰고 몇년 후 상환하지 못해 파산했다. 더욱 심각했던 부작용은, 실력이 부족한 기업들이 정책자금을 융자받은 후 매출실적을 만들기 위해서 가격을 덤핑하는 바람에 우량기업들까지도 어려움을 겪게 되었다는 것이다. 이 정책자금은 결국 절반 정도가 상환되지 않아 1조원 가까운 국가예산을 축냈으며 수많은 벤처기업들을 망하는 길로 이끌었다.

둘째, 국제화된 대기업과 튼튼한 중소기업들을 많이 육성하여, 영세중소기업과 자영업에 종사하는 사람의 수를 줄여야 한다는 관점을 검토해보자. 나는 이 견해를 선호한다. 이런 관점에서 접근하면 매우 다른 정책이 나온다. 즉,

(1) 더 많은 큰 기업들이 인재와 자금과 역량을 혁신경제에 투입하도록 정부가 도와서 글로벌 대기업들로 성장시킨다.

(2) 대기업이 더 많은 인력을 고용할 수 있도록, 같은 노동을 하는 근로자에 비해서 지나치게 높은 공기업과 대기업의 임금수준은 하향 안정화한다.

(3) 한군데에 납품하는 하청업체가 아닌 여러 고객을 가진 독립성이 강하고 협상력이 높은 부품·소재 기업들을 키운다.

(4) 중소기업과 중견기업들이 국내시장에서 하청 위주의 사업방식을 탈피하여 국제적인 틈새시장의 강자인 글로벌 강소기업으로 성장하도록 지원한다.

(5) 현재 평균임금의 33% 수준인 최저임금을 평균임금의 50% 수준으로 점차 인상한다. 이를 통해 빈부격차를 줄이고, 동시에 영세하고 경쟁력은 없는데도 저임금에 의존하는 중소기업은 구조조정되도록 유도하여, 생산요소의 낭비를 줄인다.

정부가 하청업체의 납품가격 인하를 제한하는 것은 별 실효성이 없다. 이보다는 공급선을 다변화하여 협상력을 높여서 순리적으로 납품단가를 올리는 것이 효과적이다. 그러려면 독점적인 사업자가 지배하는 구조를 개선하여 다양한 생태계를 조성해야 한다. 예

를 들면 이렇다. 현대자동차그룹이 우리나라 자동차 제조의 70% 이상을 장악하고 있어 대부분의 부품업체들이 현대차 계열에 종속되어 사업하고 있다. 만약 '삼성전기차' 같은 대규모 자동차 제조회사가 2~3개 더 있으면, 부품기업들은 여러 회사들과 거래하게 되어 협상력이 생기므로 적절한 마진을 확보할 수 있다. 그러면 직원들에게 높은 임금을 지급할 수 있고 비정규직도 줄일 수 있다. 다양한 수요에 맞춘 기술개발에 투자가 활발해져서 벤처기업도 늘어나고 중견기업으로 커갈 수 있다. 장기적으로는 현대자동차에게도 이롭다. 이것이 바로 풍요로운 생태계다.

우리나라의 취업자들의 약 80%가 영세자영업, 하청업체 위주의 소규모 중소기업이나 비정규직에 종사하면서 저임금에 시달리는 것을 해결하려면, 중소기업을 보호하는 것도 좋지만 중소기업들을 튼튼한 강소기업으로 키우고 더 나아가 대기업으로 성장시켜 고임금을 줄 수 있는 구조로 만들어야 한다.

더 많은 대기업들이 글로벌 대기업으로 커나가고, 많은 중소기업들이 혁신경제의 글로벌 강소기업으로 클 수만 있다면 바람직하겠지만, 과연 이것이 가능할까에 대한 의구심이 들것이다. 그러면 그 당위성과 전략에 대해서 검토해보자.

우리나라에서 70년대 이후 대기업이 태어나지 못한 이유

한국에서는 과거 40년간 새롭고 좋은 기업들이 거의 탄생하지 못했다. 1970년대 이후 미국에서는 위대한 기업들이 많이 탄생했는데 한국에서는 그렇지 못한 이유는 무엇일까? 그것은 재벌 위주로 이권경제가 고착되어 큰 기업이 탄생할 수 있는 생태계가 파괴된 까닭이다. 올슨의 이론에서 보듯이 재벌이라는 이권집단의 누적이 혁신을 저해했던 것이다.

우리나라의 재계 순위는 삼성, 현대자동차, SK, LG, 롯데, 포스코, 현대중공업, GS, 한진, 한화, KT, 두산, STX[49], CJ, LS, 금호아시아나, 신세계, 대우조선, 동부, 대림그룹으로 되어 있다.[50] 20대 재벌 중 가장 늦게 출발한 기업은, 1967년에 창업했고 1999년에 해체된 대우그룹이다.

60대 기업집단의 명단을 보아도 대부분이 1960년대 이전에 창업했다. 예외라면 1980년에 창업한 39위의 웅진그룹과 1997년에 창업한 43위의 미래에셋 정도다. 그나마 외환위기를 전후하여 재벌 위주의 질서가 무너졌던 시기에 새로운 산업을 개척함으로써 대기업에 근접한 것이다. IMF라는 외부의 힘에 의해서 재벌체제가 흔들리고 혁신산업의 기회가 열리자, 네이버, 넥슨, 엔씨소프트 같은 새롭고 진취적이 기업들이 태어났다. 그러나 2000년 버블 붕괴 이후 우리나라의 기업 생태계는 다시 재벌위주 체제로 회귀하여 더이상 좋은 기업이 태어나지 못하고 있다.

〈표 3-3〉은 2012년 6월 18일 현재 미국의 시가총액 기준 50대 기업들의 개요다. 이 중에서 30%인 15개의 기업이 1968년 이후에 창업했다. 1976년에 태어난 애플이 1위이고, 1975년에 태어난 마이크로소프트가 3위다. 1998년에 태어난 구글과 2004년에 태어난 페이스북도 50위 안에 들어간다. 정보통신 분야는 11개로 압도적으로 많아 1970년대 이후 혁신을 이끌었던 컴퓨터와 통신관련 산업의 위상을 보여준다. 유통분야에서 혁신을 이끈 월마트와 홈디포도 주목된다.

<표 3-3> 미국 상장기업의 시가 총액 기준 순위와 설립연도

순위	회사이름	설립연도	사업 분야	시가총액
1	Apple	1976	무선통신기기, 개인용 컴퓨터	548
2	Exxon Mobil	1882	석유 에너지	389
3	Microsoft	1975	운용 소프트웨어	251
4	Wal-Mart	1972	소매점	230
5	IBM	1911	컴퓨터 서비스	229
6	General Electric	1892	전자, 금융, 기계 복합기업	209
7	AT&T	1968	통신서비스	209
10	Google	1998	인터넷 검색	186
17	Intel	1968	컴퓨터 마이크로 프로세서	138
18	Oracle	1977	데이터베이스 소프트웨어	135
20	Verizon	1983	통신서비스	124
23	Amazon	1994	인터넷 상점	100
25	Qualcomm	1985	무선통신 반도체	97
26	Cisco systems	1984	네트워크 장비	92
34	Home Depot	1978	건자재유통업	80
41	Facebook	2004	소셜네트워크서비스	67
43	United Health Group	1977	의료서비스, 의료보험	62
50	Amgen	1980	생명공학, 제약	56

(2012년 6월 18일 기준, 단위 10억 달러)

이 외에 큰 기업들은 주로 에너지, 제약, 금융, 식품 등 전통적인 산업이다. 이를 보면 미국이 세계적인 경제강국의 지위를 유지해온 것은 혁신경제를 선도하는 실력에서 나왔다는 것을 알 수 있다.

이처럼 미국이 혁신경제를 선도할 수 있었던 것은 미국 정부와 대학과 기업들이 서로 힘을 합쳐 기초과학과 기술개발에 적극 투자한 덕분이며, 산업과 연구기관 그리고 벤처금융회사들이 클러스터를 이루어 씨너지를 만들어낸 산업생태계 덕분이며, 새로운 혁신을 만들어낸 경영자에게는 자금을 공급하고 명예를 부여하는 제도와 질서 덕분이다. 그런데 한국에서는 혁신의 기회가 생기면 재벌들의 문어발이 달라붙고, 인재들과 금융권의 자금이 재벌들에게 집중되다 보니 혁신적인 기업들이 새로이 태어나기 어려운 것이다.

글로벌 대기업을 육성하려면

미국은 새로운 영역에서 혁신기업들이 성장하여 좋은 일자리들을 계속 만들어내는 반면 한국에서는 새로운 분야에서 큰 기업이 잘 태어나지 못하고 결과적으로 좋은 일자리가 잘 늘어나지 않고 있다. 앞으로 정부가 '이권경제를 억제하고 혁신경제를 장려하겠다'는 뚜렷한 방침과 전략을 세우고, 국민적 공감대를 만들어 재계와 협조한다면 우리도 글로벌 대기업과 글로벌 강소기업을 많이 만들어낼 수 있을 것이다. 우리에게는 자금과 조직, 뛰어난 인재들의 혁신역량이 있기 때문이다. 우리나라의 국내총생산 대비 연구개발비의 비중과 인구 10만명당 특허출원 건수는 세계 2위 수준이다.

예컨대 삼성그룹이 삼성생명, 삼성화재와 삼성카드에 대한 투자를 줄이고 전기자동차산업에 본격적으로 뛰어든다면 세계적인 강자가 될 수 있다. 현대자동차그룹이 글로비스, 이노션 그리고 현대캐피털 같은 이권사업을 축소하고, 역량을 항공·우주·국방산업에 투자한다면 세계적인 기업을 키울 수 있을 것이다. 물론 투자에 대한 판단과 집행은 순전히 기업이 알아서 할 일이다. 정부는 전략적인 방향을 제시하고 기업을 지원하는 산업정책을 추진하면 된다.

기존의 사업을 세계 최고 수준으로 성장시키는 길도 있다. 최근에 하이닉스를 인수한 SK그룹이 반도체산업에 역량을 집중한다면 세계적인 반도체 회사로 성장할 수 있을 것이다. LG그룹은 이미 2차 전지 분야에서 세계적인 기업으로 성장하고 있다. 현대중공업과 대우조선이 정부 협조를 받아 대규모 해상풍력단지를 서남해에 조성하면 세계 최고의 풍력발전기 제조업체로 성장할 것이다. 제약업에 경험이 있는 회사들은 바이오 기술과 신약개발 사업에서 성과를 낼 수 있을 것이다. 우리에게는 의학과 생명공학에 뛰어난 인재들이 많다. 이마트와 롯데마트는 이미 포화상태가 되어버린 국내시장에서 자영업자들과의 경쟁에 투입하는 자원을 줄이고, 중국 등 국제시장으로 눈을 돌려서 세계적인 기업으로 성장을 도모하는 것이 바람직하다. 조직과 자금을 가진 재계와 국가 예산과 정책수단을 가진 정부가 전략을 공유하고 협조한다면 충분히 가능하다. 우리는 전쟁의 폐허 위에서도 세계적인 대기업을 키워온 성공의 경험과 저력을 가지고 있지 않은가?

나는 우리 경제의 벤치마크 모델로 독일과 스위스를 주목한다. 〈표 3-4〉는 영국의 『파이낸셜 타임즈』(*Financial Times*)가 2011년에 발표한 세계 500대 기업 자료에서 발췌한 것이다. 760만명의 인구밖에 되지 않아 서울시민 수보다도 작은 스위스가 세계 200대 기업 중 7개나 키워냈다. 한국은 삼성전자와 현대차 2개뿐이다. 7개의 기업 모두 국제시장을 무대로 사업하고 있으며, 이 가운데 식품, 의약품 분야가 3개, 은행이 3개, 엔지니어링이 1개 있어 우리 경제가 취약한 분야가 의약품과 금융 분야라는 것을 알 수 있다. 우리나라가 스위스처럼 잘살게 되려면 글로벌 대기업을 더 키워야 한다.

히든 챔피언, 글로벌 강소기업

중소기업 발전전략과 관련하여 내가 주목하는 것은 독일 출신 경영학자 헤르만 지몬(Hermann Simon)이 제시한 '히든 챔피언'

(hidden champions)이다. 그는 히든 챔피언, 즉 글로벌 강소기업을 "세계시장에서 점유율이 3위 이내이며 대중에게는 잘 알려지지 않은 매출액 40억 달러 이하의 기업들"로 규정하고 이들이 독일 등 선진국의 경제발전을 주도한다는 것을 입증했다. 그는 한 강연에서 "이 기업들은 지난 10년 동안 100만명의 일자리를 창출했고 매년 10%씩 성장하며 150여명의 신흥 억만장자를 만들어냈다. 글로벌화된 세계에서 한 국가의 성과는 대기업보다는 중견기업, 특히 히든 챔피언에 의해 결정된다"라고 강조했다.

그는 "독일이 수출실적이 높은 이유는 대기업 수가 많기 때문이 아니라 중소기업의 수출 기여도가 높기 때문"이라며 히든 챔피언의

〈표 3-4〉 시가총액 기준 세계 최대 200개 회사 중 스위스 기업들

(단위 10억달러, 2011년 기준)

	회사이름	업종	국적	시가총액
1	Exxon Mobile	석유 가스	미국	417
2	Petro China	석유 가스	중국	326
3	Apple	정보통신 기기	미국	321
4	Industrial Bank of China	은행	중국	251
13	Nestle	식품	스위스	199
32	Novartis	의약품	스위스	144
36	Samsung	정보기기제조	한국	138
40	Roche	의약품	스위스	127
98	UBS	은행	스위스	69
127	ABB	엔지니어링	스위스	56
149	Credit Suisse Group	은행	스위스	51
193	Zurich Financial Services	은행	스위스	41
196	Hyundai Motors	자동차	한국	41

(자료: *Financial Times* 웹싸이트)

중요성을 설명했다. 독일은 중소기업이 수출의 약 70%를 차지한다. 반면 한국은 중소기업의 수출 비중이 30%에 불과하다. 그의 분석에 따르면 현재 전세계에 히든 챔피언 기업은 2702개에 달하는데 독일이 1298개로 가장 많으며 미국이 366개, 일본이 220개 순이다. 한국은 23개로 13위 정도다.[51] 히든 챔피언을 한국 실정에 맞게 해석하자면 '재벌에 속하지 않고 수출실적이 1000억원 이상이며 지속적인 세계시장 지배력을 가진 기업'이다.

히든 챔피언의 특징은 성장속도가 빠르고 수익성이 좋은데다가 시장의 변화에 적응하는 능력도 뛰어나다는 것이다. 히든 챔피언은 소재·부품이나 소비재의 작은 틈새시장을 집요하게 파고들어 세계 최강자의 자리에 오른 회사들이다.

지몬 박사가 예로 든 한국의 히든 챔피언 20여개 중, 절삭공구 세계시장의 60%를 점유하는 와이지원(YG-1)은 세계시장 점유율 1위다. 세계 모터싸이클 헬멧의 20%를 생산하는 홍진HJC는 세계 3위다. 세계시장 점유율 5%인 캐릭터완구 생산업체 오로라 월드, 헤어드라이어 시장의 25%를 공급하여 세계 2, 3위를 다투는 유닉스전자 등이 있다.[52]

히든 챔피언의 기준에 맞지는 않지만, 우리나라에는 혁신산업에서 세계적인 기업으로 성장할 만한 중견기업, 벤처기업들도 많이 있다. 이수영 회장의 오씨아이(OCI)는 태양전지 소재인 폴리실리콘 생산기술에서 세계 최고 수준에 근접했다. 김정식 대표의 대덕전자는 반도체 인쇄회로기판에서 세계적인 경쟁력을 가지고 있다. 반도체장비 전문회사 황철주 대표의 주성엔지니어링은 태양광패널 제조장비 분야에서 약진하고 있다. 셋톱박스 분야에서 활약하는 변대규 대표의 휴맥스는 자동차 전장품 분야로 진출하고 있다. 서정진 대표의 셀트리온은 동물세포 배양을 이용한 의약품인 바이오시밀러 시장에서 세계적인 강자로 떠올랐다. 서울반도체는 LED소자 제조에서 세계 5위로 올라섰다. LCD 부품업체인 홍성천 대표의 파인테크닉스와 무선통신기술이 탁월한 김덕용 대표의 KMW, 그리고 삼성전자의 부품업체인 이경재 회장의 삼진LND는 LED 조명사업에서 약진이 기대된다.

지몬 교수는 언론 인터뷰에서 "한국이 한 단계 더 도약하려면 대기업·대표 품목 위주의 수출에 더해서 히든 챔피언 육성을 통한 발전을 해야 한다"라고 조언했다. 또한 한국의 최대 약점은 히든 챔피언이 적다는 점이라며 "독일은 인구 100만명당 히든 챔피언 기업이 15.5개인 데 비해 한국은 0.5개에 불과하며, 한국이 무역 2조 달러 시대에 진입하려면 적어도 300개 정도는 히든 챔피언을 지녀야 한다"라고 강조했다. 지몬 회장은 "강한 중소기업을 육성하려면 대기업들이 문어발식으로 사업을 독점해서는 안 된다"라며 독일 지멘스 등 여러 대기업이 다수 사업부를 독립시켰는데 그 가운데 상당수가 강한 시장 지배력을 지닌 중소기업으로 변신한 사례를 예로 들었다. 그는 한국도 인센티브를 통해 대기업이 사업부를 독립시켜 히든 챔피언 기업으로 유도하는 정책을 추진할 필요가 있다고 덧붙였다.[53]

수출지향적 글로벌 대기업과 글로벌 강소기업을 키우자

국제시장으로 나가야 하는 이유로 중요한 것은, 시장이 크다는 것과 세계적인 강자들과의 경쟁을 통해 최고의 기술력을 유지해야 한다는 점이다. 삼성전자 매출의 83% 정도가 외국에서 발생한다. 현대차 매출도 55% 정도가 수출에서 나온다. 대우조선해양의 선박은 96% 정도를 외국에 수출한다. 히든 챔피언들은 모두 국제시장을 무대로 하는 기업들이다. 이수만 사장의 SM은 동방신기와 소녀시대로 문화수출이라는 영역을 개척했다. 이들은 수출시장에서 활약하며 수많은 일자리를 만들어낸다. 수출시장은 경쟁이 치열한 시장이라서 카르텔이 어려운 혁신경제이고 이권개입의 부작용이 생길 여지가 작다. 앞서 이야기했듯이 혁신경제는 계량적으로 측정되는 매출이나 이익보다 몇배의 가치를 국민경제에 가져다준다.

혁신경제를 강화하려면 이권경제를 축소하여 자원을 혁신경제로 돌려야 한다. 그동안 이권경제가 계속 늘어났던 이유는 재벌을 비롯한 이권장악집단 G1과 정치인과 관료와 언론으로 이루어진 이권비호집단 G2 사이에 결탁이 있었기 때문이다. 이 고리를 끊으면 이권경제는 이익을 내기 어렵다.

새로 태어날 정부가 재벌의 소유구조를 개혁하려고 시도하면 강한 반격과 저항에 직면할 것이다. 이 공격을 막을 수 있는 유용한 논리는 '좋은 일자리를 많이 만들기 위해서 재벌을 개혁해야 한다'는 것이다. 효과적인 일자리 창조전략으로 국제시장을 활동무대로 하는 글로벌 강소기업을 키우는 것이 중요하다. 이를 위해서라도 재벌들의 문어발식 사업 전개와 이권경제 부문은 억제해야 한다. 이에 대한 보상으로 혁신경제 영역인 기술집약적 수출 부문은 적극적으로 정부가 돕겠다고 천명해야 한다. 재벌을 개혁해야만 글로벌 대기업과 글로벌 강소기업을 더 많이 육성할 수 있고, 이를 통해서 경제성장과 일자리 창출을 할 수 있다.

11. 한국은 빈부격차가 작은 나라?

> 만일 사회가 많은 가난한 사람을 도울 수 없다면
> 부유한 소수의 사람도 구해줄 수 없다.
> —J.F. 케네디

4G의 고착화 현상은 소득의 불평등을 야기한다. 이제 소득분포 데이터를 분석하여 4G+i 현상에 대해서 좀더 구체적으로 살펴보자. 소득의 불평등 정도를 측정하는 방법에는 지니(Gini)지수와 10분위지수가 있다. 지니지수는 소득이 평등하게 분포된 상태와 실제 분포상태의 차이를 지수로 표현한 것이며, 10분위지수는 가장 잘사는 10%의 소득이 가장 가난한 10%의 소득의 몇배가 되느냐로 계산한다. 이러한 전통적인 소득불평등 측정방법은 전반적인 소득분포의 추이는 설명할 수 있으나, 소득불평등의 핵심인 0.1%, 1%와 10%에 소득이 집중되는 현상을 측정하지는 못한다.

이 한계를 극복하기 위해 프랑스의 빠리경제대학의 지원을 받는 세계 고소득자 데이터베이스(World Top Income Database)라는 조직이 세계 주요 국가들의 0.01%, 0.1%, 1%, 10% 고소득자들의 통계를 연도별로 정리하여 제공하고 있다.[54] 우리나라에서는 2012년 5월 낙성대경제연구소의 김낙년 동국대 교수가 발표한 연구논문 「한국의 소득집중도 추이와 국제비교 1976~2010: 소득세 자료에 의한 접근」에서 처음으로 이 데이터를 분석하여 발표했다. 이 두 자료를 활용하여 우리나라의 소득분포와 그 변화양상을 살펴보겠다.

김낙년 교수의 자료를 기준으로 작성한 다음의 〈표 3-5〉를 보면, 2010년 한국의 소득분포에서 상위 0.01%의 연평균소득은 27억원이고, 0.01% 이내에 들어가려면 연간소득이 11억원이 넘어야 한다. 이 통계는 20세 이상의 성인인구 3895만명 모두를 대상으로 한 것으로 연간소득이 11억원이면 3895번째로 소득이 많다는 것을 의미한다. 상위 0.01%의 소득은 전체 소득의 1.67%를 차지하므로 이들의 소득은 전체 평균소득 1640만원의 167배라는 뜻이다.

〈표 3-5〉 한국의 소득분포와 변화

	1995년 만원/년	2010년 만원/년	20세↑인구 2010, 만명	총소득 2010, 조원	전체소득에서 비중 1995년	2010년
상위 0.01% 평균	97,249	273,084	0.39	11	0.7%	1.7%
경계	49,165	110,400				
상위 0.1% 평균	28,694	69,385	3.9	27	2.0%	4.2%
경계	14,527	28,400				
상위 1% 평균	10,046	19,553	39	76	6.9%	11.9%
경계	5,936	10,500				
상위 10% 평균	4,266	7,193	390	281	29.2%	43.9%
경계	2,718	3,620				
이하 90%(인구)	1,158	1,022	3,506	358	70.8%	56.1%
이하 81%(취업자)	1,873	1,899	1,888	358	70.8%	56.1%
합계	1,474	1,640	3,895	639		

이 표를 보면 성인인구 3895만명 중 소득하위 90%인 3506만명의 평균소득은 1022만원이다. 이를 취업자를 기준하여 검토해보면, 통계청 자료에 따르면 2010년 18시간 이상 일한 취업자 수가 2278만명이므로, 20세 이상 성인 중 상위 10%인 390만명이 모두 취업자라고 가정할 때 하위 90%에 속하는 취업자는 1888만명으로 전체 취업자의 83%이다. 이들 83% 취업자의 1인당 평균소득을 계산해보면 1899만원이다. 이 소득분포 자료를 4G로 분류한 네 그룹──이권장악집단, 이권비호집단, 이권추종집단, 침묵대중집단──과 직접 대응시키는 것은 논리의 비약이다. 그러나 자료를 분석해보니 나름대로 의미있는 데이터들이 도출되었다. 어림잡아서 4G로 구분해서 생각해보아도 큰 무리가 없다는 것이다.

0.1% 이내의 연간 2억 8400만원이 넘는 소득을 올리는 3만 9천명 중에는 스스로 창업하거나 전문가로서 창조형 렌트로 고소득을 올리는 사람들도 있다. 그러나 이들 중 대부분은, 추측컨대 과반수가 재벌과 그의 가족들, 그리고 부동산 렌트 혹은 정치적 렌트를 이용하여 돈을 버는 사람들이다. 상위 0.1% 소득자의 3분의 2 정도는 이권장악집단 G1에 속한다고 보아도 무방할 것이다.

상위 0.1%와 1% 사이의 소득계층에 속해 있어 연간소득이 1억 500만원이 넘는 35만명 중 상당수는 자격증이라는 렌트를 이용하여 소득을 올린다. 10만명의 의사와 3만여명의 약사 그리고 1만명 남짓한 변호사의 상당수가 여기에 속한다. 부동산 렌트로 돈을 버는 사람들도 많이 포함된다. 재벌계 대기업과 공기업 그리고 금융기관들의 임원들 중 상당수도 이 그룹에 속한다. 따라서 이들 중 3분의 2 정도가 재벌 등 이권장악집단에 종사하거나 인·허가 같은 정치적인 렌트를 활용하여 소득을 만드는 이권비호집단 G2라고 간주하겠다. 나머지 3분의 1은 전문직 종사자들 그리고 성공적인 중소기업인들 그리고 연예·예술인들처럼 혁신경제의 창조형 렌트로 수익을 올리는 사람들로 추론하겠다.

상위 1%부터 10% 사이에 속하며 취업자의 16%인 351만명은 연봉 3600만원에서 1억 500만원 사이의 소득을 얻는 사람들이다. 100만명에 달하는 30대 그룹의 직원들 중 상당수가 여기에 속한다. 평균연봉이 6000만원이라는 공기업 임직원들도 여기에 속한다. 금융기관과 주요 언론사의 정규직원들은 대부분 여기에 속한다. 교육공무원 35만명, 지방공무원 35만명, 경찰공무원 11만명을 포함한 100만명의 공무원들 중에서 3분의 1 이상은 연봉 3600만원이 넘는다고 본다. 공기업과 대기업 조직노동자들의 임금이 평균보다 매우 높은 것은 협상력에 의한 렌트에서 나온 것으로 볼 수 있다. 상당수의 자영업자들과 전문직종 사람들도 여기에 속한다. 따라서 이들 중 3분의 2 정도는 이권추종집단 G3로 간주하여 분석했다.

여기서 나는 소득의 분포와 네가지 경제의 통계를 결합한 모델을 생각해냈다. 취업자 수 기준으로 각각의 소득분위에 있는 사람들이 이권경제, 요소경제, 혁신경제, 공공경제 중 어디에 속하는지를 추정해보는 것이 의미있는 작업이라고 생각했다. 8장에서 분석한 〈표 3-1〉을 보면 2010년에,

요소경제의 취업자 비율은 61%이고 평균임금은 2291만원,
혁신경제의 취업자 비율은 12%이고 평균임금은 3735만원,
이권경제의 취업자 비율은 7%이고 평균임금은 4285만원,

공공경제의 취업자 비율은 19%이고 평균임금은 3313만원이다.

이를 근거로 이권경제 취업자의 전부인 7%, 혁신경제의 약 절반인 5%, 공공경제의 3분의 1 정도인 5%를 합한 17%를 연봉 3600만원이 넘는 취업자 기준으로 상위 17%(성인인구 기준으로 10%)에 해당한다고 보았다. 이들 중 3분의 2 정도인 11%를 이권추종집단 G3라고 간주하고 나머지 5%는 혁신형 렌트로 고수익을 올린다고 간주해보겠다. 대다수의 요소경제에 취업한 사람들과 혁신경제와 공공경제에서 저임금 단순노동을 하는 사람들은 하위 83%로 G4에 속한다고 간주하겠다. 이러한 구분을 바탕으로 아래와 같은 그림을 만들어보았다. 〈그림 3-9〉는 취업자 수를 기준으로 네가지 경제와 소득수준

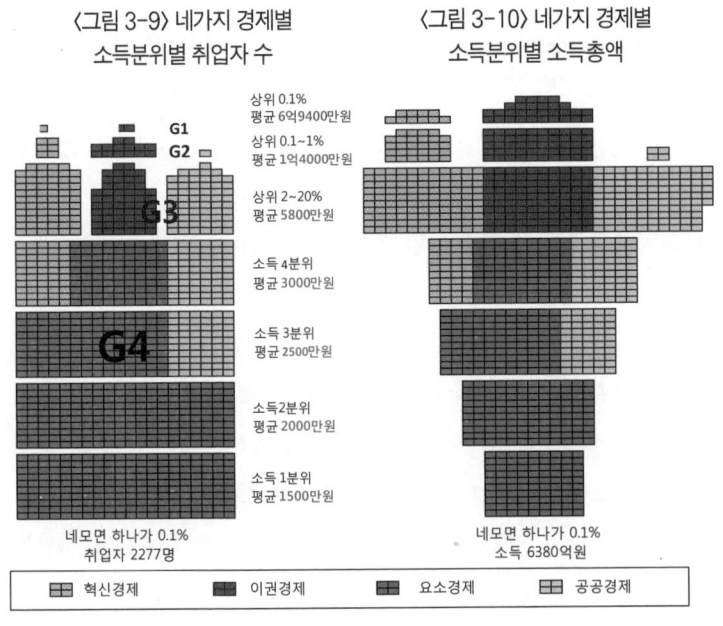

| 〈그림 3-9〉 네가지 경제별 소득분위별 취업자 수 | 〈그림 3-10〉 네가지 경제별 소득분위별 소득총액 |

상위 0.1%
평균 6억9400만원

상위 0.1~1%
평균 1억4000만원

상위 2~20%
평균 5800만원

소득 4분위
평균 3000만원

소득 3분위
평균 2500만원

소득2분위
평균 2000만원

소득 1분위
평균 1500만원

G1
G2
G3
G4

네모면 하나가 0.1%
취업자 2277명

네모면 하나가 0.1%
소득 6380억원

🔲🔲 혁신경제   🔲🔲 이권경제   🔲🔲 요소경제   🔲🔲 공공경제

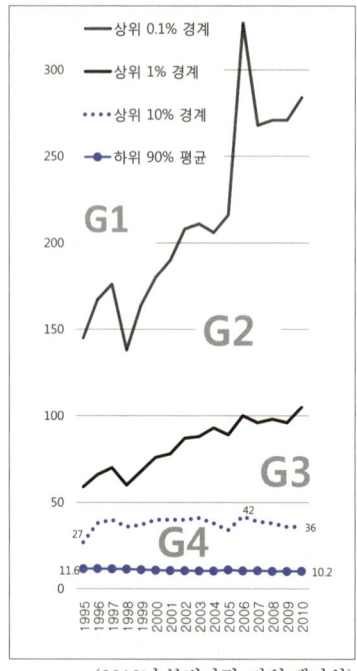

〈그림 3-11〉 한국의 구간별 소득 추이

(2010년 불변가격, 단위 백만원)

별로 구분하여 표현한 것이다. 〈그림 3-10〉은 이 구분에 따라 소득총액을 면적에 비례하여 표시한 것이다. 물론 이 구분은 다분히 개략적인 것이어서 엄밀한 추가 연구가 필요한 가설 수준의 모델이다. 이 분석을 통해서 우리나라 취업자들을 크게 네 그룹으로 나누어보았다. 5%는 혁신경제에 종사하며 스스로 가치를 창출하여 소득을 올린다. 1%의 이권집단은 이권 때문에 잘살고 약 11%의 이권경제와 공공경제에 종사하는 이권추종집단 G3는 비교적 안정적으로 살아가지만, 이것이 80%의 희생에 의한 것이 아닐까 하는 의구심이 들었다.

그렇다면 이 소득분포가 과거에 어떻게 변화해왔는지 살펴보자. 김낙년 교수의 자료를 기초로 만들어본 〈그림 3-11〉을 보면 0.1% 경계선은 같은 기간 동안 1억 4000만원에서 2억 8000만원으로 두배로 올랐고, G2와 G3의 경계인 상위 1% 경계선은 6000만원에서 1억원 수준으로 크게 올랐다. 이는 고소득층의 소득이 크게 늘어났다는 것을 의미한다. G3와 G4의 경계인 상위 10%선은 2006년 4200만원에서 2010년 3600만원으로 오히려 감소했다.

상위 0.1% 이상의 소득이 전체 소득에서 차지하는 비중은 1995년 2%에서 2010년 4.2%로 두배 이상 늘어났다. 상위 1% 이상의 소득이 차지하는 비중은 같은 기간 동안 6.9%에서 11.9%로 두배 가까이 증가했다. 상위 10%가 차지하는 비중은 29%에서 44%로 크게 늘어났다. 결과적으로 하위 90%의 몫이 71%이던 것이 56%로 대폭 줄어든 것이 우리 서민들이 궁핍해진 결정적인 이유다. 도대체 그 사이에 대한민국에서 무슨 일이 일어났던 것일까?

하위 83% 서민 소득은 1995년 이후 늘어나지 않았다

이 자료를 분석하면서 나는 놀라운 사실을 발견했다. 대한민국의 성인 중 하위 90%의 1인당 소득이 지난 15년 동안 하락해왔다는 데이터다. 별첨한 부표[55]와 같이 계산해보면 하위 90%의 1인당 평균 소득은, 2010년 불변가격을 기준으로, 1995년의 1158만원에서 1022만원으로 12%나 감소한 것으로 분석되었다. 우리나라의 1인당 국민 총소득이, 2010년 불변가격으로, 1995년의 1340만원에서 2010년에는 2378만원으로 77%나 증가했는데, 성인 중 하위 90%의 평균소득은 오히려 줄어들었다니 참으로 충격적인 분석결과였다. 성인 기준 90%는 취업자 기준으로는 83%라고 볼 수 있다. 취업자 수를 기준으로 계산해보니 1995년 하위 83% 취업자 1인당 소득은 1873만원에서 2010년에는 1899만원으로 1%만 늘어난 것으로 나타났다. 김낙년 교수가 지적한 대로 소득세 통계를 이용한 분석이므로 1995년 이후에 탈세가 줄어들었기 때문에 데이터가 약간 왜곡되었을 가능성은 있다.

결론적으로 하위 약 80% 인구의 소득은 지난 15년간 거의 늘어나지 않았다고 볼 수 있다. 성인인구 기준으로는 90% 인구의 평균소득은 12% 감소했고, 취업자 중 하위 83%를 기준으로 계산해보면 1% 증가한 것으로 나오므로, 두가지를 고려하면 하위 약 80% 인구의 소득이 거의 늘어나지 않았다고 할 수 있는 것이다.

혹시 나의 계산이 틀리지 않았는지 확인하기 위해서 김낙년 교수에게 계산표를 보여주며 문의를 했다. 김교수는 계산이 맞다고 확인해주면서 다음과 같이 언급했다. "인구는 늘고 있는데, 그들에게 귀속되는 소득의 증가가 거기에 미치지 못하니 평균소득이 줄어들게 되는 것이다. 다만, 상위 10%에 비해 하위 90%의 구성은 잡다하기 때문에 그 변화에는 여러가지 변수가 끼어들 수 있음에 유의할 필요가 있다."

김낙년 교수가 2012년 10월에 발표한 논문 「한국의 소득 불평등, 1963~2010: 근로소득을 중심으로」를 소개한 2012년 10월 24일 『한겨레』의 기사를 보자. 이 기사는 "1996년 근로소득 1분위(100%중 하위 20%)의 물가상승률을 고려한 1인당 연평균 실질급여가 649만원에서 2010년 492만원으로 24.3% 줄었다"라고 밝혔다. 또한 "2분위(하위 20~40%)의 실질급여도 같은 기간 10%가량 쪼그라들었다. 중간지대에 있는 3분위(하위 40~60%)의 근로소득도 소폭 감소했다"라고 분석했다. 우리나라 근로자 60%의 실질소득이 오히려 감소했다는 것을 실증적으로 밝힌 것이다.

이런 데이터가 이제야 연구되고 발표되었다는 점에 대해 참담한 느낌이 들었다. 서민들을 위한다고 목소리를 높여온 정치인들은 이런 사실도 모르고 정치를 했단 말인가? 엘리뜨라고 자처하며 국가

경제를 경영한다고 자부해온 고위 경제관료들은 어떤 통계를 가지고 정책을 수행했으며, 미국 등지에서 유학하고 돌아온 수많은 경제학자들은 도대체 무엇을 했단 말인가? 이들 대부분이 이권장악집단 G1에 아부해야 이권의 떡고물을 얻어먹는 이권비호집단이기 때문에 이를 알면서도 숨겨왔던 것인가? 물가는 오르고, 집세와 학비도 오르는 상황에서, 80%의 취업자들은 소득이 늘지 않았다는 사실을 누구도 공개하지 않은 이 나라는 어찌 돌아가는 것인가?

일부 진보개혁인사들은 낙성대연구소가 토요따재단의 지원을 받는 친일연구단체이고 이른바 '뉴라이트 교과서'를 추진한 세력이며 안병직 교수가 활동하는 뉴라이트의 본산이라고 비판했다. 이런 연구소에서 나온 데이터라도 객관성이 있는 것이라면 적극 활용하는 것이 좋다. 객관적인 데이터에 입각하지 않은, 이데올로기적으로 편향된 구호성 주장을 늘어놓아서는 세상을 진보시킬 수 없다.

외국과의 비교와 1930년대 이후의 소득분포 추이

김낙년 교수는 논문에서 외국과의 비교 데이터를 제시했다. 나도 World Top Income Database에서 데이터를 뽑아서 〈그림 3-12〉를 만들어보았다. 상위 10%의 소득이 국민 전체 소득에서 차지하는 비중을 보면, 한국은 1995년에는 29%로 프랑스와 일본보다 낮았는데, 2010년에는 44%로 증가하여 프랑스의 33%보다 크게 높아졌다. 이 그래프를 보면 그 사이에 우리 사회는 일본이나 유럽 같은 비교적 공평한 사회에서 미국 같은 빈부격차가 큰 사회로 변화한 것을 알 수 있다. 미국의 경우 상위 10%의 소득이 전체 소득의 48%나 차지

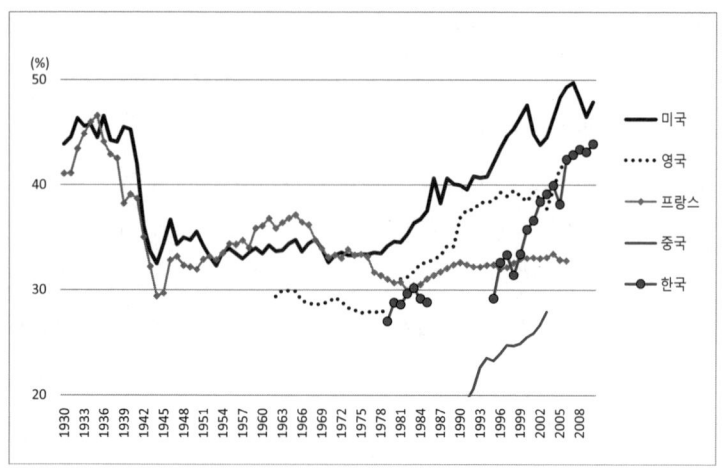

〈그림 3-12〉 상위 10% 소득 비중[56]

하는 세계에서 소득격차가 가장 큰 나라인데, 이들 중 상당수는 혁신경제에서 나온 것이다. 미국의 경우 부자 상위 5명은 모두 자신이 일으킨 사업으로 돈을 번 사람들이다. 혁신경제에서 소득을 올린 사람들은 스스로 가치를 창조하는 과정에서 국가경제에 기여하므로 오히려 장려해야 할 일이다. 그런데 한국의 부자 대다수는 상속을 받은 재벌 오너들이다. 이를 보면 이권집단에 의한 양극화는 한국이 미국보다 심한 것이 아닌가 하는 생각까지 들었다.

이 그래프에서 1930년대 이후의 각국의 고소득자 분포 변화를 보면 매우 흥미로운 역사적 현상을 읽을 수 있다. 2차대전이 끝나고 세계적으로 수정자본주의와 복지국가가 구축되면서 부자증세 등으로 소득의 격차가 크게 줄어 1945년부터 1980년경까지 주요 국가들의 소득격차는 낮게 유지되었다. 영국의 마거릿 새처 수상과 미국의 레

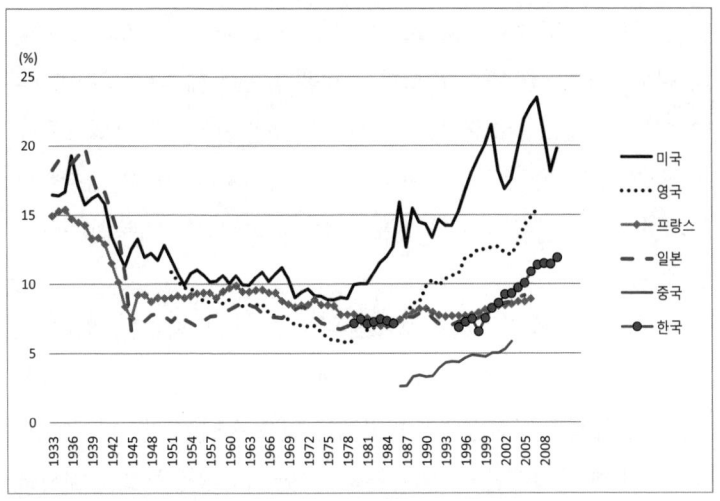

〈그림 3-13〉 상위 1% 소득 비중

이건 대통령이 집권한 1980년경부터 소득격차가 다시 벌어지기 시작했다. 미국의 경우 2000년대 들어 1930년대보다 빈부격차가 더 크게 벌어졌다. 이것이 '월스트리트를 점령하라' 운동의 근본 원인이리라. 한편 프랑스와 일본은 빈부격차가 벌어지지 않고 꾸준히 유지된 것을 볼 수 있다. 한국은 1970년대 이래 빈부격차가 비교적 작은 상태였으나 1995년부터 격차가 급속도로 벌어지기 시작하여 2006년부터는, 부동산가격 상승 때문이겠지만, 상위 10%의 소득지분이 영국을 추월하고 미국에 근접하는 추세다.

이 데이터는 다른 지수들에 비해 빈부격차를 명쾌하게 표현하며 국제 비교도 가능하므로, 앞으로는 국가가 이 지표를 집중적으로 관리하며 정책 결정에 활용할 것을 제안한다. 예를 들어보자. 소득세 최고세율을 8800만원 이상에 35%를 부과하던 것을, 2012년 1월,

3억원 초과에 대해서 38%를 신설했다. 그런데 3억원 초과에 해당하는 사람들이 3만 1천여명으로 성인인구의 0.08%에 불과하다. 우리의 빈부격차가 극심해지고 있다는 것을 감안할 때, 과표구간을 1억 5000만원 정도로 낮추어 성인의 0.8%인 30만명에게 5%포인트를 인상한 40% 정도의 세율을 부과하는 것이 적절하다고 나는 생각한다. 구체적인 데이터를 보면서 목표수치를 관리해야만 빈부격차를 줄일 수 있다.

이 분석을 통해서, 그동안 피부로는 느꼈는데 수치로는 좀체로 드러나지 않았던 빈부격차가 급격히 확대된 모습을 명쾌하게 보게 되었다. 이 현상은 혁신경제의 발달에도 일부 원인이 있으나, 재벌을 중심으로 한 이권집단 G1, G2가 부조리한 이권평형 등을 통해서 하위 G4를 착취한 결과라고 해석할 수 있다. 그들은 이런 부조리를 정당화하기 위해 신자유주의라는 이데올로기를 주류 언론과 교육기관을 통해서 유포해왔다.

고소득층의 소득비중이 지난 10여년간 급속하게 증가하여 미국 다음으로 높아졌다는 사실과 약 80%의 취업자들의 소득이 과거 15년간 늘어나지 않고 있었다는 분석은, 그동안 우리가 믿었던 '한국은 비교적 빈부격차가 작은 나라'와 '경제가 꾸준히 성장하여 살림살이가 나아지고 있다'라는 통념이 틀렸다는 것을 입증한 것이다. 또한 이대로 가면, 대다수의 서민들 특히 90% 이상이 하위에 속한 이삼십대의 젊은이들에게 이 나라는 전혀 희망이 없다는 것을 의미한다. 이는 곧 우리의 경제정책이 획기적으로 바뀌어야 한다는 것을 의미한다. 그렇지 않으면 80%의 좌절과 분노를 다스릴 길이 없을 것이다.

12. 재벌봉건체제론

> 길드조직은 회교국가, 비잔티움, 중국, 헬레니즘시대,
> 심지어는 바빌론에도 존재했었다.
> ── 맨슈어 올슨

브이소사이어티

얼마 전 언론과 정치권에서 "안철수 후보자 재벌 2, 3세들과 브이
소사이어티라는 모임을 만들었으며 인터넷은행을 설립하는 데도
함께 참여했다"라는 사실과 최태원 회장 구명탄원서에 서명을 했다
는 것 때문에 논란이 있었다. (주)팍스넷을 경영하던 나는 2000년 9
월 브이소사이어티에 창립주주로 참여했다.

일부 언론에는 재벌 2, 3세들의 폐쇄적인 이너써클이라는 보도가
있었으나, 실상은 정보미디어통신기술에 관심이 많던 대기업의 경
영자들과 벤처기업인들이 모여서 현장경험을 나누는 학습 중심의
공부모임이었다. 당시 인터넷혁명이 몰아치고 있었고, 모바일혁명
의 맹아가 나타났으며, 벤처의 생태계가 활발하던 시절이었다. 다양

한 사람들이 모여서 융합적인 지식과 아이디어를 공유할 필요가 절실했다. 이너써클이었다면 주식회사로 만들지도 않았을 것이며 공개토론회도 하지 않았을 것이다.

여기서 생긴 인연으로 투자와 거래가 몇건 성사되었고 소버린펀드가 SK그룹의 경영권을 공격하던 시기에 최태원 회장을 도와 공격을 막아내는 데 도움을 준 인사들이 여럿 있었다. 논란이 된 인터넷은행 설립도 중요한 공동사업이었다.

삼성그룹의 관계사에서 오랫동안 일했고, 여러 만남을 통해서도 한국의 재벌에 대해서 나름대로 많은 경험을 한 나는 언젠가부터 재벌을 '봉건구조'라는 프레임으로 바라보게 되었다.

재벌기업들의 내부거래

우리 내수시장의 여러 산업은 3개 내지 5개 재벌 소속 기업들이 나누어 과점하는 경향이 있다. 이러한 구조는 중세시대에 봉건영주들이 지역을 나누어 통치하던 모습과 유사하다. 한국의 경제적·정치적·사회적 모순의 태반은 재벌의 봉건적인 구조에서 나오고 있다. 봉건제도가 지역통합으로 극복되었듯이, 현재의 재벌봉건체제가 공평한 시장경제로 바뀌어야만, 즉 이권경제를 청산하고 혁신경제로 나아가야만 우리 경제가 발전하고 국민의 복리가 증진될 것이다.

〈표 3-6〉을 보면 한국의 전산개발업(SI) 기업순위 1위부터 7위는 삼성-LG-SK-포스코-현대차-한화-롯데로 재벌순위와 비슷하다. 그룹 자체 물량을 기반으로 사업하기 때문에 이런 현상이 나타난 것이다. 이 기업들의 수출 비중은 10% 이하로 작다. 이들은 그룹 내부

<표 3-6> 산업별 과점기업의 순위

	SI	광고회사	MRO	물류회사	건설회사	유통
1위	삼성SDS	제일기획	서브원	글로비스	현대건설	이마트
2위	LG CNS	이노션	아이마켓	대한항공	삼성물산	홈플러스
3위	SK C&C	HS애드	엔투비,포스코	범한판토스	GS건설	롯데백화점
4위	포스코ICT	SK마케팅	웅진	현대상선	포스코건설	현대백화점
5위	오토에버	TBWA	한화S&C	CJ대한통운	대림산업	롯데마트
6위	한화S&C	대홍기획	이플랫폼,코롱	CJ물류	대우건설	G마켓
7위	롯데정보통신	JWT	한솔CNS	한진해운	롯데건설	신세계백화점
8위	신세계I&C	덴츠미디어	신세계 I&C	삼성로지텍	현대산업개발	옥션

물량으로 수익을 낸 후 여타 국내시장에서도 덤핑을 하거나 영향력을 행사하여 나머지 시장의 물량까지 나눠가짐으로써 산업생태계를 교란하고 혁신경제를 침체시켜왔다.

심지어는 기업의 구내식당에서 단체급식을 하는 사업에서도 1위는 LG계열의 아워홈, 2위 삼성에버랜드, 3위 현대그린푸드, 4위 신세계푸드, 5위 한화호텔&리조트, 6위 CJ프레시웨이로, 밥그릇까지 이들이 차지해버렸다는 생각이 들어 참담하다. 단체급식 사업은 전문적인 기업들이 성장할 수 있는 분야인데 재벌의 2, 3세들이 장악해버린 이유는 그룹 자체의 물량으로 손쉽게 수익을 낸 후 나머지 시장에도 영향력을 행사했기 때문이다. 워낙 불공정한 경쟁이므로 재벌계가 아니면 살아남기 어려운 구조다. 흥미로운 것은 삼성 이병철 선대회장의 3세들 사이에 밥그릇 전쟁이 치열하다는 것이다. 1위인 아워홈의 대주주 구자학씨의 부인은 이병철 회장의 2녀 이숙희씨다. 그들의 딸인 구자은 전무가 실무책임자다. 2위 삼성에버랜드는 이건희 회장의 딸인 이부진씨가 간여한다. 4위 신세계푸드는 이병철 회장의 외손자 정용진 사장이 간여하고 있으며, 5위 CJ프레시웨이는 이맹희씨의 아들인 이재현 회장이 경영권을 가지고 있다. 게다가 CJ의 이맹희씨와 아워홈 이숙희씨는 동생 이건희 회장을 상대로 볼썽사나운 상속재산 싸움까지 벌이고 있다.

물류산업도 나눠먹기의 폐해가 크다. 우리나라 무역규모는 세계 7위이고 공항의 국제화물 처리량 세계 4위, 항만 컨테이너 처리량 세계 5위의 물류강국이다. 그런데 세계 물류시장에서 한국기업이 차지하는 비중은 2%에 지나지 않는다.[57] 수준 높은 물류기업이 없기 때문이다. 재벌들이 자체 물량을 위주로 하는 물류회사들을 각자 운영하고 있으니 DHL이나 Fedex 같은 세계적인 물류기업이 태어날 가능성은 거의 없다. 이런 구조가 우리나라의 경쟁력을 갉아먹고 경제발전을 가로막고 있다.

광고회사들도 마찬가지다. 〈표 3-6〉에서 보면 1위 제일기획(삼성), 2위 이노션(현대차), 3위 HS애드(LG), 4위 SK마케팅(SK)이다. 이들도 각 그룹의 자체 물량으로 매출을 만들어 수익을 내고 나머지 시장은 나눠먹기를 한다. 2011년 제일기획의 매출액 7204억원 중 그룹 내부 매출은 4341억원으로 60%나 되었다. 이건희 회장의 딸 이서현씨가 기획담당 전무를 맡고 있다. 현대차는 이노션이라는 회사를 2005년에 설립하여 자체 물량으로 몇년 만에 업계 2위로 올라섰다. 정몽구 회장 20%, 딸 정성이 고문이 40%, 아들 정의선 부회장이 40%의 지분을 소유하고 있다. 이노션의 2011년 매출 3441억원의 50%인 1709억원은 그룹 내부거래에서 생겼다. 이익은 그룹 내부거래에서 챙기고 이를 바탕으로 경쟁시장까지 장악하는 바람에 재벌그룹이 아닌 회사는 살아남기 어렵다. 이들은 국내시장에서만 요란하지 국제시장에서 경쟁력은 별로 없다. 수출실적이 있지만 대부분 각 그룹의 국외사업에 광고를 해주는 것이다. 이러다보니 우리나라에서 새롭고 훌륭한 광고마케팅 회사가 태어날 가능성은 희박하다. 수많은 우리의 젊은이들이 미술과 마케팅 분야에서 뛰어난 재능을 가지고 있지만 재벌의 그늘이 아니면 이들이 설 자리는 너무 비좁다.

우리나라가 낙후되어 있고 글로벌 혁신산업으로 발전가능성이 큰 분야가 '사업용 써비스' 분야다. 이 분야에는 경제생태계가 원활하게 작동하게 하는 윤활유 같은 기능을 하는 전산개발, 물류회사, 구매대행회사, 광고회사, 광고매체인 언론회사들이 있다. 그런데 한국에서는 이 분야들을 재벌들이 독식해버렸고 공평하지 못한 이권산업으로 구조가 고착되어 있어 산업의 발전이 지체되고 있다. 2012년 공정위의 대기업 소속집단 20개 업체 실태조사 결과를 보면 전산개발업의 64%, 광고업의 69%가 그룹 내부거래이며, 물류는 83%가 그룹 관계사와의 거래다. 이 거래들은 대부분 공개경쟁입찰이 아닌 수의계약으로 이루어진다. 광고는 96%, 전산개발은 78%, 물류는 99%가 수의계약이라고 조사되었다. 게다가 내부거래로 이익을 내는 기업들의 대주주가 '재벌오너' 개인이라는 점에서 시장경제가 용납할 수 있는 한계를 넘어서고 있다. 이런 식으로 재벌의 불공정한 행태를 방치하면, 우리나라에서는 고부가가치 써비스산업들은 결코 발전할 수 없다.

재벌봉건체제론

재벌들이 각 산업분야를 분할통치하는 방식을 보면 봉건제도와 유사하다. 선진자본주의 국가에서는 볼 수 없는 한국경제의 기형적인 모습이다. 그래서 나는 이런 구조를 '재벌봉건체제(Conglomerate Feudal System)'라고 이름 붙였다. 대한민국 재벌의 행태는 중세시대의 봉건제도와 비슷하다.

첫째, 하나의 나라를 여러 영역으로 나누어 통치한다는 점이 비슷하다. 과거의 봉건영주국들은 지리적 경계로 나누었는데, 한국의 재벌봉건체제는 정유산업, 통신산업, 운송업, 건설업, 유통업, 보험업, 신용카드업 등 각종 사업영역을 몇개의 기업들이 나누어 장악하여 국가경제를 지배한다.

둘째, 재벌에는 지배주주가 존재하고 그 자식에게 그룹의 지배권이 상속된다는 점에서 봉건제도와 유사하다. 동양의 봉건제도하에서는 토지가 제한되어 있기 때문에 장자상속제도와 종법제도라는 것을 이용하여 한명만이 가문의 후계자가 되도록 했다. 현재의 재벌봉건체제에서도 가급적 한명에게 그룹의 지배권을 상속하려고 노력한다. 그리고 여러 자회사들을 만들어 일감 몰아주기 같은 것을 이용하여 키운 후, 차남 이하 여러 자손들에게도 상속한다.

셋째, 재벌지배주주에게는 종신토록 보스에게 충성하는 소위 전문경영인집단이 있어 이들이 노동자집단을 통제한다. 봉건시대의 무사집단이 영주에게 충성하면서 농노들을 통제하던 구조와 유사하다. 이 집단들은 종신고용의 굴레 속에서 이동이 쉽지 않다는 점도 봉건제도와 비슷하다. 우리나라가 미국과 유럽에 비해 고용 유연성이 적은 원인 중 하나는 이러한 구조 때문이다. 사회학자들은 봉건제도의 운영과 상속방식은 마피아 같은 조직폭력배의 운영원리와 비슷하다고 해석한다. 실제로 '재벌마피아'라고 불러 마땅한 조직구조를 가진 재벌들도 여럿 있다.

넷째, 유럽 신성로마제국의 황제, 중국 춘추시대의 주나라 왕, 일본 막부시대의 쇼오군처럼 봉건체제에서는 명목상으로 국가 전체를 다스리는 왕 혹은 황제가 있었으나 그들의 영향력은 제한적이었다. 이와 유사하게 현재 한국에서는 몇년마다 바뀌는 대통령이나 국회보다 지속성을 가지는 재벌집단들이 국민의 삶에 더 큰 영향을 미치고 있다.

다섯째, 중국 춘추시대를 보면, 중앙국가인 주나라에 대해 형식적으로는 충성을 했다. 그러나 제후들의 핵심과제는 부국강병을 통해 주변 제후국과의 전쟁에서 이겨서 영토를 확장하는 것이었다. 형식적으로는 재벌의 지배주주들은 국가권력과 헌법질서를 존중하는 듯하지만, 확보한 영토의 방어와 새로운 영토의 확장을 위해서라면 법과 질서마저 유린하면서 목적을 달성하려는 경향이 있다.

여섯째, 봉건체제의 특징 중 하나는 봉건영주가 법과 시장의 질서를 무시하고 사사로운 완력으로 백성들을 다스렸던 것이다. 이를 학술적으로 표현하면 '경제외적 강제'이다. 로마의 찬란했던 문명이 파괴되고 암흑의 중세봉건시대가 들어선 것은 로마법의 질서가 무너진 것을 의미했다. 봉건영주들은 법 위에 군림하여 폭력적으로 민중들의 재산을 착취하고 자유를 억압했다. 대한민국의 재벌영주들은 법을 무시하는 일이 흔하다. 배임, 횡령, 비자금 조성은 흔한 일이고 심지어는 사적으로 폭력을 휘두르기도 한다. 검찰과 법관을 향응과 로비로 주무르고 국회의원과 관료들을 포획하여 부당하게 법을 유린했던 사례가 여러차례 드러났다. 게다가 최대 광고주라는 지위를 이용하여 언론을 조종하고 여론을 조작하는 힘까지 있다.

일곱째, 중세봉건시대 영주들의 중요한 소득원은 자기 영토 내부의 주요 산업들을 독점하여 생기는 이익이었다. 정미소와 양조장을 독점하고, 대장간을 독점하여 이익을 취했다. 재벌들이 자기 영토인 계열사 내에서 필요한 전산개발을 독점하고, 광고와 물류, 물품구매를 독점하고, 증권과 보험 거래를 독점하고, 건설을 독점하여 지배주주의 사익을 취하는 것과 유사하다.

여덟째, 봉건영주제가 고착된 국가는 외부세계의 물자나 산업이 들어오는 것을 울타리를 쳐서 막되 꼭 필요한 물자에는 통행세를 부과했다. 이 때문에 선진기술이 들어오기 어려워서 점차 후진적이 되었다. 그러다가 결국 강력한 외부의 강자가 나타나면 멸망하게 된다. 오랫동안 재벌들이 전산개발업, 광고업, 증권업, 보험업, 신용카드업 등을 벌여왔으나 국내에서 울타리를 치고 나눠먹는 산업구조가 고착되어 외부의 선진기술이 들어오기 어려웠고 후진적인 산업이 되어버렸다. 외부 기업이 그룹 내에서 거래하려면 통행세를 내야 한다. 예컨대 좋은 소프트웨어를 개발한 기업이 삼성전자에 납품하려면 삼성SDS에 통행료를 내야만 거래가 가능한 불공평하고 낭비적인 구조다. 발주회사가 계열사에게 일을 주고, 일을 받은 계열사는 다른 중소기업에게 그대로 일을 시키면서 중간에서 수수료를 챙기는 행태가 만연되어 있다.

재벌봉건체제와 중세봉건체제의 유사한 점을 적어내려 가다보니 비슷한 것이 무려 여덟가지나 되었다. 이러한 구조를 4G+i 모델로 설명하면 보다 명확하게 드러난다. 이권장악집단 G1은 소위 재벌오너 일가들이다. 대부분의 이익은 이들이 가져간다. 이들 대부분은 연간 소득이 25억원 정도인 상위소득자 4000명인 0.01%에 속한다. 이권비호집단 G2의 핵심은 재벌기업의 임원들과 간부집단이다. 이들은 종신토록 재벌오너에게 충성하는 경향이 있다. 외부에도 이권비호집단들이 있다. 언론회사들은 최대의 광고주인 그들을 비호한다. 다수의 관료들과 정치인들은 로비와 포획의 대상이 되어 그들을 비호한다. 일부 사법계 인사들은 촌지와 향응을 받기도 하고 퇴직후에도 혜택을 받을 것을 기대하며 그들을 비호한다. 이권추종집단 G3는 재벌관련 기업들의 취업자와 그 가족들이다. 또한 재벌기업들과의 거래관계로 혜택을 받는 집단이다. 2011년 30대 기업집단의 취업자 수가 118만명이므로[58] 전체 취업자의 약 5%이다. 거래기업 등 관계자들을 포함하면 약 10%의 인구가 이권추종집단이라고 생각하면 된다. 이들은 대부분 연간 소득이 3600만원 이상인 350만명 정도로 성인 중 상위 10% 그룹에 속한다.

침묵대중집단 G4는 20세 이상 성인 90% 3500만명으로 1년 평균 1000만원 정도의 소득밖에는 없다. 이들 중 절반을 취업자로 보면 취업자 1인당 소득은 2000만원 정도다. 물론 이 가운데 하위계층의 사정은 더욱 심각하다. 이들 중 일부는 자살이나 성폭행 같은 절망범죄로 삶의 탈출구를 찾으려 한다. 집값, 사교육비, 대학등록금, 통신비, 교통비 등 물가는 올랐는데, 이들 하위 90%의 소득은 과거 15년 동안 오히려 꾸준히 줄어들었다. 이들이 더이상 견디기 힘들어지면 침묵대중에서 분노하는 혁명의 주체가 될 것이다.

이 구조를 정당화하는 i이데올로기를 보자면, 봉건시대에는 왕-영주-무사-농노-노예라는 신분질서를 정당화하기 위한 이데올로기를 주입하여 사회구조를 안정시켰다. '신분은 태어날 때부터 조상에 의해서 정해진 것이므로 아무리 노력해도 변할 수 없다'는 이데올로기가 인류역사 대부분의 기간에 대다수 인간들의 정신세계를 지배했다. 신자유주의 시대에는 다음과 같은 이데올로기가 작동했다. '주식회사의 지배주주가 회사를 경영하는 것은 신성한 권리다.' '경제주체들은 각자가 마음껏 자신의 이익을 추구하도록 해야 보이지 않는 손인 시장가격이 작동하여 세상을 조화롭게 한다.' '기업은 이윤을 내어 지속적으로 고용을 하고 세금을 내는 것만으로도 사회에 큰 기여를 하는 것이다.' '재벌기업들이 투자와 수출의 주역이므로 정부는 재벌기업의 요구를 잘 들어주어야 한다.' '재벌의 총수경영이 기업성장에 핵심적인 요소다.' 상당수의 재벌오너들은 그룹 내에서 '신'적인 존재로 대접받고 있을 정도다. 이런 이데올로기를 이용하여 봉건재벌들이 부당한 방법으로 사익을 취하고 공공의 이익을 훼손하는 일을 정당화해왔다.

이 재벌봉건체제는 양극화를 고착시킨 주요 원인이다. 이로 인해 국민들 태반이 고통받고 있으며 수많은 젊은이들이 희망도 없이 살아가고 있다. 극복해야 한다.

종법제도(宗法制度)

인류가 조직을 이루어 문명을 만들 때부터 이권집단의 누적 문제는 사회의 존립과 흥망을 좌우하는 문제였다. 권력을 장악한 집단에게는 특권집단의 수가 지나치게 늘어나지 않게 하는 장치를 만드는 것이 매우 중요했다. 이권집단의 숫자가 늘어나면 나누어가질 것이 줄어들기 때문이다. 또한 생산은 하지 않고 착취하는 인구가 지나치게 늘어나면 민중의 고통이 커져서 견디지 못하고 사회가 불안해지고 멸망하게 되기 때문이다.

그래서 권력집단은 귀족의 숫자가 늘어나는 것을 막는 장치를 마련했다. 신라의 성골, 진골제도가 좋은 예다. 왕이 될 수 있는 성골은 부모 모두가 성골이어야만 했으므로 성골의 숫자는 늘어나기 어려웠다. 결국 성골 남자가 한명도 남지 않아 여자에게 왕위를 물려주게 되었다. 집요하게 이권집단의 숫자가 늘어나지 않도록 노력한 것을 알 수 있다. 왕이 즉위하면 왕의 형제들이 권력을 행사하지 못하게 하는 장치도 중요했다. 중동의 이슬람지역에서는 왕의 아들이 수십명인데 그중 한명이 다음의 왕으로 결정되면 다른 모든 형제들은 모두 사형시키는 제도도 있었다.

왕뿐만이 아니라 민간인 집안에서도 비슷한 제도가 적용되었다. 농토가 중요한 생산수단인 시대에는 자식들이 골고루 땅을 나누어 가지면 농토가 너무 쪼개져서 생산성이 떨어진다. 이 문제를 해결하기 위해서 정착된 것이 장자상속제다. 큰아들 한명에게 재산을 몰아주는 제도다. 그래야만 한 가족이 소유하는 토지의 규모가 줄어들지 않아 생산성이 유지된다. '큰아들이 조상의 제사를 지내야 하므로 상속을 받는 것은 당연하다'라는 교리는 이러한 질서를 정당화하기 위해 만들어진 이데올로기였다.

이처럼 장자상속은 요긴하기는 한데 부작용이 크다. 이를 조화롭게 극복하기 위해서 생겨난 것이 종법제도다. 장남이 아닌 아들들은 한 세대가 내려가면 한 단계씩 계급적 지위가 내려가는 것이 종법제도의 원리다. 종손(宗孫), 종중(宗中)이라는 개념이 여기에서 나온 것이다. 장자가 주로 상속을 받게 되고 장자 이외의 자식들은 한 단계씩 낮은 신분이 된다. 그리고 한 세대가 더 내려가면 장자 외에는 다시 한 단계씩 신분이 내려간다. 즉, 왕의 차남 이하는 공작이 되며 공작의 차남 이하는 후작이 된다. 후작의 차남 이하는 백작이 되며, 백작의 차남 이하는 자작이 된다. 자작의 차남 이하는 남작이 되며 남작의 차남 이하는 귀족이 아닌 평민이 된다. 이들은 소유토지도 작아져서 농사를 열심히 지어야 먹고살 수 있는 상황이 된다. 이 제도는 귀족과 특권층의 숫자가 늘어나지 않으며 장기간 지속가능하게 하는 장치였다.

종법제도가 성립된 것은 고대 중국에서 은나라가 망하고 주나라가 건국되던 때였다. 은나라의 마지막 왕 주왕이 백성을 잔혹하게 다루어서, 주나라 시조 무왕에 의해 멸망했다고 한다. 무왕을 도와 새로운 국가를 만든 강태공은 제나라를 받아서 봉건영주가 된다. 이때 종법제도를 정착시킨 것이 봉건체제의 안정에 크게 기여했다. 공자는 종법제도를 매우 이상적인 제도로 생각했다. 그래서 이 제도를 유교 체계의 근본으로 숭상했고, 이것이 유교 이데올로기와 결합하여 동양문화의 뿌리를 이루게 되었다. 3천년이 지난 지금도 우리나라에서 상당한 영향력을 미치는 제도다.

한국 재벌의 상속 관행

우리나라에서는 50억원을 초과하는 재산을 상속할 때는 상속세가 50%이기 때문에, 큰 기업을 상속하면 지분이 절반으로 줄어들어야 한다. 1대가 40%의 지분이면 2대는 20%, 3대는 10%로 지분이 줄어든다. 그리고 증자 등으로 지분이 줄어들게 되므로 3세대 이하로 내려가면 창업주의 자손이 경영권을 갖기 어렵다. 역사가 긴 기업의 경우 미국, 유럽, 일본에서는 이미 대주주의 지분이 크게 약화되었다. 그런데 우리나라는 3대, 4대 후손이 여전히 경영권을 장악하고 심지어 지배권을 높인다. 게다가 장손 외에 여러 아들과 딸들에게까지 각종 탈법과 편법을 동원하여 기업을 상속하려는 과정에서 수많은 부작용이 나타났다. 장남에게는 상속세를 피하기 위해서 전산개발사업의 지분을 만들어준 후 계열사의 물량을 몰아주는 방식으로 편법 상속한다. 딸에게는 유통회사를 상속하되 그룹의 물량을 몰아주는 방식으로 상속한다. 사촌에게는 부품회사를 설립하여 그룹의 물량을 몰아주어 상속한다. 이러한 방식이 만연하자 국민들은 창업의 의욕을 잃게 된다. 새로운 혁신사업 분야가 나타나면 재벌 자식들이 뛰어들므로 불공정한 경쟁에서 이길 수 없기 때문이다. 지역의 자영업자들도 몰락한다. 재벌의 힘을 등에 업은 급식업과 빵집과 슈퍼마켓과 불공정한 경쟁에서 이겨낼 재간이 없기 때문이다.

지금으로부터 3천년 전 중국의 주나라 시대에도 종법제도라는 것을 발명하여 지배집단의 수를 제한하여, 백성들이 지나치게 착취당하지 않도록 하는 제도를 만들어 파국을 예방했다. 그런데 21세기 자유민주정치체제의 대한민국에서 봉건시대보다도 건강하지 못한 행위들이 자행되고 있다. 이러한 행태는 결코 지속가능하지 않다.

13. 재벌의 지배주주 문제를 어찌할 것인가

> 현대자동차그룹이 글로비스를 밀어주었다는 사실이 공인되는 순간,
> 한국 물류업계의 도전정신은 모두 소멸되었다고 봐도 좋다.
> 회사의 성패가 회사 오너 일가의 이해관계에 달려 있기 때문이다.
> ― 피터 언더우드

경제민주화라는 시대적 과제 중에서 '재벌문제'는 핵심 현안이다. 국민들은 2012년 대선주자들이 재벌문제를 어찌 해결할지 주목하고 있다. 새누리당 박근혜 후보는 경제민주화를 강조하기는 했지만, 보수진영은 현재의 구조를 약간 보수(補修)해서 보수(保守)체제를 유지해가자는 생각을 하고 있을 것이다. 그들은 '그래도 재벌이 있어서 우리나라가 이만큼 발전했다' "좋은 일자리를 만들어내는 것이 재벌이다"라는 논리를 편다. 틀린 말이 아니다. 재벌에 속해 있는 기업들은 우리 경제에 소중한 자산이다. 우리 인재들의 일터다. 삼성전자와 현대자동차는 국가에 대단한 기여를 했고 앞으로도 국민들의 사랑을 받으며 커나가야 한다. 문제가 되는 것은 '기업'이 아니고 편법적으로 상속받아 지배하며 온갖 반칙으로 자기 배를 채우는 '소수의 불법적 지배주주들'이다.

2008년 금융위기를 계기로 신자유주의체제가 끝나 경제 패러다임이 바뀌자, 과거체제의 한국적인 사생아인 봉건적 재벌체제를 그대로 유지하기는 어렵다는 국민적 공감대가 형성되었다. 여야 모두 경제민주화를 중요한 목표로 삼은 것은 민주국가에서 국민의 염원을 무시하면 집권이 불가능하기 때문이다. 재벌의 지배주주들도 이를 알고 있을 것이나 기득권자가 스스로 자신의 특권을 버리는 일은 없다. 하지만 재벌오너 일가들도 합리적이고 평화적으로 이 문제를 해결하는 데에 협조해야만 파국을 면할 것이라는 것을 깨달아야 한다. 저항하는 세력을 물리치고, 대다수의 염원을 통합하여 큰 변화를 실천할 능력을 보여주는 정치세력에게 국민들은 정권을 맡길 것이다.

법모시순(法矛市盾), 법과 시장질서로 문제를 해결하자

2011년 10월 서울시장 선거에서 후보조차 내지 못했던 민주당이 해체되고 12월 민주통합당이 결성되었다. 민주당과 혁신과통합 그리고 한국노총이 결합한 새로운 정당이다. 민주통합당을 결성하는 과정에서 눈에 띄는 사건이 있었다. 강령·정책안을 만들면서 '법치' '시장경제' 등의 용어를 '보수적 표현'이라는 이유로 삭제하기로 했다가, 며칠 만에 입장을 바꾸어 이를 다시 집어넣기로 한 것이다. 민주통합당의 강령·정책을 기초한 관계자는 '법치'의 경우 "과거 독재정권이 민주화운동을 탄압하는 수단으로 쓰던 말이어서 빼려고 했으나 오해의 소지가 있다는 지적에 따라 다시 넣기로 했다"고 말했다. '특권 없는 법치' '공정한 시장경제'라는 표현으로 보완해 강령에 담았다.

이 사안을 보면서 민주통합당 핵심에 국가경영의 원리를 잘 이해하지 못하는 사람들이 있다는 생각이 들었다. 다수가 사회와 국가를 이루어 조화롭게 작동하기 위한 가장 중요한 두 축은 '시장'과 '법'이다. 이를 강조하기 위해 법모시순(法矛市盾)이라는 용어를 만들어 보았다. 즉 법을 창(矛)으로 쓰고 시장을 방패(盾)로 삼아 문제을 해결하자는 사자성어인 것이다.

'시장과 법질서'는 신자유주의자들 그리고 보수주의자들이 잘 써먹는 구호라서 거부감을 갖는 사람도 있다. 그들은 시장과 법질서라는 구호는 외치지만 실제로는 반시장적이고 법을 무시하는 경우가 많다. 그래서 내가 제안하고자 하는 것은, 손자병법 제3계의 차도살인(借刀殺人) 전략처럼 그들의 무기인 '시장과 법질서'를 활용하여 개혁을 하자는 것이다.

재벌봉건체제 지배주주들의 가장 큰 약점은 수많은 범죄행위에 연루되어 있다는 점이다. 담합행위, 비자금 조성(횡령), 회사 기회 유용(배임), 뇌물 제공 등 파렴치한 범죄기록들이 많다. 이건희 회장은 2009년 1128억원의 조세 포탈로 1심에서 징역 3년, 집행유예 5년을 선고받았다. 김용철 변호사가 폭로한 비자금사건 조사과정에서 삼성화재와 삼성증권이 고객의 돈으로 비자금을 조성하고 은폐했다는 사실이 밝혀졌다. 현대차의 정몽구 회장은 2008년 회사 돈 693억원을 횡령하고 1034억원의 비자금을 조성하여 횡령과 배임으로 2심에서 징역 3년, 집행유예 5년을 선고받았다. SK그룹의 최태원 회장은 2003년 1조 5000억원대의 분식회계와 부당 내부거래로 1심에서 징역 3년을 선고받고 6개월가량 실형을 살았다. 그후 2심에서 집행유예 5년을 받아 석방되었다. 2011년에는 그의 동생 최재원 부회장이 횡령혐의로 구속 수감되었고 검찰조사를 받았다. 두산그룹의 박용성, 박용오, 박용만 회장은 회사 돈 289억원을 횡령하고 2797억원을 분식회계하여 징역 3년, 집행유예 5년을 선고받았다.

특이한 것은 이들 모두 징역 3년, 집행유예 5년 판결을 받았다는 것과 상당수가 휠체어를 탄 채로 언론에 나타났다는 것이다. 징역 3년이 넘어가면 집행유예가 안 되고 실형을 살아야 하기 때문에 사법부가 이를 고려했다는 것이다. 범죄의 무거움에 비해서 처벌이 지나치게 약하다는 여론이 많다. 국가의 근본을 흔들 수도 있는 '유전무죄 무전유죄'라는 위험천만한 사법불신이 여기에서 생겨났다.

이들의 파렴치한 범죄행각을 법대로만 처벌해도 재벌봉건구조의 문제를 대부분 해결할 수 있다. 재벌오너들의 횡령과 비자금 조성에 대해서는 징벌적으로 법을 집행하라고 요구할 필요도 없다. '유전무죄 무전유죄'가 되지 않도록 보통사람들과 같은 잣대로 처벌하면 된다. 그래서 민주통합당이 내건 '특권 없는 법치'는 중요한 방침이다. 법이라는 창을 버릴 것이 아니라 벼리고 또 벼려서 악을 물리쳐야 한다. 법을 만드는 사람들이 국회의원이고 국회의원을 만드는 곳이 정당이다. 그런데 민주통합당이 '법치'를 삭제하겠다고 했을 때 많은 지지자들은 곤혹스러워했고 반대진영에서는 속으로 쾌재를 불렀을 것이다. 다행히 양식있는 내부인사들이 있어 법과 시장을 중시하는 강령으로 돌려놓았다.

이런 관점에서 김기원 교수가 제안한 '특정경제범죄 가중처벌법'을 개정하자는 제안은 매우 실효성이 크다고 생각한다.[59] 현행법에 따르면 횡령, 배임액이 50억원이 넘으면 형량을 무기 혹은 징역 5년 이상으로 해야 하는데 형법상 판사가 정상을 참작하면 형량의 절반을 깎을 수 있으므로 3년 징역형을 언도할 수 있다. 징역 3년 이하면 집행유예가 가능하다. 이 제도를 악용하여 재벌들이 저지른 대규모 횡령사건의 대부분을 집행유예로 판결했던 것이다. 그런데 이 법을 개정하여 횡령, 배임액이 50억원을 넘을 때 최저형량이 징역 10년으로 되면 판사가 재량권을 행사해도 5년 징역이 된다. 그러면 집행유예도 불가능해지고 징역형을 살아야 한다. 이렇게 법을 개정하면 50억원 이상의 횡령이나 배임은 하지 않으려고 무척 노력할 것이다. 이 제안이 워낙 설득력이 있다보니 2012년 8월 새누리당의 일부 의원들이 법안으로 만들어 제출하려 하고 있다. 그러나 박근혜 후보의 속성상 이를 추진하기는 어렵다고 생각된다. 나의 견해가 틀리기를 바란다.

한편 민주개혁진영은 꾸준하게 법들을 제안해서 관철해야 한다. 예컨대 김상조 교수가 주도하는 경제개혁연대가 추진해온 '개별 임원 보수를 공시하는 법안'은 단순해 보이지만 매우 큰 효과가 있을 것이다. 현재는 임원들의 보수 총액만을 공시하도록 되어 있으므로 재벌오너들이 자신의 보수를 크게 올리고, 임원들에게 충성을 유도하는 수단으로 활용한다. 이미 미국, 영국을 비롯한 많은 선진국에서 임원별 보수를 공시하고 있으며, 일본, 중국, 홍콩, 싱가포르 등 아시아 국가들까지 몇년 전부터 개별 임원 보수 공시제도를 도입한 것을 감안할 때 우리도 시급히 이 제도를 도입해야 한다.[60]

그들에게 계속 '법치'를 요구해야 한다. 법으로 불의를 다스려야 한다. 봉건체제를 가장 먼저 극복한 영국민중들은 봉건군주들에게 끊임없이 '법대로 하자'고 요구했다. 마그나카르타가 그랬고, 명예

혁명이 그랬다. 봉건군주들은 반복적으로 법을 유린했지만 결국 법이 점점 강화되면서 비로소 봉건체제가 무너지고 민주질서가 성립되었다. 여기에서 민주정치체제가 탄생했다. 반면 프랑스에서는 절대군주와 봉건귀족들이 법에 의한 지배를 계속 거부하다가 유혈이 낭자한 혁명과 뒤이은 대규모 전쟁이 일어났다. 이 혁명은 결국 나뽈레옹 법전으로 완성되었다. 재벌봉건영주들은 '법치'를 능멸하는 일을 이제 그만두어야 한다.

시장을 이용한 문제해결

자본주의 경제에서 기업이 '경쟁적 자유시장경제의 수호자'처럼 선전되고 있지만, 기업은 수단과 방법만 있다면 경쟁을 회피하고 독점을 추구한다. 기업 내부에 직원을 많이 고용하여 규모를 키우며 다양한 기능을 내재화하는 이유는 경쟁과 복잡한 협상을 피하여 내부의 계획에 의해 움직이는 통제씨스템을 두기 위한 것이다. 기업 내부는 공산주의와 같이 계획경제다.

앞에서 설탕과 휘발유 담합사건에서 보았듯이, 규제를 이용한 통제는 오히려 이권집단이 정부권력과 관료들을 포획하는 수단이 된다. 차라리 수입규제를 풀고 시장을 개방하면 문제들이 쉽게 해결되는 경우가 많다. 과연 누가 한국의 설탕과 휘발유 공급의 과점구조를 고착시켰나 생각해보라. 누가 반시장적인가 생각해보라. CJ제일제당과 SK에너지는 끊임없이 반시장적인 규제를 집요하게 만들어왔다. 즉 관료들을 포획하여 관세를 올리고 품질규정을 까다롭게 하여 수입을 억제한 것이다. 이러한 구조를 비호하는 세력들이 겉으로는 '시장경제'를 내세운다. 전국경제인연합회와 한국경영자총회 그리고 대한상공회의소는 끊임없이 개혁진보진영을 반시장적이라고 비난해왔다. 그들은 진보정권이 규제를 많이 만들어 기업활동을 억제하여 경제발전을 저해한다고 주장해왔다. 그러나 실제로 전경련과 대한상의는 기업들의 독과점적 지위를 확보하기 위한 더 많은 규제를 만들고자 끈질기게 로비하는 '반시장'세력이다.

새누리당과 이명박정부가 해온 일 중에는 한심한 반시장적 조치들이 많다. 물가상승이 심각해지자, 정유회사의 팔을 비틀어서 몇달 동안이라도 리터당 100원씩 내리라고 강요했다. 별로 효과는 없었다. 통신회사의 팔을 비틀어서 한달에 1000원씩 내리게 했다. 아주 시끄러웠지만 효과는 거의 없었다. 모두 반시장적인 조치다. 보수주의자이고 시장경제를 중시한다는 사람들이 모여서 만든 당이 이런 반시장적인 행동을 계속하고 있다. 시장을 활용하면 한결 쉽게 문제를 해결할 수 있다. 휘발유의 수입을 좀더 자유롭게 하면 된다. 설탕의 관세를 내리면 된다. 이동통신회사를 몇개 더 허가하면 된다. 그런데 왜 그리 하지 않을까? 관료와 정치인들이 반시장적인 재벌세력에게 포획되어 있기 때문이다. 개혁진보진영의 문제해결 방식도 반시장적인 경우가 많다. 전월세문제를 해결하기 위해서 전월세 인상률을 제한한다. 사교육비를 줄이기 위해서 학원수강료를 통제한다. 대학 학자금문제가 심각해지자 등록금 인상률을 제한한다.

이런 정책들이 일시적 효과가 있는 경우도 있고 필요한 때도 있다. 그러나 중장기적으로는 역효과가 나는 경우가 많다. 오랫동안 이러한 정책을 수없이 시행했지만 효과는 별로 없었다. 일부 좌파가 주장하는 '규제를 강화하는 방안'은 오히려 역이용당하고 관료와 재벌들에게 포획당하기 십상이다. 대개 관료 출신의 정치인들이 이런 정책들을 늘어놓는다. 관료시절 이런 정책들을 내어놓았더니 정치인들과 언론에서 좋아했다는 기억이 있으며, 규제를 만들수록 관료들의 권한이 강화된다는 것을 알기 때문이다.

그렇다면 어떤 정책을 써야 할까? 해답은 시장을 활용하는 정책이다. 예컨대 전월세 가격을 잡으려면 정부가 싼 임대주택을 대규모로 공급하면 된다. 주택가격을 잡으려면 정부가 싸고 좋은 택지를 대규모로 공급하면 된다. 사교육비를 잡으려면 정부가 싸고 질 좋은 공교육을 대규모로 공급하면 된다. 대학등록금이 오르는 것을 막으려면 국립대학 등록금을 대폭 깎고 교육수준을 높이면 된다. 그리하면 비싸게 물건을 팔려고 가격을 올린 세력들이 오히려 몰락한다. 집부자, 땅부자, 담합세력이 힘들어지고, 비싼 등록금을 받던 사립대학이 힘들어진다. 이처럼 그들의 무기인 '시장'을 방패로 활용하면 문제가 쉽게 해결된다. 그런데 민주통합당에서 이처럼 좋은 무기인 '시장'을 포기한다는 이야기가 나오자, 민주통합당을 지지하는 것을 포기해야 하는 것 아니냐는 생각까지 들었다.

이권경제의 수구보수집단은 공급을 억제하기 위해 집요한 노력을 한다. 그들은 개혁진보진영이 시장에 대해 부정적인 시각을 가지고 있다는 것을 역이용한다. 개혁진보세력은 '반시장적'이라는 그들이 만들어놓은 해괴한 프레임에 갇혀서 헤맬 것이 아니라, 과감하게 시장이라는 방패를 전면에 내세워야 한다. 다른 예를 들자면, 문과생은 공기업과 공무원에 너무 몰리고, 이과생은 의대에 너무 몰리는 문제도 시장을 잘 이용하면 해결할 수 있다. 그 원인은 인력 공급은 많은데 자리가 부족한 때문이다. 가격이 너무 비싸니, 즉 연봉이 높으니 공급이 많은 것이다. 시장원리에 따르면 공급이 지나치게 많으면 가격이 떨어져야 한다. 즉 공무원, 공기업, 의사의 월급을 적정 수준으로 내리면 의대 지망생, 공무원 지망생이 지나치게 많은 문제는 어느정도 해결된다.

대기업은 그들의 주장과는 반대로 태생적으로 반시장적이다. 대기업은 인건비가 높기 때문에 시장경쟁이 치열한 요소경제에서는 이익을 내기 어렵다. 그래서 그들은 이권을 따내고 진입장벽을 만들어 정치적 렌트를 이용한 이권경제를 추구한다. 사실 이러한 현상은 유사 이래 어디서나 있는 일이다. 담합은 비용 대비 이익이 큰 경제행위이기 때문에 쉽게 막기 어렵다. 시장을 개방하고 넓혀서 경쟁을 유도하는 수밖에 없다. 법이라는 창을 들이대면 범죄자들이 방어하기 어렵듯이 시장이라는 방패를 들이대면 자유시장을 표방하는 사람들의 공격을 막아내기 쉽다. 그래서 기억하기 쉽게 '법모시순(法矛市盾)'이라는 단어를 만들어본 것이다.

회사 기회의 유용

기업의 편법적인 재산 불리기의 예로 다음과 같은 상황을 가정해보자. '재벌 현삼그룹의 박모모 회장이 아들과 공동으로 50억원을 투자하여 현삼운송회사를 설립한다. 현삼그룹 회장이 계열회사에 압력을 행사하여 현삼그룹 계열회사 대부분의 운송물량을 현삼운송회사에 수의계약으로 몰아주었다. 그래서 현삼운송회사가 막대한 수익을 올려서 회사의 가치가 수조원이 되었다. 박모모 회장은 주식의 10%를 팔아서 수천억원의 이익을 보았다. 그리고 나머지 주

식은 자식들에게 상속했다.' 이런 행위는 명백히 남의 재산을 가로
챈 부도덕하고 잘못된 행위라는 것을 쉽게 알 수 있다.

그러면 이 행위를 현행법에서는 어떻게 판단할까? 이는 '회사 기
회의 유용'이라고 칭하는 배임행위다. 당연히 형사처벌의 대상이고,
부당이익은 몰수한다고 법에 나와 있다. 관련된 법을 검토해보자.
배임죄(背任罪, breach of duty)란 '불법적인 방법으로 이득을 취하
거나, 제3자로 하여금 이를 취득하게 해서 타인에게 손해를 가하는
죄'를 말한다. 형법 제355조 2항에는 타인의 업무를 처리하는 사람
(경영자)이 그 임무에 위배하는 행위로 타인(회사 혹은 주주들)에
게 손해를 가한 죄를 말한다. 형법 357, 358, 359조에 따르면 "이 죄
를 범한 법인은 취득한 재물은 몰수하고, 그 재물을 몰수하기가 불
가능할 때는 그 가액(價額)을 추징한다"라고 되어 있다. 이 죄의 형
벌은 '특정경제범죄가중처벌등에관한법률' 제3조에 의하면 무기
또는 5년 이상의 징역도 가능하며 그 종류에 따라 10년 이하의 자격
정지 및 추징금의 처벌이 병과된다. 우리나라의 국법에 따르면 앞에
서 예로 든 '현삼운송회사'의 주식은 몰수당하고 박모모 회장은 징
역이나 벌금 처벌을 받는 것이 당연하다.

회사 기회의 유용(usurpation of corporate opportunity)에서 유용
(usurpation)이라는 영어 단어의 뜻은 강탈, 탈취, 권리침해, 횡령 등
이다. 회사 기회의 유용이란 '경영진과 지배주주가 회사에 이익이
될 수 있는 사업기회를 봉쇄하고, 이를 자신이 대신 수행하여 사적
인 이익을 취하는 행위'를 말한다. 이는 회사와 전체 주주의 이익에
반하는 행위이기 때문에 원칙적으로 금지하고 있다. 대주주가 이러
한 행위를 할 경우 회사는 사전적으로 금지명령을 청구할 수 있고,

사후적으로는 이로 인하여 이사 등이 취득한 재산을 회사에 반환할 것을 청구하거나 처분에 의하여 얻은 이익을 회사에 반환할 것을 청구할 수 있다.[61]

물류 전문회사 현대글로비스는 2001년 정몽구 회장 40.15%, 정의선 59.85%로 총 50억원을 출자하여 설립했다. 그들은 2004년 75만 주를 14만 7100원에 매각하여 1100억원의 이익을 챙겼다. 그후 2005년 말 주식시장에 상장했다. 2010년 말 현재 정의선 31.88%, 정몽구 20.29%를 보유하고 있다. 2012년 7월 현재 약 8조원의 시가총액을 기준으로 보면, 두 사람이 가진 주식의 가치는 약 4조원이나 된다. 2010년 매출액 5조 8000억원 중 89%가 현대차·기아차 등 계열사와의 거래였다. 당기순이익이 2656억원이나 된다.

앞에서 예로 든 현삼운송회사의 경우는 정몽구 회장과 정의선 부회장이 글로비스를 설립하여 키운 과정과 흡사하다. 현대자동차라는 법인이 가져가야 할 이익을 정씨 일가가 갈취해간 꼴이다. 정씨 부자의 이러한 행위는 현대자동차와 기아자동차의 다른 주주들에게 막대한 손실을 입히는 행위이며 자본주의 질서를 유린하는 행위로 볼 수 있다. 그런데 대한민국의 행정·사법당국은 아직까지 처벌도 하지 않고 있으며 그들의 주식소유권을 인정하고 있다. 자본주의 질서를 지탱하는 가장 중요한 근간은 각자의 '사적인 소유권'과 '공정한 계약'을 보호하는 것인데, 현대의 정회장 일가는 글로비스의 주식을 합당하지 않은 방법으로 취득했고 불공정한 계약관계로 가치를 불려온 것이므로 그들의 소유권을 인정하는 것은 대한민국의 헌법정신에 위배된다.

또다른 비유를 생각해보자. 대규모 상장은행인 소망은행장의 최

고경영자 강맹수가 동생과 함께 4억원을 투자하여 '강부자전산'이
라는 전산개발업체를 설립했다. 그후 강회장이 소망은행과 그 자회
사인 소망증권의 대부분의 전산업무를 '강부자전산'에 수의계약으
로 몰아주어 그 회사가 큰 수익이 나서 회사가치가 수조원에 이르렀
다. 이는 분명히 소망은행과 소망증권의 주주들에게 피해를 주는 범
죄행위다. 소망은행과 소망증권이 가져가야 할 이익을 강회장 개인
이 가져갔기 때문이다. 이 범죄는 형사처벌되는 것이 당연하며, 법
에 따르면 국가는 취득한 주식을 몰수할 수 있다.

 이와 매우 비슷한 일이 SK C&C에서 일어났다. 1991년 SK(주)
와 SK건설이 100%를 소유하던 SK C&C 주식을 1995년 최태원 회
장과 동생이 주당 400원에 전량 인수했다. 100만주를 4억원에 인수
한 것이다. 이 수상한 거래는 최 회장의 장인 노태우 대통령 재임 중
에 있었던 일이다. 2009년 11월 이 회사를 상장할 당시 최태원 회
장 44.5%, 여동생 최기원이 10.5%를 소유했다. 2011년 10월 1일 이
중 4%인 200만주를 14만원에 매각하여 2800억원의 현금을 챙겼다.
2012년 7월 현재의 회사가치가 약 5조원이므로 3조원 가까운 가치
의 주식을 최태원·최기원이 보유하고 있다. 2010년 SK C&C는 1조
5000억원 규모의 매출에 2600억원의 당기순이익을 냈으며 64%가
SK그룹 내부거래다. 별로 노력도 하지 않고 지배주주라는 특권을
악용하여 배임을 했다고 볼 수 있다. 이는 자본주의 '시장질서'에 어
긋나는 일이다. 게다가 SK C&C가 SK그룹의 지주회사인 SK(주)의
대주주가 되는 과정에서 배임죄를 저질렀다는 논란이 있다. 이전까
지 SK C&C는 SK(주)의 지분을 11.16%만 가지고 있었는데, 2007년
7월 SK(주)를 분할하고 현물출자 유상증자를 하는 편법을 이용해서

돈을 거의 들이지 않고 25.42%로 늘린 것이 배임행위라는 것이다.[62]

피터 언더우드의 충고

피터 언더우드(한국이름 원한석)는 1885년 고종 때 조선 땅을 밟았던 개신교 선교사이자 연희전문학교(현재 연세대학교) 설립자 H.G. 언더우드의 증손자다. 언더우드 가문은 127년째 교육·선교·의료 활동을 하며, 한국 땅에서 살아간 누구보다도 한국을 사랑한 사람들이었다. 1955년생인 피터는 미국에서 몇년간 대학을 다닌 기간 외에는 일생을 한국에서 살았으며 스스로 '한국에 뿌리를 둔 서양인'이라고 부른다. 그는 한국에서 사업하는 외국기업들을 위한 컨설턴트 일을 20년 넘게 하고 있다. 그가 2012년에 저술한 『퍼스트 무버』라는 책은 한국경제의 앞날을 위한 객관적이고 훌륭한 충고들을 담고 있다. 그는 한국의 재벌체제가 한국의 발전을 가로막고 있다는 것을 소리 높여 주장했다.

한국의 재벌과 유사한 씨스템을 가진 것은 북한이다. (…) 경제 규모를 감안해보면 북한은 한 7위쯤 하는 재벌이다. 북한은 모든 국가 씨스템이 김정일-김정은 일가의 이익을 위해 돌아가도록 설계되어 있다. 그 안에서 국민들의 복지와 국가의 발전은 번번이 무시된다. 한국의 재벌도 마찬가지로 가문에 의해 통치됐고 가문의 이익이 가장 우선시되는 구조이다. 게다가 통치를 하고 있는 근거가 미약하다는 것도 비슷하다. 북한의 김씨 일가가 나라를 다스릴 수 있는 정당성은 아무 곳에도 없다. 한국의 재벌도 고작

1~2%의 지분율을 가지고 전체 그룹을 통치하는 것은 전혀 정당성이 없다.[63]

참으로 무섭고 냉정한 지적이다. 이병철-이건희-이재용과 정주영-정몽구-정의선 가문의 사업구조가 김일성-김정일-김정은 지배구조와 흡사하다는 것이다. 그는 재벌체제가 근본적으로 개혁되지 않는 한 창의성시대에 걸맞은 한국기업의 혁신적 변화는 불가능하다고 생각한다. 그의 책에서 '글로비스'의 문제를 '재벌들의 행패'라는 제목의 글로 질타했다.

현대자동차그룹의 왕인 정몽구 일가가 글로비스를 세우셨기 때문에, 현대자동차와 기아자동차는 글로비스를 집중적으로 지원했고 몇년 만에 정몽구-정의선의 재산이 3조원 이상으로 불어났다. 이 과정은 절대로 공정하지 않다. 문제는 이같은 사실이 그냥 공정하지 않다는 점에서 끝나지 않는다는 것이다. 이런 편법이 버젓이 승인될수록 도전정신이 꽃피울 토양이 사라진다. 이렇듯 간단하게 재벌오너 일가가 돈을 버는데 어떤 신생기업이 혁신적인 방법으로 물류사업을 하려 하겠는가.[64]

그는 국민들이 기존의 재벌체제를 마음으로 받아들이지 않을 뿐만 아니라 그들이 이뤄낸 경제성장의 업적도 높이 평가하지 않는다고 보았다. 국민들은 그들이 편법으로 이뤄낸 가문 대대로의 부의 상속, 정치권과 유착을 통해 이뤄낸 과도한 계열사 확장에 대해 정서적으로 거부감을 가지고 있다. 이러한 정서는 필연적으로 갈등을 낳고 갈등은 과도한 코스트를 부른다면서, 이런 해결책을 제시했다.

내 생각은 간단하다. 우리가 신봉하는 자본주의의 원칙대로, 주주자본주의의 기본으로 가는 것이다. 이건희 삼성그룹 일가가 가지고 있는 삼성그룹 지분이 1%라면 1%의 권한만 주는 것이다. 신격호 롯데그룹 회장 일가의 지분이 2.2%라면 역시 그만큼의 권한을 인정하는 것이다. 그리하면 "아, 이 나라는 원칙을 기반으로 공정하게 움직이는구나"라는 확신을 국민들에게 심어준다. 세상이 공정하게 돌아간다고 믿을 때 사람들은 창의적으로 노력하기 시작한다. (…) 물론 재벌일가가 물러나면 일시적인 힘의 공백은 당연히 있을 수 있다. 하지만 장담하는데 그 혼란은 오래 가지 않는다. 자본주의는 유연하며 시장경제는 능동적이다. 기업이 인프라만 제대로 갖춰놓고 있다면 오너 일가가 물러나면서 생기는 혼란은 아주 빠른 시간 안에 극복이 가능하다.[65]

그는 재벌체제를 주주자본주의체제로 전환해야만 한국경제에 매우 심각한 문제점인 '유능한 전문경영인들이 국가경제 규모에 비해서 너무 적은 문제'도 해결된다고 보았다. 현재 재벌체제의 '충성심 →자리보전→더 많은 충성심 경쟁'이라는 악순환이 '실력과 도전 →충분한 보상→더 많은 유능한 경영자 양산'이라는 선순환구조로 바뀌어야 한국경제 앞에 산적한 과제들을 해결할 수 있을 것이라고 설파했다.[66]

상당히 많은 재벌들이 비슷한 방식으로 자기 재산을 늘려왔다. 〈표 3-7〉은 경제개혁연구소의 채이배 회계사가 2011년 6월 발표한 자료

〈표 3-7〉 대주주들의 회사 기회 유용금액 추정

주주명	기업집단	부의 증가액
정의선	현대자동차	2조 1837억원
최태원	SK	2조 439억원
정몽구	현대자동차	1조 4926억원
이준용	대림	5521억원
최기원	SK	4611억원
정몽근	현대백화점	3760억원
이해욱	대림	3098억원
허정수	GS	2132억원
강덕수	STX	1858억원
정용진	신세계	1639억원
허용수	GS	1633억원
이재현	CJ	1293억원

'재벌총수 일가의 문제성 주식거래의 실태'에서, 문제성 거래를 통해서 재벌의 대주주들이 회사 기회를 유용하여 취득한 재산으로 의심되는 금액을 추정한 것이다.

이제는 재벌문제를 해결해야 우리나라 경제가 건전하게 발전한다는 공감대가 형성되고 있다. 불법적으로 계열사에 압력을 가해서 축적한 재산은 법에 의거해 몰수하거나 강제매각하게 하고, 매각대금을 벌금으로 국고에 회수하는 것을 검토해야 한다. 예컨대 이재용 사장이 (주)삼성에버랜드의 25% 주식과 (주)서울통신기술의 주식 46%를 정당하게 취득했고 합법적으로 가치를 불려왔는지 검증해야 한다. 정몽구 회장과 정의선 사장이 소유한 (주)글로비스의 주식이 정당하게 합법적으로 취득했고 적법하게 회계처리되었는지를 검증할 필요가 있다. 최태원 회장이 소유한 44.5%의 SK C&C의 주식을 정상적인 방법으로 취득했고 적법하게 지주회사인 SK(주)를 통해서 SK에너지와 SK텔레콤의 경영권을 확보했는지 검증해야 한다. 그외의 주요 기업에 대해서도 비슷한 검증을 해야 한다. 그리고 명백하게 불법으로 판정될 경우에는 주식매각 명령을 내리고 부당하게 취득한 재산에 대해 벌금을 매겨서 국가가 환수하거나 피해자들에게 돌려주어야 한다. 지극히 합법적이고 정의로운 일이다.

삼성그룹의 지배구조

대표적인 재벌인 삼성그룹의 지배구조를 살펴봄으로써, 우리나라 재벌들 사이에서 광범위하게 벌어진 대주주에 의한 회사 기회의 유용의 결과를 살펴보겠다.

삼성그룹 회사들의 지분구조는 참으로 복잡하다. 2008년 말 이건희 회장과 이재용 사장이 지배주주인 삼성그룹의 계열사 수는 59개였으나, 2009년 3월 이명박정부가 출자총액제한제도를 폐지한 이후

〈표3-8〉삼성그룹 지배구조의 주요 부분

삼성에버랜드		삼성생명		삼성전자		삼성물산	
이재용	25.1%	삼성에버랜드	19.3%	삼성생명	7.2%	삼성생명	5.1%
이부진	8.4%	이건희	20.8%	이건희	3.4%	이건희	1.4%
이서현	8.4%	신세계	3.7%	홍라희	0.7%	홍라희	0.7%
이건희	3.7%	이마트	7.4%	이재용	0.6%	이재용	0.6%
삼성카드	5.0%	삼성문화재단	4.7%	삼성물산	4.1%	삼성SDI	7.4%
삼성전기	4.0%	삼성생명재단	4.7%	삼성화재	1.3%	삼성복지재단	1.4%
삼성SDI	4.0%	삼성전기	0.6%	삼성복지재단	0.1%	삼성문화재단	0.1%
제일모직	4.0%	삼성정밀화학	0.5%	자사주	11.6%	자사주	5.9%
				국민연금	6.0%	국민연금	9.0%
				씨티은행	5.0%		

(출처: 2012년 8월 현재, 각 회사의 결산보고서를 참조하여 작성)

급격하게 늘어나, 2011년 9월 현재 93개다. 이 지배구조의 핵심은 〈표 3-8〉과 같이 이건희 회장과 그의 아들 이재용 사장 일가가 삼성에버랜드를 소유하고, 에버랜드는 삼성생명을, 삼성생명은 다시 삼성전자를 소유하는 구조다. 이 표에서 회색 네모 안에 있는 관계회사들이 소유한 주식들은 순환출자구조로 이루어진 것이어서 가공의 결권[67] 제한 법안이 통과되면 경영권을 행사할 수 없는 주식들이다. 그런데 이 핵심고리인 주식 취득과정이 문제투성이여서 정당성이 부족하다. 이 문제를 자세히 살펴보자.

이재용 사장이 삼성에버랜드의 최대주주로 올라서는 데는 1995년 이회장이 증여한 61억원이 종잣돈이 됐다. 그는 이듬해 에스원과 삼성엔지니어링 주식을 수상한 방법으로 거래해서 이 자금을 550억원으로 늘렸고, 1996년 12월 이 자금으로 기존 법인주주가 실권한 에버랜드 전환사채(CB)를 주당 7700원에 인수하여 지분 25.1%를 확보했다. 이런 편법을 통해서 이재용 사장이 삼성그룹의 후계경영권을 이어받는 데 16억원의 증여세를 냈다.

2007년 발생한 '김용철 변호사의 삼성 비자금 폭로'로 시작된 '삼성그룹 3대비리 의혹'을 수사한 조준웅 특별검사팀은 이명박정부가 출범한 직후인 2008년 4월 17일 수사결과를 발표했다. 여기서 특별검사팀은 전환사채 발행이 불법적인 제3자 배정방식을 통해 그리고 현저하게 낮은 가격으로 이뤄졌다고 결론지었다. 이에 특검은 이건희, 현명관, 이학수 등을 특정경제범죄가중처벌 등에 관한 법률상의 배임죄로 기소했다. 이재용 사장의 에버랜드 주식 취득과정은 불법적이라고 결론 내렸다.

이제 이건희 회장과 삼성에버랜드가 삼성생명주식을 취득한 과정을 보자. 1998년 12월 3일, 이건희 회장은 삼성생명 및 계열사의 전·현직 임원 35명으로부터 삼성생명 주식 299만 5200주를 취득했다. 같은 날 삼성에버랜드도 삼성의 전·현직 임원들에게서 삼성생명 주식 344만주를 매입했다. 이날 거래로 이회장의 삼성생명 지분은 10%에서 26%로, 에버랜드의 삼성생명 지분은 2.25%에서 20.67%로 증가했다. 이때 가격이 액면가 5000원짜리 한 주당 9000원으로 이건희 회장은 270억원, 에버랜드는 310억원을 지급한 것으로 추정되었다. 흥미로운 것은 그로부터 불과 7개월 뒤에 이회장이 삼성자동차 채권단에게 자신이 보유한 삼성생명 주식 400만주를 삼성자동차 손실보전 명목으로 사재출연하겠다고 발표했을 때, 삼성생명의 주당 가치는 70만원이므로 400만주는 2조 8000억원에 해당한다고 스스로 평가했다는 점이다. 실제로 2010년 삼성생명이 상장할 때 주식가격은 액면분할을 감안하면 110만원이었다.

그렇다면 삼성의 임원들이 자산가치의 70분의 1도 안 되는 가격에 주식을 판 이유는 무엇 때문일까? 그들은 어떤 돈으로 어떤 과정을 통해서 삼성생명의 주식을 사게 되었을까? 이 수상한 거래의 이유와 경위는 자세히 밝혀지지 않았다. 만약 이 주식들이 차명주식 형태로 숨겨져 있던 계열사 비자금이라면 엄청난 범죄행위다. 만약 이 주식이 이건희 회장이 이병철 전 회장에게서 상속받은 지분을 불법적으로 차명으로 위장해두었던 것이라면 상속세 혹은 양도세를 피하기 위한 목적과 주식배당금에 대한 금융소득 누진과세를 회피할 목적이었을 것이다. 실제가치가 70만원인데 9000원에 샀다면, 이건희 회장은 300만주에 대한 가치의 차이 약 2조원은 증여에 해당되어, 약 1조원 정도의 증여세를 내야 한다. 국세청은 이 사안을 어찌

처리했는지 궁금하다.

특검은 이건희 회장의 차명재산을 관리하던 전략기획실 재무라인 임원들이 1199개의 차명계좌를 이용하여 삼성전자를 비롯한 삼성계열사 주식을 사고팔아 남긴 차익 5643억원에 대한 양도소득세 1128억원을 포탈한 사실을 확인했다. 그러던 중 삼성생명의 지분 16%가 이건희의 차명지분임을 밝혔다면서, 전략기획실이 삼성 임원들의 이름으로 관리하는 자금이 대부분 이건희의 차명자금이고, 그 전체 규모는 삼성생명 2조 3000억원 상당을 포함한 4조 5000억원 정도임을 밝혀냈다고 주장했다. 이에 회장 이건희, 차명재산을 관리한 전략기획실 핵심간부인 실장 이학수, 사장 김인주, 전략지원팀장 최광해 등 4명을 특정경제범죄 가중처벌 등에 관한 법률상의 조세포탈죄로 기소했다. 이와 함께 특검팀은 고객의 돈을 빼돌려 9억 8000억원의 비자금을 조성한 삼성화재에 대해서는 황태선 대표이사를 특경가법상 횡령죄로, 김승언 전무를 증거인멸과 특검법상 직무수행방해죄로 불구속 기소했다.

조준웅 특별검사팀의 수사결과는 그동안 드러난 범법사실에 대해서는 이건희 회장 일가를 위해서 면죄부를 만들어주고, 이건희 회장의 차명주식을 실명으로 전환하여 그룹의 지배권을 강화해주는 역할을 했다는 의심을 받았다. 게다가 수많은 증언이 있었던 정관계 로비가 증거가 없다고 무혐의 처리한 것은, 상당수 피의자들이 검찰 고위직 인사들이었다는 점에서 의혹을 불식시키기는커녕 오히려 불신을 키웠다. 그런데 조준웅 특별검사의 아들이 2010년 1월 중국에서 삼성 중국법인에 입사하였고 2012년 현재 삼성전자 인사개발센터에서 근무하고 있어 논란이 되고 있다. 파렴치하고 무질서한 우리의 사법씨스템의 모습이다.

이건희 회장은 삼성특검의 수사결과 발표 며칠 후인 2008년 4월 22일 경영 일선에서 퇴진하겠다는 성명을 발표하고 10개항의 경영쇄신안을 '대국민 약속' 형식으로 발표했다. 핵심적인 약속들을 보면, 이건희 회장의 퇴진, 이재용 당시 전무의 사임과 해외시장 개척, 전략기획실 해체, 이학수·김인주 등 퇴진 등이었다. 그러나 이 약속들은 대부분은 지켜지지 않았고 2010년 3월 이건희 회장이 삼성전자 회장직에 복귀했다.

삼성은 경영쇄신안 여섯번째 항목에서 "조세포탈 문제가 된 차명계좌는 과거 경영권 보호를 위해 명의신탁한 것으로 이번에 이건희 회장 실명으로 전환"하게 된다며 "누락된 세금 등을 납부한 후 남는 돈은 회장이나 가족을 위해서가 아니라 유익한 일을 위해 쓰겠다며 방도를 찾아보겠다"라고 약속했다. 그러나 삼성은 이회장의 차명주식을 실명전환한 삼성생명 주식을 이용하여 삼성그룹의 지배권을 강화하려고 할 뿐, 타인을 위해서 쓰겠다는 국민과의 약속을 지키지 않고 있다.

한편 "삼성생명, 증권, 화재 등 금융사에 대해서는 경영 투명성을 더 높이고 정도경영, 윤리경영을 실천하기 위한 제도적 장치를 도입"하겠고 "삼성은 은행업에 진출하지 않겠다"라고 약속하면서 삼성의 금융기업들이 고객 돈을 이용하여 비자금 조성에 동원한 것을 무마시키려 했다. 그런데 중대한 사안 중의 하나인 대법원 판결로 배임행위가 드러난 삼성에버랜드 전환사채(CB), 삼성SDS 신주인권부사채 인수를 통해 얻은 이재용의 불법이득을 어떻게 처리할지에 대해서는 답변을 회피했다.

특검 발표내용의 핵심은 "삼성 임원들의 이름으로 관리했던 자금이 대부분 이건희의 차명자금이고, 그 규모가 삼성생명 2조 3000억원 상당을 포함한 4조 5000억원 정도임을 밝혀내었다"라는 것이었다. 그리고 차명자금의 출처는 이병철 선대회장으로부터 상속받은 자금으로 취득한 주식이었다는 것이었다. 특검 결과 이건희 회장의 재산이 갑자기 4조 5000억원이나 늘어나게 된 것이었다. 차명주식을 구매한 자금의 출처가 불법으로 조성된 비자금이라는 의혹을 특검이 덮어버렸다. 그러나 특검과 삼성 측은 이병철 회장의 자금이 언제 누구에게 얼마나 전달되어 삼성생명 등의 주식을 얼마나 가지고 있었는지는 밝히지 않았다. 이 내역이 밝혀져야만 이건희 회장이 가져간 삼성생명의 주식구매 자금이 횡령이나 뇌물로 조성된 검은 비자금이 아니라는 것이 입증될 것이다.

금융실명제법에 의하여 몇천만원의 자금흐름도 쉽게 밝혀지는 마당에 4조 5000억원이라는 막대한 자금이 불법자금인지 아닌지가 투명하게 밝혀지지 않고 있다는 것은 법치국가의 수치다. 이 자금의 이동과정이 밝혀져야만, 이건희 회장이 불법적으로 삼성생명의 대주주가 된 것이 아니라는 공감을 얻을 수 있을 것이다.

그런데 이 사건이 나중에 엉뚱한 결과를 낳았다. 이병철 회장의 장남이자 이건희 회장의 형이며, CJ제일제당 이재현 회장의 부친인 이맹희씨가 4조 5000억원이 상속자산이라면 이 가운데 일부를 자신이 받아야 한다며 일단 1900억원대의 소송을 제기한 것이다. 이 소송의 판결에 따라 삼성의 지배구조에 큰 변화가 생길 수도 있다. 이건희 회장이 소유한 삼성생명 주식의 일부를 이맹희씨에게 넘겨주면 삼성에버랜드가 삼성생명의 최대주주가 되고 그러면 삼성에버랜드는 보험지주회사가 된다. 이렇게 되면 지주회사법에 입각하여 삼성생명은 삼성전자와 삼성물산의 지분을 매각해야 하는 것이다. 보험회사가 고객의 돈을 이용하여 비금융회사를 지배하는 것을 허용하면, 수많은 기업들이 보험회사의 지배를 받게 되기 쉬우므로, 이를 규제하는 것이 보험지주회사법의 목적이다. 이것이 금융과 산업을 분리해야 한다는 '금산분리의 원칙'이다.

앞의 표에서 보듯이 삼성생명이 삼성전자와 삼성물산의 최대주주이나, 삼성생명 자금의 대부분은 가입자들의 자금이므로 이를 이용하여 자회사의 지배권을 행사하는 것은 합당치 않다는 원리다. 삼성생명이 삼성전자와 삼성물산의 지분을 매각하면 누가 이 회사들의 경영권을 행사할 것인가 하는 것은 상속문제와 맞물려 있는 사안으로 삼성그룹뿐만 아니라 우리 경제에도 매우 중대한 숙제다. 이건희 회장 측은 이 문제들에 대한 합리적인 해결방안을 만들어서 국민들 앞에 제안하고 국회의 동의를 거쳐서 합법적으로 처리해야 할 것이다. 이 문제는 특별한 정치적 판단과 법절차 없이는 처리할 수 없기 때문이다.

삼성생명의 주식은 누구의 것인가

삼성생명의 주식소유권과 관련해서 또다른 쟁점이 있다. 2010년 5월 이건희 회장과 CJ제일제당 그리고 신세계 등은 삼성생명 주식 액면가 500원짜리를 11만원에 공개적으로 팔아서 4조 9천억원을 벌었다. CJ와 신세계가 각각 5500억원씩 판매대금을 가져갔고, 이건희 회장은 3조 8천억원어치를 팔아서 우리은행 등 18개 채권단에 삼성자동차 관련 부채를 상환하는 데 사용했다. 그리고 5월 12일에는 삼성생명을 주식시장에 상장했고 22조원 가치의 회사가 탄생했다. 삼성생명의 상장과정에서 논란이 많았다. 2006년 12월 생명보험회사 상장자문위원회가 '생보사는 주식회사'라고 판정하고, 생보사가 상장되더라도 보험계약자는 상장차익을 배분받을 수 없다고 결론 내렸다. 그동안 논란이 되었던 상장차익 배분문제에 대해 보험계약자를 무시하고 생보사 대주주들의 손을 들어준 것이다.

이와 관련하여 2012년 3월 금융소비자연맹과 삼성생명 유배당계약자공동대책위원회는 "삼성그룹 고 이병철 회장이 남긴 삼성생명 차명주식(978만 주)을 이건희 회장이 자기 것으로 돌려놓은 것을 삼성생명과는 전혀 상관이 없는 재벌가 자식들이 서로 차지하겠다며 상속재산 다툼을 벌이고 있는 것"이라면서 "즉각 싸움을 중단하고 차명주식을 처분해서 원래 주인인 계약자에게 배당으로 전부 돌려줄 것을 강력히 요구한다"라고 주장했다. 금융소비자연맹은 또 "삼성생명은 2010년 상장을 하면서 회사 성장 발전 및 이익 형성에 기여한 계약자에게 한푼의 배당 없이 상장시켜 22조원의 이익을 전부 독식했다"면서 "이에 유배당 계약자들의 당연한 몫인 미지급 배당금을 찾기 위해 2010년 2월 2802명이 배당금 지급을 요구하는 공동소송을 고등법원에 제기하고 있는 상태다"라고 알렸다.

아울러 "삼성생명이 유배당 상품판매 당시 이익이 발생하면 배당을 하겠다는 약속과 유배당 계약은 이익이 발생하면 90%를 계약자에게 배당해야 한다는 당연한 법적 배당 규정을 지키고, 계약자 몫의 자본잉여금과 과거 결손시 손실보전을 주주가 돈을 내지 않고 대부분 계약자 몫의 배당준비금으로 충당하였기 때문에 이에 대한 합당한 보상을 해야 하는데도, 삼성생명은 전부 주주의 것으로 해놓았다"며 "이에 유배당 계약자들은 부동산 등 장기투자자산의 구분계리와 배당을 요구하고 있다"라고 전했다.[68] 즉, 이건희 회장은 계약자의 재산을 마치 자기 재산인 것처럼 팔아서 3조 8000억원이나 돈을 마련했고 남은 주식으로 삼성그룹 전체를 지배하고 있다는 비난을 받고 있는 것이다.

삼성전자의 지배구조와 국민연금

만약 삼성전자의 최대주주인 삼성생명이 7.44%의 주식을 분산·매각하게 되면, 삼성전자의 최대주주는 6%를 소유한 국민연금이 된다. 이건희 일가는 4.7%를 가지고 있으나 이재용 사장에게 상속되는 과정에서 수조원 단위의 상속세를 주식으로 내면 3% 이하로 떨어지게 된다. 삼성전자의 회사가치가 180조원에 이르므로 1%를 구매하는 데만 1조 8000억원 규모의 자금이 필요하여 지분을 늘리기는 매우 어렵다. 이는 외국인주주 비율이 약 50%인 삼성전자에 대한 이건희 가문의 경영권이 흔들린다는 뜻이다. 또다른 주력회사이자 수많은 삼성 관계사들의 핵심주주인 삼성물산도 지배구조가 취약하다. 순환출자구조에 의해 만들어진 가공자본을 무시하면 삼성물산의 최대주주는 9%를 가진 국민연금이다. 게다가 삼성생명이 가진 5.1%까지 매각하면 삼성물산의 주식 중 이건희 일가가 소유한 지분은 2.7%뿐이다.

2012년 현재 370조원 규모를 가지고 90조원을 국내주식에 투자하고 있는 국민연금이 국민적인 공감대를 얻어 몇조원을 투자하면 바로 삼성그룹의 절대적인 주주가 되기 때문에 외국인에게 경영권이 넘어갈 가능성은 거의 없다. 이는 또한 이건희 회장 일가가 국민의 뜻을 거스르면 삼성그룹의 경영권을 박탈당할 가능성이 없지 않다는 것을 의미한다. 엄격히 법을 적용하면 이재용 사장이 삼성그룹 경영권을 승계하는 것은 매우 어렵다. 상법 397조의 회사 기회의 유용 금지 조항과 '독점규제및공정거래에관한법률' 23조의 불공정거래행위 금지만 적용해도 수많은 민형사적 문제가 나올 것이다. 시대가 바뀌었다. 이제 정부는 국민의 위임을 받아 삼성 이건희 회장에게 공익을 해치지 말 것과 그동안의 불법적인 비자금 조성과 편법적인 상속과 부당한 계열사 거래에 대해서 공개하고 다시는 그런 짓을 하지 말 것을 강제할 수 있다.

2008년 금융위기 이후 세계적으로 자본주의에 대한 시각이 많이 변화했다. '기업 혹은 지배주주가 공익을 침해하면서 지나치게 사적인 이익을 추구하면 국가가 이를 제제해야 한다'는 것이 지배적인 생각이 되었다. 하버드대학의 경제경영 이론가인 마이클 포터는 공유가치창조(CSV)[69] 경영을 주창하며 "주주뿐만 아니라 고객과 종업원과 인류세상을 위한 가치를 생산하는 것이 기업의 의무다." "국가는 기업이 CSV 활동을 잘하도록 전략을 수립하고 정책과 법을 만들고 기업을 규제해야 한다"라고 주장했다. 시대가 바뀐 것이다.

10대 재벌의 지배주주가 자신의 그룹 전체에 가지고 있는 순지분은 1% 정도밖에 되지 않는다. 이것을 가지고 순환출자 방식이나 계열사지배 방식으로 50% 정도의 지분을 지배하고 있다. 그런데 국민연금은 10대 재벌그룹 주력 계열사의 주식 5% 정도를 소유하고 있다. 재벌총수는 1% 가지고 있는데 국민연금은 5% 정도 가지고 있기 때문에, 우리나라 대다수 재벌의 최대주주는 국민연금이다. 국민연금은 국민의 돈이 소수의 대주주 때문에 손해나는 것을 막기 위해서라도 주주권을 적극 행사해야 한다. 5% 정도 주주이거나, 1대 주주 혹은 2대 주주일 경우에는 최소 1명의 이사선임 권한을 갖는 것을 추진해야 한다. 대표이사를 포함한 이사들 중 회사에 해를 끼치는 자가 있으면 대주주인 국민연금이 그를 해임할 수 있어야 한다.

여러가지 정황들 때문에 이건희 회장의 뒤를 이어 이재용 사장이 삼성그룹의 경영권을 순조롭게 이어받는 것은 힘겨운 일이다. 그룹 내에서도 부정적인 시각이 있다고 한다. 2000년대 초 인터넷 지주회사인 e삼성을 중심으로 16개 계열사를 거느리고 사업을 주도하다가 사업에 실패하고 철수하며 8천억원 규모의 손실을 보았기 때문이다. 어차피 이건희 회장 재산의 상속과정에서 상속세와 형제간 분할 때문에 삼성그룹은 분리될 수밖에 없다.

[정책 5] 재벌들 스스로가 해결방안을 만들도록 하자

2012년 8월 과반 의석을 가진 새누리당의 일부 의원들이 새로운 순환출자를 금지하고 가공자본에 대한 의결권을 제한하는 법안을 국회에 제출했다. 이 법안이 통과될 가능성은 적어 보이기는 하지만, 보수여당이 이런 법안을 제출했다는 것 자체가 재벌의 지배구조에 매우 큰 변화를 예고하는 것이다. 삼성의 이건희 회장이 이재용 형제들에게 상속하려면 엄청난 규모의 상속세를 내야 한다. 이 과정에서 가뜩이나 취약한 그룹의 지배구조는 더욱 취약하게 될 것이다. 현대차그룹, 롯데그룹 등 많은 재벌들이 2세에서 3세로 전부 상속을 해야 할 때가 멀지 않았다. 이러한 상황에서 삼성전자와 현대자동차 같은 우리나라의 소중한 기업들의 경영권을 앞으로 누가 행사해야 하는가 하는 문제는 국민경제 전체에도 중요한 사안이다.

이에 대한 나의 견해는 삼성전자는 앞으로 이재용 사장이, 현대자동차는 정의선 사장이 경영하는 것이 좋다는 것이다. 물론 이를 위해서는 뒤에 거론할 전제조건이 충족되어야 한다. 우리나라에서는 강력한 중앙집중 오너체제에서 잘 작동되는 기업문화가 정착되어 있는 것도 중요한 고려사항이다. 정주영-정몽구 체제와 이병철-이건희 체제의 성공을 만든 장점은 살려야 한다. 다만 그 체제의 폐해와 단점을 보완해야 하며, 대한민국의 국회가 만드는 국법의 범위 내에서 진행되어야 할 것이다.

요즈음 안철수 후보와 관련해서 언론의 주목을 받고 있는 브이소사이어티의 창립주주로 활동했던 나는 재벌 2, 3세들의 성향과 정신세계를 비교적 잘 아는 편이다. 그들은 대기업 경영을 위해서 국제적으로 교육받은 사람들이다. 큰 조직의 경영에 대해서 오랫동안 훈련을 해온 사람들이다. 법적으로나 정서적으로 그룹의 임직원들로부터 정당성도 인정된다. 그래서 주력회사 특히 혁신산업 분야는 합법적인 상속절차를 거쳐서 상법의 원리에 따라 그들이 경영하는 것이 좋겠다는 견해에 일리가 있다고 생각한다.

오너경영과 전문경영인 경영의 장단점

그런데 경제민주화와 상속과정에서 어차피 재벌로부터 분리하게 될 비주력회사는 어떤 형태의 지배구조를 선택할지가 문제다. 이와 관련해서 뚜렷한 경영권자 소위 오너가 있는 회사와 그렇지 않은 회사 중 어떤 것이 기업과 국민경제에 유리한지 살펴볼 필요가 있다.

김철호 회장이 1944년에 창업하여 1960년대부터 자동차를 생산하던 기아자동차는 1990년대에는 주식이 분산되어 국민기업이라는 칭호를 얻었다. 그러나 1997년 자금난으로 사실상 파산하고 법정관리에 들어가게 되어 외환위기의 단초가 되었다. 주인 없는 회사에서 김선홍 회장이 노조에 휘둘리다가 회사의 경쟁력을 추락시켰다고 비판받기도 했다. 현대차그룹이 이 회사를 1998년 인수한 후 10년 만에 크게 성장하여 국제적인 회사로 키웠다.

한편 오너 없는 기업들 중에서 크게 성공한 기업들도 많다. 포스코와 하이닉스가 대표적이다.[70] 이 회사들은 오너가 없는 상태에서 경영진들 스스로가 힘을 모아 어려운 환경에서도 세계적인 기업으로 성장했다. 이들의 특징 중 하나는 대부분의 물량을 해외로 수출하는 혁신경제에 속하는 기업들이라는 것이다. 치열한 국제경쟁에서 살아남기 위해 임직원들이 영웅적인 노력을 하여 이룩한 업적이다. 1999년 대우그룹이 해체된 후에 대우조선, 대우증권, 대우건설, 대우엔지니어링, (주)대우 등이 오너 없는 개별기업으로서 성공적으로 운영되어왔다는 점에서, 우리는 오너가 없어도 경영이 잘될 수 있다는 증거를 보았다.

오너 없는 기업들 중에서 지리멸렬한 양상을 보인 경우도 많다. 외환위기 이후 대다수의 은행들이 외국인에게 경영권을 넘겼으나 그들의 배만 불려주었고 국민경제에는 해를 끼친 경우가 많았다. 한국통신, 한국전력도 기업가치가 하락하고 있다. 우리은행같이 정부가 대주주인 경우는 물론이고, 신한은행 같은 사기업도 대표이사를 비롯한 고위직들의 임명도 권력자들의 입김에 영향을 받았다. 뚜렷한 대주주가 없는 민영화 기업들의 고위임원 자리들은 정치권 낙하산들의 표적으로 전락했다. 대다수의 실패한, 오너 없는 회사의 특징은 내수에 의존하는 이권산업에 속한다. 이 회사의 경영진들은 회사의 경쟁력 향상이나 고객에 대한 기여보다는 정치권에 선을 대어 자리를 보존하고 이권을 더 많이 확보하는 것을 중요하게 생각하기 때문에 회사가 어려워지는 것이다.

재벌이 압도적인 영향력을 행사하는 한국의 상황에서는 상속받은 오너체제 문제가 더욱 심각하다. 우리 경제의 결정적인 취약점 중 하나는 부도덕하고 무능한 총수를 사전에 걸러내는 합리적인 메커니즘이 존재하지 않는다는 점이다. 1997년 외환위기 과정에서 30대재벌의 절반이 도산한 결정적인 원인은 오너들의 무리한 경영확장 때문이었다. 대우그룹, 쌍용그룹, 국제그룹, 한보그룹, 해태그룹, 진로그룹, 동아건설그룹, 삼미, 한일합섬, 기아, 한양, 대농 등 우리의 소중한 일자리와 기업들이 해체되고 국민경제에 큰 타격을 준 후에야 그들 무능한 오너들이 퇴출된 것이다.

결론적으로 말하자면 오너경영 체제냐 전문경영인 체제냐가 중요한 것이 아니고, 합리적인 방법으로 좋은 경영자를 발굴하는 씨스템이 갖추어져 있느냐와 이들이 건강한 질서 속에서 창의적으로 기업을 이끌어갈 수 있느냐가 관건인 것이다.

금융 등 이권경제는 그룹에서 분리하자

필연적으로 재벌의 지배기업 수는 축소되어야 할 텐데, 정부와 재벌들은 국민의 공감대를 얻어가며 어떤 방법으로 분리할 것인지 방향을 정해야 한다. 내가 제안하는 방법은 혁신경제 부문은 상속을 인정하고 경영권 안정을 도와주되, 금융을 비롯한 이권경제 분야는 법에 의거하여 그룹으로부터 분리하자는 것이다. 그룹으로부터 분리하게 될 금융기업들의 지배구조를 설계하는 데 참고할 성공사례는 많다. 금융분야 특히 은행을 외국자본에 경영권을 넘기는 것은 좋지 않다는 결론은 이미 나왔다. 국민연금이 있기 때문에 이 기업들이 외국자본에 넘어갈 것이라는 우려를 할 필요는 없다. 정권이 인사에 개입하면 모두가 불행해진다는 실제 사례도 많이 보았다. 회사 내부의 인재들과 회사 밖의 현명한 전문가들이 이사회를 구성하여 국제적인 시각으로 혁신경제적인 요소를 강화해야 한다는 원칙을 세워야 한다. 미국과 유럽에는 이런 구조로 성공한 기업들이 무수히 많다. 우리도 이제 건강한 질서를 합의하여 실천해나가면 된다.

새로 뽑힐 대통령이 해야 할 일

2012년 12월 새 대통령이 당선되면 가장 먼저 해야 할 일 중 하나가 국민들에게 약속한 '경제민주화' 공약 중에서 핵심인 재벌문제 해결방안을 집행하는 것이다.

저항이 거셀 이 사안은 대통령 취임 3~6개월 안에 집행하지 않으면 왜곡될 가능성이 크다는 것이 세상의 이치다. 이 문제를 해결하는 구체적인 방법으로 재벌그룹들에 스스로 그룹구조 정상화 방안을 작성하여 대통령인수위원회 활동기간 중에 보고하도록 강력하게 종용하는 것이다. 물론 이때 새 정권에서 개략적인 방향과 원칙을 제시해야 한다. 가장 중요한 것은 가공의 자본을 만들어온 순환출자구조를 몇년 이내에 해소하도록 강제하는 것과 국민경제에 대한 기여는 별로 없고 부작용만 큰 재벌의 금융기업 소유를 금지하는 금산분리조치를 집행하는 일이다. 또한 '이권경제 부문을 축소하고 혁신경제 부문을 강화'하는 것이다.

수출 위주이며 국제시장에서 경쟁하는 혁신경제 부문은 잘 짜인 조직과 훌륭한 인재들을 지니고 있는 재벌기업들이 누구보다도 잘 할 수 있다. 새 정부는 미래산업의 주도권을 갖기 위한 전략을 구사할 파트너들을 재벌기업들 중에서 선택할 수밖에 없다. 혁신적 미래산업을 육성하기 위한 국가 R&D 예산지원, 세금 혜택과 클러스터에 토지공급 등 각종 지원을 받을 재벌기업을 선택해야 하는 것이다.

새 정부가 지원대상을 선정할 때는 정부시책에 호응했는지 여부가 기준이 될 것이다. 새 정부의 시책에 호응이 높은지 여부는 이권산업을 억제하는 정책의 실행 여부가 좋은 판단기준이 될 것이다. 신용카드, 보험, 증권 등 금융분야는 과거 수십년 동안 여러 재벌들이 국내시장에서 과점적 라이선스와 그룹 자체 물량을 이용하여 돈을 벌어왔으나 발전은 별로 없었고 국제화도 하지 못했다. 재벌기업들은 뒤늦게 벤처로 시작한 박현주 회장의 미래에셋에도 뒤쳐졌다. 특히 삼성그룹은 오랫동안 금융업을 영위하면서 국제화에는 실패했고, 조직적으로 횡령하여 비자금을 조성했던 것을 볼 때 금융업을 할 자격이 부족한 회사라는 생각이 든다. 금융관련 범죄자가 금융업 회사의 이사로 활동하거나 영향력을 행사하는 것만 금지해도 다수의 재벌은 금산분리가 될 것이다.

우리나라 재벌들이 금융에서 국제화·선진화를 하기 어려운 이유는 제조업이 주력이므로 금융 분야는 역량을 투입해서 키우지 않고 오너의 지배권을 강화하는 목적에 오남용하기 때문이다.

이런 원칙에 입각하여 성의있게 그룹구조 정상화 계획과 집행의지를 보여주는 재벌그룹에는 특별한 인센티브를 주는 것도 생각할 수 있다. 그들의 고민을 새 정부가 해결해주는 것이다. 대부분의 재벌에는 3세 혹은 4세로 상속하는 과정에서 그룹의 지배력이 현저하게 약화되는 문제와 후계자의 입지가 불안한 문제가 있다. 그 후계자가 법을 지킬 의지가 있고 우수한 경영능력이 있다는 것이 공감되면 정부가 여러가지 수단을 동원하여 그룹의 경영권을 보장해주는 방안을 마련할 수 있다. 예컨대 삼성그룹의 경우 삼성전자를 비롯한 주요 제조업 계열사의 경영권이 이재용 사장과 이부진, 이서현 형제들에게 상속되는 것을 합리적으로 해결하는 방안과, 삼성생명·삼성카드·삼성화재·삼성증권 등 금융계열사의 지배권은 포기하는 방안을 삼성 측이 스스로 새 정부에 제안할 수 있을 것이다.

이 땅에 다시 봉건구조가 강화되는 것을 용납해서는 안 된다. 엄연한 자유민주공화국 안에 봉건적인 무법과 특권과 반칙이 횡행한다는 것은 부끄러운 일이다. 재벌의 지배주주들에게도 결코 바람직한 일이 아니다. 역사를 보면 세상의 흐름을 모르고 봉건적 특권을 버리지 못해 안달하던 봉건귀족들이 비참한 최후를 맞은 사례가 무수히 많다. 역사에서 배워야 한다.

14. 경제민주화로 가는 길

> 하나의 이론체계가 패러다임의 지위를 획득하려면
> 정확하고, 일관성 있고, 확장성 있고, 간결하며,
> 산출력이 있는 것이어야 한다
> — 토머스 쿤

국민소득 GDP와 참진보지표 GPI

새로운 패러다임을 찾아나서기 위해서 국민소득(GDP)이라는 경제지표의 문제점과 대안을 살펴보자. 생산능력을 분석할 목적으로 1934년 미국의 쿠즈네츠(Simon Kuznets)에 의해 개발된 GDP 지표는 상업적인 거래결과만으로 측정하기 때문에 국민 전체의 복리(福利)를 충분히 반영하지 못한다. 예컨대 태풍이 지나가면 복구비용이 늘어나서 GDP가 증가한다. 빈부격차가 커지면서 소수가 큰돈을 벌면 GDP는 증가하지만 국민들의 사회적 복리는 후퇴한다. 범죄가 늘어나서 교도소를 더 지으면 GDP가 증가한다. 미국의 범죄 관련 비용 연간 400억달러는 GDP증가에 크게 기여한다.[71]

이 문제를 극복하기 위해 여러가지 지표들이 제안되었는데, 그중

1995년 콥, 할스테드와 로우(Cobb, Halstead and Rowe)가 개발한 '참진보지표'(GPI, Genuine Progress Indicator)가 대표적이다. GPI는 GDP에서 계산되지 않는 소득분배나 가사노동을 더하고, 환경파괴, 자원고갈, 범죄증가의 비용을 뺀다. 비유하여 설명하자면 한 기업의 매출액에서 재료비를 뺀 '매출총이익'인 총부가가치를 GDP라고 한다면, 각종 비용까지 뺀 '순이익'을 GPI라고 할 수 있다. GPI는 환경파괴의 비용을 계산하고 지속가능한 복리를 중시하기 때문에 녹색GDP라고도 부른다. GPI는 복리에 기여하는 소득만을 계상하며 순수한 사회적 이득을 추가하여 산출하는 것을 원칙으로 한다.

다음의 항목들은 더해서 GPI의 증가를 계산한다. GDP에 표시된 개인의 소비, 소득불평등지수 즉 지니계수로 보정, 가사노동과 보육, 자원봉사, 공공소비, 공공투자의 가치, 개인의 순자산 증가 등. 여기에 다음의 항목들을 삭감한다. 실업 비용, 과다노동 즉 여가손실 비용, 위생 비용, 출퇴근 비용, 산업재해 비용, 범죄로 인한 비용, 교통사고 비용, 소음공해, 대기공해, 물오염, 습지, 녹지와 농지 축소 비용, 화석연료 사용 비용, 기후변화 비용, 대외 순부채 등.[72]

GPI는 미국, 독일, 영국, 호주, 캐나다, 스웨덴, 태국 등 여러 나라에서 연구 발표하고 있으며, 중앙정부뿐 아니라 캐나다, 호주, 영국의 여러 지방정부들이 정책개발과 정책효과의 측정지표로 사용한다. 한국에서는 GPI에 관한 연구와 정책개발이 아직 부진하다.

2007년 탈버스, 콥과 슬래터리 등 3인이 발표한 미국의 GPI 2006을 보면, 1950년 미국의 1인당 GDP는 2000년 고정달러가격을 기준으로 1만 1672달러였고 1인당 GPI는 8612달러였는데, 2004년 지표는 1인당 GDP가 3만 6596달러로 증가했지만 1인당 GPI는 1만 5036

달러에 불과했다. 이 자료에 따르면 미국의 GPI는 1978년 1만 5163 달러에 도달한 후 20년 이상 지체상태에 있다. 미국의 1인당 GDP가 1978년 2만 2531달러에서 62% 증가하는 동안 GPI, 즉 국민의 실질적인 복지는 전혀 증가하지 않았다는 것이다.[73] 이 시기가 소위 신자유주의가 득세하던 시기라는 것이 의미심장하다.

내가 보기에 GPI는 세가지 문제가 있다. 하나는 지나치게 환경과 녹색(Green)을 강조하다보니 생산의 증가를 적절히 반영하지 못해서 GDP와의 괴리가 너무 크다는 것이다. 둘째는 1970년대 이후 정보통신과 인터넷 발달, 그로 인한 국제화와 세계적 네트워크화의 가치를 반영하지 못했다는 것이다. 셋째로 국민의 복지를 측정하는 방법을 정교하게 구성하였으나 국민의 복리를 증가시키는 전략은 제공하지 않는다는 것이다.

청색GDP의 정의

이제 '진정한 국민의 물질적 풍요와 정신적인 복리의 증진'을 위한 전략을 포함한 국가경제의 정책목표를 설정하고 평가하기 위한 모델을 제시하고자 한다.

이를 위해서 청색(blue)GDP라는 개념을 도입하고자 한다. 이는 녹색GDP와 비견되는 개념으로 GDP 중에서 실질적으로 경제발전과 국민복리에 도움이 되는 요소를 규정하고자 한 것이다. 청색이라는 이름을 붙인 것은 혁신경제의 블루오션을 중요시한다는 것을 강조한 표현이다. 여기서 청색GDP는 GDP에서 혁신경제의 승수적인 기여효과를 곱하고 이권경제의 담합부분 등 불공정한 요소를 뺀 것

으로 정의하겠다. 즉,

청색GDP = GDP + a × 혁신경제 - 이권경제의 불공정부분이다.

GDP는 네가지 경제들을 더한 것이므로

청색GDP = (1 + a) × 혁신경제 + 이권경제 - 이권경제의 불공정부분 + 요소경제 + 공공경제이다.

이 식에서 표현한 청색GDP라는 지표는 GDP의 증가도 정책목표로 삼지만, 이권경제의 불공정한 부분을 억제하고, 혁신경제를 더욱 발전시키는 경제정책의 목표를 수치로 정하여 관리하기 위한 것이다. 이권경제가 빈부격차와 범죄를 증가시키고 국민의 근로의욕을 떨어뜨리는 부분을 줄이면 국민복리는 늘어난다. 2000년대 들어 주택가격이 급등하면서 GDP는 올라갔지만 국민의 복리는 오히려 감소했다. 이것이 오늘의 가계부채 등 경제위기의 주요 원인이다. 담합과 뇌물 같은 범죄행위가 늘어나고 룸살롱 접대가 활기를 띠면, GDP는 증가하지만 사회의 건전한 질서가 감소하여 국민 전체의 복리는 감소된다. 이러한 GDP와 실질적인 국민복리 사이의 괴리를 극복하자는 것이다. 담합을 이용한 초과이익, 부동산 시세차익, 라이선스를 이용한 초과이익같이 국민의 복리를 삭감시키는 부분을 정량화하는 추가 연구를 통해서 '이권경제의 불공정한 부분'은 계량화하면 될 것이다.

혁신경제는 통계로 나타나는 부가가치 이상으로 국민의 복리 증가 효과를 준다는 것은 직관적으로 생각해보아도 납득이 간다. 날씨가 좋아 쌀이 더 생산되었거나 집값이 올라서 GDP가 1억원 늘어난 것과 수출용 자동차를 2억원어치 더 생산해서 1억원의 GDP가 늘어난 것이 경제에 미치는 효과의 차이는 크다. 자동차 생산이 늘어나면 수많은 부품회사들의 생산이 늘어나고, 3천만원 정도의 임금이 늘어나서 1명이 더 고용되고, 국제적으로 경쟁력이 입증된 이 차를 산 사람들의 효용도 늘어난다. 기술의 누적효과도 있어 다음 단계의 혁신경제에도 발판이 된다. 다른 분야의 혁신경제도 생각해보자. 컴퓨터의 도입이 컴퓨터 제조업의 부가가치 외에도 다른 분야의 생산성 향상에 큰 영향을 주었다는 것, 인터넷을 연결하는 비용이 3만원인데 이를 이용한 업무로 수십만원의 가치를 만들 수 있다는 것 등 쉽게 상상이 간다. '대장금'과 '소녀시대'의 인기 때문에 동남아시아에서 한국산 화장품이 잘 팔리는 것도 좋은 예다. 모든 혁신경제는 경제 전반에 미치는 효과가 크다. 증기기관, 유선전화, 전기모터, 페니실린도 개발된 초기의 혁신경제 단계에서는 생산에 따른 명목상의 부가가치보다 훨씬 큰 기여를 했다. 따라서 a는 0.5~1 사이에서 결정하면 될 것이다. 그러면 혁신경제의 GDP에 1.5 내지 2배의 승수를 곱해서 청색GDP에 반영하는 것이다.

실질국민복리의 정의

여기에 한가지 정책목표를 추가하겠다. '공평건강질서지수'(FHOI, fair and healthy order index)다. 여기에 청색GDP를 곱하면 실질국민복리 RNW(real national well-being)를 도출할 수 있다는 모델을 도입하는 것이다.

실질국민복리 RNW=청색GDP×공평건강질서지수 FHOI이고

여기에서 공평건강질서지수를 '1 + 공평질서지수 FOI + 건강질 서지수 HOI'로 규정하면

실질국민복리 RNW=청색GDP×(1 + 공평질서지수 FOI + 건강질서지수 HOI)이다.

여기서 공평질서지수 FOI(fair order index)와 건강질서지수 HOI(healthy order index)는 각각 -0.1에서 +0.1 정도의 진폭을 가진 지수로 규정한다. 그러면 공평건강질서지수 FHOI는 0.8에서 1.2 사이의 상수가 된다. 이것이 나타내고자 하는 것은 청색GDP에다가 공평하고 건강한 질서의 정도를 곱하여 보정한 것이 실질적인 국민 복리라는 논리다.

이 지수에 대해서 구체적으로 검토하기 전에 '공평하고 건강한 질서'라는 개념부터 정리해보자. 마이클 샌델의 『정의란 무엇인가』라는 어려운 서적이 오랫동안 베스트셀러의 자리를 차지하는 현상에서 표출되듯이, '정의'는 우리 사회가 갈망하는 가치다. 그리고 정의가 증가하면 국민의 복리는 분명히 증가한다. 그런데 '정의'는 추상적인 개념이고, 이를 어떻게 규정하고 수치화할 것인가는 어려운 문제다. 그래서 나는 정의를 만들어내는 구체적인 수단인 '공평하고 건강한 질서'라는 개념을 도입한 것이다.

질서란 규칙들 혹은 제도들의 집합(rule set)이다. 지식경제학에서는 '생산이란 물질에 인간의 아이디어로 높은 질서를 부여함으로써 가치를 창조하는 것'이라고 본다. 한편 생산성이 높은 경제씨스템을 만들려면 많은 사람들이 '분업을 하여 가치 높은 상품을 생산할 수

있는 사회질서'가 중요하다. 이처럼 두가지 의미에서 질서가 고도화
되는 것이 곧 경제발전이다.[74]

진화경제학자 에릭 바인하커(Eric Beinhocker)는 2006년에 출간
한 저서 『부의 기원』에서 "부의 기원(origin of wealth)은 적합한 질
서(fit order)이다"라고 결론내리며 "질서란 곧 정보이다"라고 설파
했다. 번역자는 fit order를 '적합한 질서'로 번역했으나 때로는 '잘
짜인 질서'가 뜻을 더 잘 전달한다고 생각한다. 이는 유기적으로 잘
짜인 상품의 설계와 수많은 사람이 생산성 높게 협력할 수 있는 분
업씨스템을 말한다.

폴 로머는 생산을 '물질'과 '아이디어'로 재구성하는 '사람'의 작
업이라고 보았다. 그는 물질과 에너지를 통칭하여 원자(atom)라고
불렀다. 그는 아이디어를 정보를 의미하는 바이트(byte)라는 상징
적인 이름으로 불렀고, '아이디어'를 두가지로 구분했다. 하나는 물
질들을 재조합해서 새로운 제품을 만드는 물리, 화학, 공학 등의 아
이디어다. 바인하커가 이야기하는 물리적 기술이다. 다른 하나는 많
은 사람들이 분업을 하여 고도의 복잡한 과정을 거쳐서 완성품을 만
들어내는 조직구성의 규칙들이다. 바인하커가 이야기하는 사회적
기술이다.

세가지 질서: 잘 짜인 질서, 공평한 질서, 건강한 질서

바인하커가 이야기하는 잘 짜인 질서에 추가해서, 나는 공평한 질
서(fair order)와 건강한 질서(healthy order)가 중요하다는 개념을
제시하겠다. 잘 짜인 질서는 복잡한 상품을 만들기 위한 생산질서

다. 공평한 질서는 장기적인 생산씨스템의 안정에 필요한 사회질서다. 건강한 질서는 국민 전체의 내쉬평형을 극복하고 복지제도 등을 통해 국민 전체의 복리를 풍요롭게 하는 데 필요한 국가질서다.

잘 짜인 질서는 쏘나타 자동차의 수만개에 이르는 부품들이 유기적으로 잘 맞물려서 작동하는 모습을 상상하면 된다. 또한 현대자동차가 신제품을 개발하기 위해서는 시장조사와 마케팅, 연구소의 기술개발, 디자인, 생산라인, 구매부서, 협력업체 관리 등이 유기적으로 잘 이루어져야만 한다는 것을 생각하면 된다. 이것이 잘 짜인 질서다. 진화생물학에서 핏(fit)이라는 개념은 환경에 잘 적응하여 생존하고 재생산가능성이 높은 것을 의미한다. 따라서 진화경제학에서 핏은 시장에서 선택되어 대량으로 팔릴 수 있는 제품의 창조능력이라고 말할 수 있다. 특정한 목적을 달성하기 위하여 여러 사람들이 모여서 분업을 하는 조직들은 잘 짜인 질서를 만들어 유지하는 것이 중요하다. 따라서 조직의 지도자는 업무규칙 고용계약 등의 질서를 설계하고 그 질서에 따라서 소속원들이 행동하도록 유도해야 한다. 각각의 소속원들은 그 질서 속에서 자신의 역량을 발휘한다는 개념에 익숙해야 한다. 잘 짜인 질서는 물리적 기술이 유기적으로 융합되어 효율적으로 생산을 하는 데 필수적인 요소다.

예컨대 삼성전자 갤럭시 노트의 무게는 200그램에 불과하지만 가격은 80만원이나 된다. 이를 만들기 위해서 필요한 물질은 석유로 만든 플라스틱, 모래를 가공해서 유리로 만든 화면, 철과 구리, 알루미늄 같은 일반금속과 리튬, 희토류 등 미량금속들이다. 그리고 가공에 필요한 석탄 등에서 나온 에너지다. 이 원재료들로 다른 간단한 물건을 만들었다면 8만원도 받기 힘들 것이다. 갤럭시 노트가 비싼 이유는 고도의 잘 짜인 질서가 부여되었기 때문이다. 한편 갤럭시 노트와 비슷한 제품을 만들 수 있는 회사는 10개도 넘는다. 대만 기업인 폭스콘은 제조기술의 최강자이고 핀란드의 노키아가 투입한 연구개발비는 엄청나다. 일본의 소니와 미국의 모토롤라도 강력한 회사다. 그런데 유독 삼성과 애플이 시장을 석권하는 이유는 삼성과 애플이 만들어놓은 유기적인 분업 메커니즘 때문이다. 삼성전자의 납품업체들과의 거래 규칙, 회사 내부의 연구개발부서와 마케팅부서와 생산부서의 유기적이고 합리적인 업무협조 씨스템이 성공을 만들어낸 핵심요인이다. 즉, 업무 규정과 조직질서의 우수성이 성공과 실패를 가르는 것이다. 잘 짜인 질서가 생산의 요체다.

공평한 질서는 사회관계 속에서 합리적 보상체계가 원활하게 작동되는 질서다. 어느 인간이나 기업도 기여에 대한 보상이 합당해야 반복적인 거래관계를 유지한다. 현대자동차의 예를 들자면 협력업체들이 합당한 보상을 받아야 꾸준히 부품을 공급한다. 판매대리점은 적절한 보상을 받아야 적극적으로 판매를 한다. 강압에 의하지 않고 자발적으로 창의력을 발휘하도록 계약관계를 만드는 것이 바로 공평한 질서를 만드는 일이다. 수많은 분야의 사람들이 서로 협력하여 고도의 질서를 가진 상품을 만들수록 큰 가치를 창출할 수 있으므로 협력기업과 관련 공공기관과의 공평한 질서를 만드는 것이 매우 중요하다. 이를 위하여 납품계약, 판매계약, 환경규제 등 다양한 규칙과 계약들을 공평한 구조로 만들어내는 것이 기업의 성공과 경제성장의 요체다. 하청업체에게 납품가격을 지나치게 깎는다든가 몇달짜리 어음으로 대금을 지급하는 것같이 '갑'과 '을' 사이에 협상력의 차이가 매우 큰 것은 공평한 질서가 부족한 것이다.

건강한 질서는 사회가 집단적으로 공평한 상태로 만들고 '무질서로 인한 비용'(9장에서 자세히 설명할 것이다)이 작은 상태로 유지하는 데 필요한 규칙이다. 개인들 사이의 관계는 합리적인데 전체사회가 불합리해지는 부조리한 이권평형, 무임승차 현상, 죄수의 딜레마 양상 등을 교정하기 위해서는 전체를 조절하는 주체가 나서서질서를 잡아주어야 한다. 설탕 담합이 그렇고 재벌의 무리한 확장이 그렇고 남북분단 상황이 그렇다. 이러한 불공평하고 무질서한 비용이 고착되어 있는 상태를 치유하여 건강한 질서를 만들어가는 것이 국가의 기능이다. 국가적인 의료보험체계를 만들어 사설 의료보험의 낭비를 줄여서 집단 모두에게 이득을 주는 것도 건강한 질서의좋은 예다. 일시적으로 어려워진 사람들이 어려움을 극복하고 사회에 기여할 수 있도록 하는 실업수당과 복지제도를 강화하는 것이 건강한 질서를 만드는 일이다. 사회가 건강을 유지하려면 불만층이나빈곤층이 커지지 않도록 하는 질서체계를 만들어야 한다.

축구의 예를 들면, 어렸을 때부터 운동에 집중하는 엘리뜨선수 위주의 우리 국가대표팀은 잘 짜인 질서를 만들어서 런던올림픽에서동메달을 받을 수 있었지만, 대다수의 어린이들이 축구를 하고 이들중 선수가 발굴되는 미국의 씨스템에 비해 건강한 질서는 떨어진다.

이권경제는 과다한 비용이 들어가는 무질서한 상태이므로 축소되어야 하고, 요소경제는 공평한 질서가 잡힌 상태이며, 혁신경제는보다 높은 수준의 질서를 만들어가는 과정이라고 생각하면 된다. 생물의 진화도, 과학기술의 발달도, 기업경영의 발전도 질서가 고도화되는 방향으로, 즉 엔트로피가 감소하는 방향으로 흐른다. 무질서의비용이 큰 이권경제를 붙들고 안간힘을 쓰는 집단은 결국 몰락한다.

개발도상국에 기술과 장비를 공급하여 현지의 자원과 저임금을 이용하여 사업을 하려는 기업은 매우 많다. 이런 산업을 유치하면 일자리를 창출하고 산업이 발달하므로 어느 나라나 환영한다. 그러나 이런 사업들이 어려운 이유는 질서가 부족하기 때문이다. 교통이 불편하고 전기공급이 불안하고 통신이 어려운 곳에서는 공장을 운영하기 어렵다. 법률이 애매하고, 행정제도가 자주 변하고, 치안이 불안하고, 뇌물이 필요하고, 정치가 불안하면 사업을 하기 어렵다. 인건비는 낮으나 무질서의 비용이 많이 들어간다. 물리적 기술을 가져갈 수 있어도 사회적 기술은 그 나라로 가져갈 수 없다. 공평한 질서와 건강한 질서가 경제문제의 핵심인 것이다.

지난 50년간 우리 경제가 성장한 것은 잘 짜인 질서를 제대로 구축했기 때문이다. 그러나 우리에게는 공평한 질서와 건강한 질서가 많이 부족하다. 같은 일을 하는데 임금의 격차가 두배가 넘는 것은 공평한 질서가 아니다. 인구 대비 민형사 재판의 수가 매우 많은 것은 공평한 질서가 크게 부족하다는 증거다.[75] 자살률이 세계 최고, 출산률이 세계 최저 수준인 것은 건강하지 못하다는 결정적인 증거다.

앞에서 제시한 식 '실질국민복리 = 청색GDP × 공평건강질서지수'에서 복잡성을 피하기 위해서, 표현하지 않은 중요한 원리가 있다. 공평하고 건강한 질서와 청색GDP는 서로 상승작용을 한다는 것이다. 공평한 질서가 늘어날수록 혁신경제가 성장하고 이권경제가 줄어들수록 건강한 질서가 증가한다. 건강한 질서가 늘어날수록 공공경제의 낭비가 줄어든다. 오늘날 우리 경제의 발전과 국민의 복리 증진에 결정적으로 부족한 요소는 공평한 질서와 건강한 질서다. 공평하고 건강한 질서를 높이는 일이 정치의 역할이다.

나는 이 제안을 혁신질서 모델(innovation and orders focused model)이라고 이름 붙였다. 그 이유는 '혁신'경제를 중시한다는 것과 '공평하고 건강한 질서'를 강조하기 위한 것이다. 앞으로 우리나라는 GDP성장률 3%대의 저성장이 예상되므로, 국민의 총효용을 늘리려면 GDP로 표현되지 않는 국민의 복리를 늘려야 한다는 점에서 이 논의는 중요하다.

국민총행복지수

국가정책의 목표를 실질국민복리로 규정한 것을 국민총행복 GNH(Gross National Happiness)라는 정책목표와 비교해볼 수 있다. GNH는 1970년대 히말라야의 작은 나라 부탄에서 개발하여 국정의 최고목표로 삼은 지표로 감성적인 행복을 지수화한 것이다. 네덜란드 에라스무스대학의 행복학 교수 빈호벤(Ruut Veenhoven) 박사는 세계 각국 국민들의 행복을 느끼는 정도를 설문조사 등을 통해 측정한 데이터베이스를 운영하고 있는데, OECD에서도 그의 보고서를 채택해서 정책자료로 삼을 정도로 신뢰성이 높다. 아래의 표는 그가 조사한 1990년대 각국의 불평등성을 보정한 행복지수 (inequality adjusted happiness)다.

이 자료에서 발표된 90개국 중 한국은 54위로 하위권이다. 스위스와 덴마크가 가장 높고 짐바브웨가 가장 낮다. 유럽과 북미는 대체로 높고 러시아와 동구권은 매우 낮다. 아시아는 비교적 낮은데 대한민국은 중국, 베트남 그리고 필리핀보다도 낮다.

빈호벤 교수는 이 자료에서 여러가지 경제·사회적 지표들이 행복

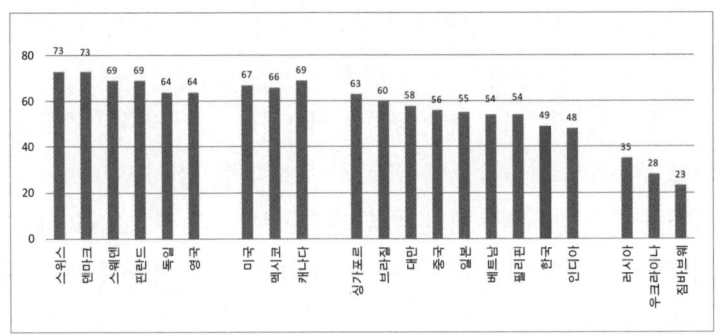

〈그림 3-14〉 주요 국가들의 행복지수

지수와 높은 상관관계를 갖는다는 통계를 제시했다.[76] 이를 보면 1인당 국민소득이 높은 나라일수록 행복하다(상관지수 68%). 자살률이 낮을수록(-51%), GDP 대비 사회보장지출이 높을수록(32%) 행복하다. 경제적 자유도가 높을수록(61%), 정치적 자유도가 높을수록(43%), 개인적 자유도가 높을수록(51%) 행복하다. 여성에 대한 사회적 차별이 적을수록(-48%) 행복하고, 사회적 관용이 높을수록(50%), 타인에 대한 신뢰가 높은(54%) 나라일수록 행복하다. 그리고 법질서가 잘 지켜질수록(56%), 인권이 존중될수록(54%), 부패지수가 낮은(-64%) 나라일수록 행복하다는 통계를 얻었다.

이 보고서에서 제시한 흥미로운 분석은 소득이 2만달러 이하인 경우는 소득이 증가하면 행복이 증가하지만, 소득이 2만달러를 넘어서면 소득의 증가와 행복의 증가 사이에 별다른 상관관계가 없다는 것이다.

혁신질서모델과 실질국민복리

내가 '혁신질서모델'을 이용하여 시도하는 것은 정서적·감성적으로 행복을 느끼는 정도인 GNH와 부가가치 생산량(GNP)을 포함한 국민이 향유하는 삶의 질의 총량을 실질국민복리 RNW라는 개념으로 측정하고 이를 증가시키는 전략을 만드는 것이다. 새로운 모델을 검증이 가능한 실천적 과학의 경지로 올리려면 주요 변수들을 계량화해야 한다. 그래야만 정책목표를 정하고 정책에 대한 투자의 성과를 측정하고 평가할 수 있다.

우리는 GDP를 측정하는 방법은 잘 안다. 그러므로 혁신경제, 이권경제의 불공정한 부분, 공평한 질서와 건강한 질서를 측정하는 방법을 개발하면 된다. 〈표 3-1〉에서 시도했듯이 한국은행이 통계를 관리하는 산업연관표와 국민계정에서 혁신경제와 이권경제의 불공정한 부분을 측정하는 규칙을 정하면 '혁신경제'와 '이권경제의 불공정한 부분'을 계량하는 것은 가능하다. 세가지 질서 중 잘 짜인 질서는 이미 GDP 증가에 직접 작용하므로 굳이 측정할 필요는 없다. 공평한 질서와 건강한 질서는 각종 지표를 이용하면 측정이 가능하다.

공평한 질서는 개인과 집단 사이 그리고 개인과 개인 사이의 자유로우면서도 정의로운 제도를 말하므로 법질서, 인권존중, 정치·경제적 자유, 언론의 자유, 여성에 대한 차별 등을 측정하는 지수를 이용하면 공평질서지수 FOI를 만들 수 있다.

건강한 질서는 국민 전체가 집단으로서 좋은 질서를 유지하는가에 관한 문제이므로, 자살률, 출산율, GDP 대비 사회보장지출, 관용도지수, 범죄율, 부패지수, 신뢰도지수, 소득불평등 같은 지표들을 사용하여 건강질서지수 HOI를 만들면 된다. 이 지표들을 만들기 위한 지수들은 다양한 국제기구에서 이미 제공하고 있다. 예컨대 경제자유도는 헤리티지재단, 관용지수와 신뢰지수는 World Value Survey, 법질서지수는 Kaufmann 그리고 부패지수는 Transparency International 등에서 매년 발표하고 있다.

국민소득이 2만 달러를 넘어선 이때 실질국민복리를 증가시키기 위해서 이권경제의 부조리한 부분을 줄이고 혁신경제를 늘리며 공평한 질서와 건강한 질서를 증진시키는 것을 국정의 최고목표로 삼자는 것이 나의 제언이다. 그렇다고 GDP의 성장을 소홀히 하려는 것은 아니다. 공평한 질서의 증가와 건강한 질서의 증가는 국민행복에 기여할 뿐만 아니라 경제성장에도 직접적인 도움이 된다. 출산율 증가, 신뢰의 증가, 부패의 감소가 국민소득 증가와 높은 상관관계가 있다는 것은 이미 검증되었다.

국민소득이 북한이나 필리핀보다 낮았던 1960년대부터 박정희 대통령이 주도하고 산업화세력이 공헌하여 우리 사회는 군대식 질서를 응용한 잘 짜인 질서를 만드는 데 성공했다. 국민소득이 3천달러가 넘어간 1987년 이후에는 민주화세력이 주도하여 공평한 질서를 나름대로 증가시켰다. 그러나 1998년 외환위기 이후 신자유주의 세례와 정책의 실패 때문에, 빈부격차 증가, 출산율 감소, 자살율 증가, 소득격차 확대에서 보듯이 건강한 질서가 감소했다는 것은 명백하다. GDP 대비 사회보장지출은 OECD국가 평균이 20%인데 한국은 10% 수준으로 OECD국가 중 멕시코 다음으로 낮다. 관용, 신뢰지수도 낮은 편이다. 소득불평등, 자살률, 출산율은 1998년 이후 크게 악화되었다. 경제는 크게 성장했으나 국가 사회의 건강은 크게 나빠졌던 것이다. 키도 크고 몸무게는 늘어났으나 당뇨병과 고혈압으로 신음하는 것과 마찬가지다.

국민소득 2만 달러가 넘은 2013년 이후에는 건강한 질서를 높여 국민의 행복도를 높이고 고통받는 소외층을 줄여야 한다. 이것이 오늘의 시대정신이다. 2012년의 대선국면에서, 새누리당과 박근혜 후보에게서는 1960~70년대의 잘 짜인 질서가 연상되고, 민주통합당에서는 공평한 질서가 느껴지나, 이 시대의 화두인 건강한 질서를 만들어줄 정당은 보이지 않는다. 이것이 새로운 정치에 대한 열망이 나타나는 주요 원인 중 하나다.

혁신을 촉진하고 이권을 축소하며 공평하고 건강한 사회질서를 만들어나가는 것이 경제를 성장시키고 구성원들 대다수에게 복리를 주는 효과적인 경제발전 방법이라는 원리가 학문적으로 검증되고, 이 이론에서 도출된 많은 정책들이 공감대를 얻고 실천을 통해서 성과를 낸다면 이 가설은 패러다임의 지위를 획득할 수 있을 것이다.

제4부

혁신하라 한국경제

15. 한국경제의 성격과 대안에 관한 논쟁들

안정적인 사회의 발달과정에는 필연적으로 내적 갈등이 존재한다.
— 카를 맑스

이제부터는 앞서 제시한 '이권집단 누적 폐해론' '혁신경제론' 그리고 '공평하고 건강한 질서론'을 바탕으로 현재 한국에서 논의되고 있는 경제정책에 관한 논란들을 평가하고 의견을 제시하고자 한다. 2012년 12월 대통령선거를 앞둔 현재 새누리당의 일부 의원들이 경제민주화와 관련해서 4개의 법안을 제안하며 경제민주화 논의를 하고 있다. 1호 법안은 재벌총수에게 집행유예를 판결하기 어렵게 하는 법안이고, 2호 법안은 일감 몰아주기를 억제하는 법안이고, 3호 법안은 신규 순환출자를 금지하고 기존 순환출자 지분의 의결권을 제한하는 법안이고, 4호 법안은 금융범죄자에게는 금융회사의 대주주 자격을 제한하는 법안이다. 이 법안들은 모두 타당한 근거를 가진 좋은 법안들이지만 당내 재벌 비호세력의 반발이 만만치 않다. 친재벌집단인 새누리당이 재벌을 개혁할 수는 없을 것이다.

한편 진보개혁 성향의 경제학자들 사이에서는 재벌문제를 중심으로 한국경제의 성격에 대한 치열한 논쟁이 진행되었다.[77]

장하준 케임브리지대학 교수, 정승일 복지사회소사이어티 운영위원, 이종태 시사인 기자가 함께 펴낸 『무엇을 선택할 것인가』가 논쟁을 촉발했다. 장하준 측은 재벌의 경영권을 보장해주는 대신 세금을 더 내도록 하여 스웨덴 같은 복지국가를 만드는 데 활용하자는 주장을 했다. 그들은 국가가 주도하는 산업정책을 중시하고 주주자본주의와 외국자본의 폐해를 강조한다. 이 논쟁의 상대편에는 김상조 한성대 교수, 이병천 강원대 교수, 김기원 방송대 교수, 정태인 새로운사회를여는연구원 원장 등이 있다. 민주당의 홍종학 의원과 유종일 교수도 비슷한 입장이다.

장하준 측은 민주개혁진영의 경제학자들 중 몇명을 주주자본주의를 옹호하는 '좌파 신자유주의자'라고까지 이름 붙이며 비판했다. 장하성 고려대 교수와 김상조 교수 등이 추진했던 소액주주운동은 자칫하면 외국자본에 주요 기업의 경영권을 넘겨주는 결과를 초래할 것이라는 우려를 했다.[78]

이에 반박하는 김상조, 정태인, 이병천, 김기원 등은 재벌의 경제력 집중과 지배구조 개선 없이는 복지를 이루기 어렵다는 입장을 견지하고 있다. 김상조 교수는 『종횡무진 한국경제』에서 독일의 콘체른 법 같은 '기업집단법'을 제정해서 기업집단의 법적인 구성요건과 의사결정 책임을 명확히 해야 한다는 대안을 제시했다. 또한 그동안 발생했던 금융위기들과 수많은 공적자금의 낭비 사례를 들면서 '모피아'의 폐해를 강조하고 국가가 주도하는 경제정책의 위험성을 경계했다. 장하준 측이 이들을 좌파라고 이름 붙이는 것도 마땅치 않으며 신자유주의자라고 몰아가는 것은 온당치 못하다. 왜냐하면 이들은 신자유주의의 문제들을 파헤치고 이를 극복하는 방안을 연구하고 실천해온 사람들이기 때문이다. 장하성·김상조 등이 치열하게 전개한 소액주주운동은 재벌 지배주주들의 과도한 소액주주 권한 침해와 독단적인 경영을 견제하기 위한 목적으로 전개된 것으로 건전한 경제질서 발전에 크게 기여했다.

박정희식 경제모델에 관한 논쟁

이 논쟁의 주요 쟁점 중 하나는 '박정희식 경제모델을 어떻게 평가할 것인가'이다. 이정우 경북대 교수 등 이른바 경제민주화론자들은 오늘날 경제문제의 상당 부분은 박정희 개발독재체제의 부정적인 유산인 재벌과 관치금융 그리고 토건주의 때문이라고 보았다. 반면 장하준 측은 지금 우리가 겪는 심각한 빈곤층과 양극화 문제가 1998년 IMF체제 이후의 신자유주의 정책들 때문이라고 주장했다. 이 문제는 박정희 대통령의 딸인 박근혜 후보의 대통령선거 프레임과도 밀접하게 연결되어 민감한 사안이다.

장하준 측은 박정희가 구사한 재벌 위주의 중상주의적 경제정책이 우리 경제의 성장에 주요한 역할을 했다고 보았다. 그래서 앞으로도 국가가 주도하는 복지국가를 건설하기 위해서는 국내의 산업자본을 보호하고 외국의 금융자본을 견제하며, 과도한 배당 등 주주자본주의를 경계해야 한다고 주장한다.

이 책에서 소개한 이권집단누적 이론을 적용하여 박정희식 경제모델의 공과와 1960년대 이후 한국경제가 급속하게 성장한 배경과 과정에 대해 해석해보는 것은 이 논쟁을 더욱 풍성하게 할 것이다.
내가 생각하기에, 한국이 1960년대 이후 비약적인 발전을 하게 된
기반은, 첫째로 일본의 식민지배로 인하여 조선의 양반집단이 붕괴
되었고, 둘째로 해방 후의 격동과 한국전쟁으로 인해 식민통치하에
서 축적되었던 일본 자본과 친일파 일당의 이권집단이 축소된데다
가, 셋째로 1950년 이승만정권 아래서 조봉암 초대 농림장관이 주도
한 농지개혁의 성공으로 지주라는 전통적인 이권집단이 약화되고
자영농이 급격하게 늘어나서, 열심히 일하면 누구나 잘살 수 있는
평등한 상태가 구현된 것이었다. 결과적으로 국민들 스스로의 삶을
개척하려는 기운이 왕성해졌고 자녀교육에 대한 투자가 크게 늘어
났던 것이 발전의 기반이었다. 그 위에 기존의 이권집단과는 연결고
리가 거의 없던 박정희 대통령과 군부가 국가권력을 장기간 장악했
고, 박정권이 다른 이권집단들을 억제하면서 포괄적으로 국가 이익
에 초점을 맞춘 정책을 구사하려 한 것이 고도성장의 원천이었다.
　여기에 중요하게 추가해야 할 것이 대외개방과 수출주도정책이
다. 한국전쟁 이후 이렇다 할 산업이 없었으므로 대부분의 물자를
수입해서 쓰다보니 어쩔 수 없이 수입물자에 내수시장을 개방했으
며, 수입대금을 확보하자니 자연스럽게 수출주도형 산업정책을 쓰
게 되었다. 그 결과 개방경제가 된 상태에서 필연적으로 수입대체
산업과 수출제조업을 육성한 것이었다. 1960~70년대에는 저임금을
바탕으로 한 노동집약산업인 섬유·가발·합판·신발산업 등 수출시
장을 목표로 한 제조업이 빠르게 성장하면서 산업의 기반을 만들었
다. 이권산업이 별로 없는 상태에서 새로운 제조업, 즉 혁신산업을
육성한 것이었다. 저임금과 선진국의 기술격차 때문에 가능했던 따

라잡기(catch-up)효과도 고속성장의 주요 요인이었다. 박정희정권이 국가 전체 경제를 고려하는 포괄적 관점을 가지고 혁신경제의 씨앗들을 선제적으로 준비해나간 것도 주효했다.

요약하자면 (1) 이권집단이 줄고 토지개혁으로 공평한 질서가 형성되었고, (2) 나름대로 군대식의 잘 짜인 질서가 유지되었으며 (3) 국가권력이 국가 전체를 고려하는 포괄적인 정책을 수행했으며 (4) 수출을 통해 큰 시장에 편입하여 혁신경제를 활성화했으며 (5) 무엇보다도 우리 국민들이 치열하게 노력했고, 자녀들을 공부시켰기 때문이다.

그러나 내수 위주의 독과점적 성격이 강한 설탕, 밀가루, 시멘트 등 많은 산업에서 재벌들의 담합 횡포를 두둔 방치하고 외자 도입과 은행 대출금 등 이권들을 소수 특권층에게 몰아주어 국민들에게 큰 피해를 남겼다. 이 과정에서 소수 재벌들 사이에서 특혜와 관치금융에 따른 이권 챙기기가 횡행했고, 정치적으로는 민주질서 파괴와 용공조작, 고문 등 인권유린을 자행하여 크나큰 오점을 남겼다.

'이권집단 억제, 잘 짜인 질서 유지, 국가권력의 포괄적인 정책, 큰 시장과 혁신경제'라는 조건 때문에 박정희시대에 경제가 발전했다는 원리는, 2차대전 후 다른 나라들의 경제발전 양상을 설명하는 데도 유용하다. 중국의 경우 1940년대의 일본과의 전쟁, 그리고 장 제스 진영과 마오 쩌둥 진영의 내전에다가 1960~70년대의 문화대혁명을 거치면서 수백년을 이어온 계급구조와 이권집단이 대부분 소멸되었고, 공평한 기회가 다수에게 주어졌다. 이 상태에서 국가의 지도자가 된 덩 샤오핑은 질서를 유지하면서 경제특구부터 점차 개방했고 장기적 비전을 가진 국가전략을 구사하여 경이로운 경제성장을 이룩했다. 반면 인도에서는 수천년을 이어온 계급이 영국의 식민지배 시절과 2차대전 후에도 해소되지 못하여 불공평한 구조가 지속된 것이 경제발전을 저해했다. 인도네시아와 필리핀 그리고 대다수의 중남미 국가들도 2차대전 후 식민지상태에서 벗어났음에도 불구하고 전통적인 이권집단들이 온존하는 불합리한 구조가 지속됨으로써 경제발전이 지체되었다. 즉, 이권집단 때문에 공평한 질서를 만들지 못한 것이 경제를 후진상태에 머물게 한 원인이었다. 북한의 경우 지나치게 강한 국가체제가 개인들의 자발적 혁신을 유도하지 못하게 하는 건강하지 못한 상태 때문에 경제가 침체되었고, 일부 중남미와 아프리카의 국가들은 국가의 공권력이 지나치게 약한 '질서' 없는 상태 때문에 경제가 파탄상태다. '공평·건강'과 '질서' 중에 하나라도 부족하면 선진문명을 만들 수 없다.

경제성장과 일자리 창출 방법론

민주개혁진영은 비판에는 능하나 경제성장의 방안과 일자리 창출 방안에는 약하다는 비판을 들어왔다. 그러나 작금에는 민주개혁진영에서도 나름대로 좋은 경제성장방안들이 제시되고 있다. 장하준·정승일이 『무엇을 선택할 것인가』에서 주장했듯이, 복지를 강화하고 정부가 전략산업을 외국자본으로부터 보호하고 혁신산업을 육성하면 경제가 성장할 것이다. 『리셋 코리아』에 담긴 정태인의 생각대로 중소기업 클러스터와 협동조합 등 사회적 기업들을 육성하면 경제성장이 촉진될 것이다. 『종횡무진 한국경제』에서 밝힌 김상조의 견해대로 재벌과 모피아의 함정에서 탈출하는 것은 경제성장에 도움이 될 것이다.

문국현 전 창조한국당 대표가 제창했고 신봉호 교수가 『잡메이킹 이코노믹스』에서 주장한 일자리 창출 전략도 유용하다. 2교대를 3교대로 바꾸고, 3교대를 4교대로 바꾸어 고용인원을 늘리고, 여유인력을 교육받게 하면 노동생산성이 올라갈 것이다. 우리 근로자들이 지나치게 장시간 노동에 시달리는 문제도 이 방법을 통해서 어느정도 해결할 수 있다. 문국현 대표가 경영하던 유한킴벌리에서 그 효과가 입증되었다. 특히 요소경제에서 원가절감에 도움이 되고, 혁신적인 요소를 불어넣는 효과도 있다. 그러나 요소경제에서는 학습의 효과가 빠르게 증가하지 않고, 1인당 부가가치가 워낙 낮기 때문에 획기적인 성과를 내기는 어렵다. 8장에서 보았듯이 전체 부가가치 중에서 인건비로 배분되는 것이 70%나 되기 때문에 인건비의 비중을 늘리기가 매우 어렵다. 한편 이 방법은 혁신경제에서는 잘 작동하지 않는다. 혁신경제의 성공은 노동의 양과는 별 상관이 없고 창조적 소수의 상품 아이디어가 중요하며, 동시에 잘 짜인 공동작업의 분업구조를 조직하는 것이 중요하기 때문이다.

무역과 개방에 관한 논란

이들의 좋은 정책에 내가 보태고자 하는 방략은 '내수경제는 개혁하고 수출은 더욱 확대하자'는 것이다. 내수경제에서는 국가가 이권경제를 제어하여 약탈적 요소와 무질서의 낭비를 줄임으로써 국민의 소득을 늘리고, 세계시장을 무대로 하는 글로벌 대기업과 글로벌 강소기업들을 키워서 수출을 통해 소득을 늘리자는 것이다. 이 논의를 좀더 진전시키기 위해 수출과 무역에 관한 논란들을 검토해 보자. 장하준이『사다리 걷어차기』『그들이 말하지 않는 23가지』등의 저서를 통해 강조한 주장은 '무역자유화로는 후진국이 선진국을 따라가지 못한다' '국가가 제조업을 중심으로 한 유망산업을 육성해야 한다' 등이다. 이와 관련한 여러 견해들을 비교해보겠다.

고전학파: 리카도는 비교우위론에서 여러 국가들이 시장을 개방하여 각 국가가 비교우위에 있는 제품 생산에 특화하여 무역을 확대하면 모든 국가들이 분업의 이점과 규모의 경제로 인해 잘살게 된다고 이론화했다.

올슨: 국내의 장벽 제거와 무역자유화를 통한 시장 확대는 이권집단의 폐해를 극복할 수 있는 수단이기 때문에도 중요하다. 리카도의 자유무역론은 이러한 장점을 간과했다.

장하준: 모든 선진국들은 자신들의 산업과 기술이 어느 단계에 올라오기까지는 중상주의 정책하에서 보호무역을 했다. 그리고 자신들이 선진화되면 사다리를 걷어차서 다른 국가들이 따라오지 못하게 했다. 따라서 국가가 산업을 장려하고 육성하는 정책을 펴는 것이 중요하다. 리카도의 비교우위론은 선진국의 이익에 입각한 도그마일 뿐이다. 신고전학파 경제이론에 입각한 워싱턴의 자유무역정책 아래에서 후진국은 점점 더 살기 어려워졌다.

박창기: 리카도의 생각은 요소경제에서는 맞는다. 쌀농사가 잘되는 한국에서 사탕수수나 오일 팜을 농사지을 필요는 없다. 하지만 혁신경제에서는 틀렸다. 만약 1970년대 우리가 자동차 생산능력이 부족하다고 수입에만 의존했다면 우리의 자동차산업은 지금도 후

진적일 것이다. 올슨의 생각은 이권경제에서는 옳지만 혁신경제에서는 맞지 않다. 설탕 같은 제품은 무역자유화를 통해 경쟁을 유도하는 것이 이권집단의 폐해를 막는 좋은 수단이다. 그러나 가전제품과 휴대전화 산업 같은 기술집약적인 성장기의 산업은 내수시장을 보호하여, 국내기업들이 내수시장에 팔아서 수익을 내며 기술을 축적할 수 있는 기회를 주었던 전략이 주효했다. 만약 초기부터 개방했다면 우리 전자산업은 지금처럼 발전하지 못했을 것이다. 장하준의 생각은 혁신경제에서는 옳다. 성숙되지 않았으나 전망이 좋은 혁신산업은 국가의 지원과 보호가 필요하다. 하지만 이권산업까지 정부가 보호해서는 안 된다. 정부의 산업정책 기능을 지나치게 키우면 관료들과 이권집단이 결합하여 자원을 낭비하는 경향이 커진다는 점을 간과해선 안 된다.

후진국에서 선진국으로 도약하는 방법

1960~70년대 일본이 초고속성장을 이룬 전략은 혁신경제 분야를 선정하여 정부와 기업이 협력하여 육성하며, 국내시장의 문을 걸어 잠가 보호하고 실력을 쌓은 후 세계시장을 공략하는 방식이었다. 카메라, 오토바이, TV, 비디오카메라에서 자동차까지 똑같은 전략을 구사했다. 우선 최신의 제조공법에 집중투자하고 기술을 배우면서 국내시장에 팔아 투자한 고정비용을 회수한다. 이런 과정을 통해 제조기술을 향상시킨 후 더 좋은 상품과 낮은 가격으로 해외시장을 공략하는 것이다.[79] 일본은 내수시장 규모가 상당히 커서 이 전략을 전개하는 데 유리했다.

1960년대 이후 한국도 비슷한 전략을 써왔다. 일본 등으로부터 최신장비를 들여오고 기술을 배워온 후 정부의 지원과 보호하에 국내시장에 팔아 투자를 회수했다. 다만 우리는 국내시장이 작은 단점을 극복하기 위해서 적극적인 수출전략을 구사했다. 1990년대 이후 중국도 비슷한 전략을 써왔다. 성장산업과 첨단기술 산업에 대해서는 정부가 보호하고 동시에 자금지원도 해준다. 중국은 정부의 특성상 과감한 지원이 가능하고, 내수시장의 규모가 커서 유리한 점이 많다. 이 전략으로 중요 산업에서 중국이 한국을 가까이 따라왔고 어떤 분야는 이미 한국을 능가하고 있다. 그러나 이 전략은 정부관료들이 산업분야를 선택하고 사업자를 선정하는 방식이므로 잘못된 과잉투자로 인한 부작용도 많다. 최근 몇년 사이에 중국은 태양전지용 폴리실리콘 산업에 수조원의 자금을 지원하여 10개 이상의 공장을 설립했으나 공급 과잉을 초래했고, 대부분의 공장은 기술 부족으로 문을 닫고 말았다. 관료와 결탁하여 혁신산업에 대한 지원을 이권화한 탓이다.

이미 선진국 수준의 기술에 도달한 우리의 제조업 분야는 큰 규모의 세계시장을 필요로 하므로 타국들에 시장개방을 요구한다. 한편 제약산업을 비롯한 소재·부품 등 산업에서 한국은 아직 부족하다. 정부가 이 산업들을 보호·육성해야 하지만, 과보호로 인하여 경쟁력이 약화되지 않도록 해야 한다. 새로이 떠오르는 혁신산업은 정부가 현명하게 예산을 지원하고 R&D 투자를 해야 한다. 그러나 아직까지 정부가 집행한 R&D 자금의 상당부분이 성과는 내지 못하고 교수들과 재벌기업의 이권으로 전락해왔다는 평가도 새겨들어야 한다.

수출보다 내수를 중시해야 한다?

보수진영과 진보개혁진영이 경제를 보는 관점에서 차이가 나는 부분 중 하나가 수출에 대한 시각이다. 진보개혁진영에서는 우리 경제의 대외의존도가 지나치게 높아서 외국의 상황 변화가 국내경제에 주는 충격이 크고, 수출에 대한 지원이 너무 커서 내수경제가 위축되므로 내수를 진작하는 경제정책을 써야 한다는 견해가 우세하다. 이에 대한 보수진영의 지배적인 견해는 경제성장의 원동력인 수출은 계속 장려해야 하며, 외환보유고를 늘리기 위해서라도 환율을 저평가하여 수출을 촉진해야 한다는 것이다. 나는 수출은 장려하되, 환율은 서서히 평가절상하여 국내물가를 안정시키고 국부를 증대시켜야 한다는 입장이다. 수출은 주로 혁신산업에서 나온다. 수출산업은 이권이 개입할 여지가 별로 없고 꾸준히 혁신하지 않으면 뒤처지기 때문에 수출을 촉진해야 국내의 혁신산업까지 발달한다.

나는 일부 경제평론가들이 수출보다 내수를 육성해야 한다고 주장하는 것에 대해서 비판적이다. 그들은 한국이 '수출과 수입을 합한 금액과 국내총생산(GDP)의 비율인 무역의존도'가 지나치게 크다는 이야기를 하면서, 2010년 기준으로 한국의 무역의존도는 102%인데 미국 25%, 일본은 25%, OECD 평균은 50%이고, 중국도 49%라는 통계를 제시한다. 대외의존도가 너무 커서 국제시장의 변동에 심하게 영향을 받는다는 주장은 그럴듯하지만 무역의존도의 높낮이가 결정적으로 중요한 것은 아니다. 대외의존도가 낮고 내수의 비중이 큰 일본이 불황의 늪에서 빠져나오지 못하고 있는 반면, 무역의존도가 87%인 독일과 96%인 스위스, 그리고 94%인 스웨덴은 경제상황이 좋은 편이다. 참고로 경제위기를 맞은 그리스, 스페인과 이딸리아는 각각 50%, 55%, 55%이다. 한가지 덧붙이자면 GDP는 부가가치를 측정하는 것이고 무역금액은 수입금액과 수출대금의 총액을 합한 것이라는 사실이다. 무역의존도라는 개념은 손쉬운 비교지표지만 제대로 이해하지 않으면 무역에 의존하는 비중을 과장하는 결과를 가져온다. 2010년 산업연관표를 보면 국내 총수요 3733조원 중에서 수출은 619조원이고 수입은 609조원이어서 수출입의 합은 1228조원으로 총수요의 33%를 차지한다.[80]

한편 일부 학자와 경제평론가들은 수출제조업의 부가가치유발계수가 하락하는 것을 지적하며 수출산업의 중요성을 폄하한다. 예컨대 김상조 교수가 『종횡무진 한국경제』에서 삼성전자 같은 전기전자 업종의 부가가치유발계수가 1995년 0.653에서 2009년 0.501로 떨어진 것을 지적하며 "1000원짜리 전기전자제품에 대한 최종수요가 발생하면 이를 충족시키기 위한 경제활동의 결과 최종적으로 국내의 부가가치로 남는 것은 501원에 불과하다는 것이다. 그만큼 수입 소재·부품·완제품에 의존하는 정도가 크다는 말인데, 이래서야 국산이라고 할 수 있겠는가?"라고 지적했다.[81] 같은 기간 동안 기초소재 제조업의 부가가치유발계수는 0.654에서 0.497로 떨어졌고, 자동차 등 수송장비 제조업은 0.722에서 0.603으로 떨어졌다. 그러나 나는 이 데이터가 수출의 중요성을 감소시키지는 않는다고 해석한다. 지난 15년간 제조업의 수입의존도가 높아진 것은 우리나라 산업의 국제분업이 고도화되었고, 고부가가치 제품의 수출 비중이 늘어났고, 석유 등 원자재 가격이 올라간 때문이기도 하다. 물론 공장들을 외국으로 이전했기 때문에 국내경제에 낙수효과가 줄었다는 것은 인정한다. 이 데이터는 에너지를 절약하고, 소재부품의 국산화를 강화할 필요성을 제시해준다는 점에서 중요하지만, 수출이 우리 경제에 기여하는 역할이 줄었다고 해석하는 것은 곤란하다. 우리나라는 국내시장이 작고 향후 고령화에 따라서 국내수요가 축소될 것이므로 세계시장에서 수요를 발굴하는 사업을 해야 한다. 우리는 에너지의 97%와 식량의 75%를 수입에 의존한다는 점에서 자원가격 상승에 대비해서라도 수출을 많이 늘려야 한다.

수출이 고용증가에 별로 도움이 되지 않으므로 내수시장을 확대해야 한다는 견해도 있다. 수출은 고용유발 효과가 적고 수출 대기업들이 해외에 공장을 지어 국내고용이 줄어든다는 논리다. 이런 주장을 하는 사람들에게 묻고 싶다. 내수시장에서 고용을 창출하는 좋은 전략이 있냐고? 2010년 산업연관표에 따르면 수출 10억원당 취업유발계수(2005년 10.8명→2010년 7.9명)와 수출의 부가가치유발계수(2005년 0.62→2010년 0.56)가 떨어진 것은 사실이다. 하지만 여전히 수출을 100억원 늘리면 79명의 고용이 창출되고 56억원의 국민소득이 증가하여 임금과 이윤 등으로 배분된다. 수출액의 증가속도보다 일자리 증가속도가 느린 것은 기술의 발달과 산업구조의 고도화 때문이다. 오히려 기술을 더 발달시키고 국제경쟁력을 높여서 세계인들이 좋아하는 가치 높은 상품을 창조해야 기업이 커지고 일자리가 늘어난다. 수출이 늘어난다는 것은 세계시장에서 경쟁력이 높다는 것이다.

한국의 소득격차, 써비스업 생산성 저조 때문?

이제 내수시장을 진작시켜야 한다는 주장에 대해서 어떻게 접근할지 생각해보자. 내 생각으로는 우리나라의 내수경제가 어려워진 결정적인 이유는 지난 20년간 업종간 임금격차가 지나치게 벌어졌기 때문이다. 80%에 이르는 저임금 근로자들과 자영업자들의 가처분소득을 늘려주지 않는 한 내수경제 활성화는 어렵다.

2012년 4월 OECD가 발간한 한국경제보고서를 인용하여 여러 신문들이 "한국의 소득격차, 써비스업 생산성 저조 때문"이라는 제목의 기사를 실었다. 기획재정부, 한국은행과 한국개발연구원(KDI)도 이에 동조하는 논평을 내놓았다. 그러나 이는 본말이 전도된 잘못된 분석이다. 다음은 OECD 한국경제보고서의 주요내용이다.

제조업에 대한 써비스업 생산성의 2008년 비율은 한국이 53%로, OECD 32개 회원국 중 31위이다. OECD 평균은 87%였다. 이는 도소매·음식업 등 저부가가치 업종은 과당경쟁 상태이고, 교육·의료 등 고부가가치 업종은 개방과 경쟁이 제한된 탓도 있다. 지난 25년 동안 고소득국가 GDP 성장의 거의 85%가 써비스분야에서 이루어졌다. 써비스부문의 낮은 생산성은 낮은 임금으로 이어진다. 제조업 임금에 대한 써비스업 임금의 비율은 1991년에 거의 100%였으나 2009년에는 54%까지 낮아졌으며 이는 주요 OECD 국가들에 비해 큰 격차이다.

내가 생각하기에 OECD의 분석은 두가지 점에서 크게 잘못되어 있다.

첫째, 제조업과 써비스업 사이의 임금격차가 아니고 써비스업 업종간 격차가 더 큰 문제다. 8장의 〈표 3-1〉에서 보듯이 전 산업의 평균임금은 288만원이고 18%의 취업자들이 종사하는 제조업의 평균임금은 297만원이다. 써비스업인 금융보험산업(취업자의 3%)은 528만원이며, 방송통신업(취업자의 1%)은 409만원이다. 반면 영세사업자가 많은 숙박음식업(취업자의 8%)과 부동산써비스업(취업자의 11%)의 임금은 165만원과 172만원에 불과하다.

둘째, 결정적인 오류는 인과관계를 거꾸로 본 것이다. OECD 보고서에서는 써비스업의 생산성이 낮기 때문에 임금이 낮다고 주장했는데, 실상은 이와 반대다. 임금이 낮기 때문에 생산성이 낮은 것으로 측정될 뿐이다. 우리나라의 식당에서 일하는 사람들이나 택시기사들의 노동강도나 노동의 질, 즉, '실제 써비스생산성'은 매우 높다. 스위스나 뉴욕에 크게 뒤지지 않는다고 생각된다. 다만 임금이 낮을 뿐이다. 써비스산업의 생산성은 써비스산업의 가격에서 원가를 뺀 부가가치를 종사자의 수로 나눈 것이다. 만약 식당의 음식가격과 택시요금을 인상하여 종업원들과 택시기사들의 임금을 올리면 '화폐로 계량된 임금과 비례하는 노동생산성'은 바로 증가한다. 진실은 써비스업의 생산성이 낮은 것이 아니라, 이 분야의 써비스가격이 낮고 따라서 여기에 종사하는 사람들의 임금이 지나치게 낮은 것이다. OECD의 수준 높은 경제학자들이 왜 이런 착각을 했을까? 혹시 다른 의도가 있는 것이 아닐까 하는 의구심마저 든다. 이를 좀더 따져보자.

임금을 결정하는 요인은 (1) 노동의 성과인 생산성뿐만 아니라 (2) 노동의 수요공급도 중요하다. 저임금 외국인 노동자들과 경쟁하는 분야는 인건비가 오르기 어렵다. 또한 (3) 노동을 재생산하는 데 필요한 원가라고 할 수 있는 생활비도 중요한 요인이다. 집값, 식품가격 등 생활비가 오르는데 임금이 오르지 않으면 견디지 못한다. 그리고 결정적으로 임금은 (4) 협상능력 즉, 렌트에 의해서 결정되는 경향이 강하다. 방송, 통신, 금융업계는 이권집단인 노동조합이 막강하므로 협상력이 좋아서 높은 임금을 받는 것이고, 요소경제의 과당경쟁 속에서 노조도 없이 서로 경쟁하는 음식점 종업원이나 택시기사들의 임금은 올리기 힘든 것이다. OECD 한국경제보고서의 주장을 좀더 살펴보자.

의료, 교육, 금융, 소프트웨어와 관광 등 써비스업에 지나치게 엄격한 규제도 써비스부문의 투자와 경쟁을 방해하고 있다. 경쟁을 강화하기 위한 핵심요소는 국내 진입장벽 제거, 규제개혁 가속화, 경쟁정책 개선, 무역 및 외국인 직접투자(FDI) 유입에 대한 장벽 축소 등이다. 써비스부문의 외국인 직접투자는 OECD 평균이 GDP 대비 37%인 데 비해 한국은 6%에 불과하다. 외국인 직접투자를 장려하려면 한국은 핵심 써비스분야에서 외국인 소유 제한 같은 외국인 직접투자 규제를 더 완화해야 한다. 또한, 노동시장을 개혁함으로써 국제적인 기업 인수·합병에 대한 장애물을 제거하고 외국인 투자에 우호적인 환경을 조성하는 것도 중요하다.

OECD가 주장하는 것은 규제를 풀고 노동조합을 약화시켜서 외국자본의 진출을 촉진하라는 것이다. 그렇다면 외국자본이 진출하고자 하는 분야는 무엇일까? 은행 등 금융업, 영리병원, 영리학교, 카지노 같은 '핵심' 써비스업들이다. 삼성 등 재벌들이 진출하고자 하는 분야와 비슷하다. 그런데 이 분야는 이미 임금과 생산성이 높은 편이므로 논리적으로 앞뒤가 맞지 않는다. 터무니없는 주장인 "써비스업의 생산성이 낮아서 소득의 양극화가 생겼다"라는 논리에서 비약된 써비스업 개방 담론은 수상한 목적을 가진 요설(妖說)이다. OECD의 주장은 외국의 투기자본과 재벌들이 한국 내수의 써비스업 중 이권산업에 진출하려는 목적을 정당화하기 위한 논리라는 생각까지 들게 한다. 도대체 이 보고서를 쓴 사람이 누구일까? 프랑스 빠리의 OECD 본부에 파견된 한국 관료가 재벌에 포획된 것이 아닌가 하는 의심마저 든다.

나는 금융·의료 등 고부가가치 써비스업의 생산성을 높이는 것이 우리 경제에 중요하다고 믿고 있다. 그러나 이 산업들이 이권경제적 성격이 강하다는 점도 잘 따져보아야 한다. 미국의 금융권 종사자와 의사들은 연봉은 매우 높고 따라서 생산성도 높다. 그러나 의사·사설의료보험·변호사의 카르텔이 미국의 의료체계를 망가뜨렸다. 첨단 금융써비스업자들의 본사인 월스트리트의 탐욕이 미국경제를 파탄으로 몰아갔다는 점도 유의해서 보아야 한다.

내수경제를 키우는 방법에 대한 논란

써비스산업을 육성하여 내수경제를 키워야 한다는 주장에 대해 따져보자. 자칫 내수경제를 잘못 키우다가는 부작용이 많이 생긴다. 2009년에 크게 오른 외식비용만 보더라도 그렇다. 배추 값과 돼지고기 값이 오르더니 짜장면, 김치찌개 값도 올라 점심식사 비용이 5000원 하던 것이 7~8000원으로 올라버렸다. 전반적으로 가격이 오르면서 내수가 활성화되는 것처럼 보이지만 물가상승으로 서민가계에 부담만 주었다.

한편, 실수요에 기반한 내수육성이 아니라 빌린 돈으로 소비하여 경기가 부양되는 것은 매우 위험하다. 김대중정부 후반에 신용카드를 남발하는 방법으로 내수경제를 활성화하다가 국민들이 얼마나 큰 타격을 입었는지를 생각해보라. 현재 가계부채 문제로 서민경제가 파탄에 이른 것도 빚을 내어 집을 사도록 유도한 부동산 경기부양 정책 때문이다. 경제성장률을 높이려는 정치권과 관료들의 욕심이 작용한 것이다.

부작용을 피하면서 내수경제를 활성화하려면 두가지의 요소가 결합되어야 한다. 첫째는 필요는 한데 부족한 재화를 공급해주는 것이고, 둘째는 이 재화를 살 수 있도록 소득을 올려주는 것이다. 우리나라는 이미 의식주 중에서 음식이나 옷의 부족함은 별로 느끼지 않는다. 가장 부족한 재화는 쾌적한 주택이다. 약 30~40%에 이르는 열악한 주택 거주자들과 무주택자들은 싸고 질 좋은 주택만 있다면 간절히 구매하고 싶어한다. 정부가 땅을 싸게 마련하고 교통을 편리하게 한 후 저가의 고품격 주택을 대량 공급하면 내수경기가 부양된다. 일자리를 늘리고 가처분소득을 높여서 저소득층이 집을 구매할 수 있게 하는 것이 가장 좋은 내수 활성화 정책이다. 사실 고소득층은 소득이 늘어도 국내소비를 크게 늘리지 않는다. 대신 해외여행과 유학으로 귀중한 달러를 유출하며 외국의 내수를 활성화시키는 경향이 커진다.

1990년대 중반 이후 음식료업, 숙박업, 운송업 등 요소경제 종사자들의 임금이 노동조합을 가진 대규모 제조업이나 금융업, 공기업 등 이권경제에 비해서 크게 떨어진 것이 우리나라의 소득 양극화와 빈곤층 증가를 초래한 핵심 원인이었다. 이 문제를 해결하는 실질적인 방법은, 지나치게 낮은 요소경제 종사자의 임금을 올리고 비정규직과 정규직의 임금을 평준화하는 것이다. 즉, 동일노동에 동일임금이라는 원칙을 구현하는 것이다. 이를 위해서는 비정규직과 자영업자들을 포함한 포괄적인 노동조합을 결성하는 것이 필요하다. 스웨덴이나 네덜란드처럼 전국적인 범위를 갖는 포괄적인 노동조합은 국민 전체의 이익을 위해 행동하는 경향이 있다. 저임금 노동자들은 소비성향이 높아서 소득의 증가가 내수증가로 바로 연결된다. 또한 부채가 많은 이들의 소득을 올려주어야 우리나라 경제의 시한폭탄 같은 가계부채 문제를 해결할 수 있다.

이를 위해서 최저임금을 평균임금의 50%선까지 올리는 것을 진지하게 고려해야 한다. 2011년 최저임금은 4320원(×209시간=월90만원)이었고 2012년 4580원(월96만원)으로 6% 인상되었다. 노동계는 2012년 최저임금으로 2011년 전체 노동자 평균임금(226만원)의 50%인 시간당 5410원(×209시간=월113만원)으로 올리자고 주장했다. 나는 이 견해에 동조한다.

하지만 이 조치가 편의점처럼 장시간 영업을 함에도 수익성이 부족한 영세상인들을 어렵게 한다는 문제가 있다. 또한 아파트 관리인들의 인건비가 늘어남으로써 무인경비씨스템으로 바꾸어 일자리가 줄어들 수도 있다. 어차피 경쟁력이 없는 산업은 구조조정이 불가

피하다. 저임금에 기대어 쇠퇴하는 산업에 매달리면 모두에게 해롭다. 섬유산업을 구조조정하지 못했던 대구경제는 쇠퇴했으나, 경공업 위주의 마산자유경제지역에서 기계공업단지로 바꾼 마산, 창원은 크게 성장했다. 구조조정되어 나오는 실업자들에게 돌아갈 새로운 일자리 창출이 큰 숙제다.

결국 혁신경제만이 좋은 일자리를 새로 만든다. 써비스업 증가가 핵심적인 해결책은 아니다. 이권경제는 더욱 아니다. 해결방법은 고부가가치 혁신경제의 일자리를 늘리면서 정규직의 임금을 낮추어 정규직을 보다 많이 고용하도록 유도하는 것이다. 그러면 자영업과 비정규직에 유입되는 인구를 줄일 수 있다. 기업의 경영자들도 정규직의 임금이 낮아지고 정리해고가 보다 수월해지면 비정규직이 아닌 정규직을 뽑고 싶어한다. 회사에 대한 충성심부터 다르기 때문이다. 그리하면 공장을 외국으로 옮기는 일도 줄어들어 국내에 일자리가 늘어나고 동시에 기업의 국제경쟁력도 올라갈 것이다.

우리에게는 실수요에 기반한 내수경제 활성화에 성공한 역사가 있다. 1987년 군사독재를 무너뜨리고 민주화를 이루자, 노동자들이 노동의 댓가를 정당하게 받을 수 있게 되었다. 그 결과 소득이 높아진 노동자들이 자동차를 사고 집을 사게 되었다. 이른바 마이카시대가 열려 자동차 생산량이 급증하고 이에 부응하여 전국에 도로, 다리, 터널이 건설되었다. 주택수요가 많아지자 분당·일산·평촌 등에 신도시가 건설되어 장기간 호황이 유지되었다. 이때는 빈부격차가 줄어들고 중산층 비중이 높아졌다.

금융산업을 보는 시각

현대 자본주의 경제에서 금융산업은 중요한 기능을 한다. 그런데 우리의 짧은 자본주의 역사에서 금융업은 실패를 반복해왔다. 이권은 사유화했고, 실패의 손실은 국민들에게 떠넘겨왔다는 비난을 받기도 한다. 개발독재시대에는 국민 대다수가 알뜰하게 모은 저축을 독점한 은행 돈을 정치권이 재무부를 동원하여 재벌들에 몰아주었다. 일반국민들은 대출 받기가 매우 어려웠다. 당시에는 물가상승율이 매우 높았고 이자는 상대적으로 쌌으므로, 대출을 받는 것은 일종의 특혜였다. 이 돈을 허투루 쓴 재벌들이 몰락하면서 1997년 외환위기가 터져서 수많은 금융기관들이 파산하고 수십개의 재벌그룹들이 해체되었고 그 손실은 국민들에게 떠넘겨졌다. 조흥은행, 한일은행, 제일은행, 서울은행 등 거의 대부분의 상업 은행들이 망하며 국민들의 혈세를 투입해야 했다. 이익이 생길 때는 소수의 이권집단들이 가져갔고 손실이 생기니 국민 전체에게 부담시킨 것이다. 가계대출에 주력한 주택은행과 국민은행이 살아남았고, 신설된 은행이었던 신한은행과 하나은행이 화를 면했다.

1997년 외환위기의 결과 IMF를 앞세우고 들어온 유대인 자본인 조지 소로스와 골드만삭스가 제일 먼저 요구했던 것이 은행에 대한 외국인 소유지분 규제를 없애달라는 것이었다. 미국 투기자본의 대표격인 골드만삭스가 첫번째 투자대상으로 삼은 것이 국민은행이었다. 정작 그들이 한국 최대 은행의 대주주로서 경영에 간여하면서 금융산업을 선진화했다는 증거는 찾기 어렵다. 과거에는 수많은 국민들의 푼돈을 모은 자금을 산업자본에 빌려주어 일자리를 창출하는 데 기여했으나, 골드만삭스가 경영권을 장악한 후에는 손쉽고 위험이 적은 부동산담보대출 등 개인상대 대출에 치중했다. 그리고 이익을 많이 내어 주주에게 배당을 많이 해주는 것을 경영의 최고 목표로 삼았다. 결과적으로 골드만삭스가 수조원의 이익을 외국으로 가지고 빠져나가게 도와준 셈이었으며, 그들이 경영하는 동안 주택담보대출과 개인대출을 늘리는 바람에 아파트 값이 오르고 가계부채 문제가 커졌다. 이들은 미국 등 선진국처럼 20~30년간 원리금을 함께 상환하는 고정금리 모기지상품은 소홀히 하고, 이자만 내다가 한꺼번에 갚아야 하는 변동금리 방식의 융자상품을 주로 영업하여 주택시장 버블을 키워서 후유증을 만들었다. 이제는 주택담보대출의 질서를 건강하게 바꾸어야 한다. 우리도 20년 이상 장기, 원리금 분할상환, 고정금리 위주로 주택금융 제도를 바꿔야 한다.

은행업은 국내시장을 적당히 나누어서 과점하여 예대마진, 송금수수료, 펀드 판매수수료 등을 챙기며 담합이 일상화되어 있다. 이명박정부가 추진한 합병과 대형화는 리스크는 커지고 과점은 강화되므로 좋은 방향이 아니라고 생각한다. 은행들도 경쟁해야 금융소비자의 복리가 늘어난다. 이권경제에서 경쟁이 치열한 요소경제로 전이시켜야 하며 국제시장에서 경쟁할 수 있도록 혁신요소를 개발해야 한다. 은행 분야의 이권을 줄여나가려면 은행의 설립요건을 완화하여 꾸준하게 새로운 경쟁자가 진입하도록 해야 한다.[82] 또한 새로운 창조적인 경쟁자가 진입하도록 허용해야 한다. 예를 들면 점포를 두지 않는 온라인은행 같은 것이다.

안철수 후보가 '재벌은행'에 참여했다고 해서 논란이 된 브이소

사이어티가 주도한 온라인은행의 설립에 대해서 살펴보자. 금융관련 소프트웨어기업의 대표로서 브이뱅크 설립에 간여했던 나는 이 은행이 우리나라 금융산업에 긍정적인 영향을 미칠 것이라고 확신했다. 2001년 당시 우리가 추진하던 브이뱅크는 작금에 정치권에서 왜곡하여 선전하는 '재벌은행'과는 거리가 멀다. 재벌과 벤처기업들을 포함한 수십개의 5% 이하의 주주들이 참여하는 혁신적인 은행으로 기획되었다. 당시 미국과 유럽 그리고 일본에서 무점포 온라인은행들이 활발하게 전개되고 있었고 우리나라는 현금지급기 보급이 많고 모바일뱅킹이 발달하여 여건이 매우 좋았다. 정보통신 전문가들이 많았던 브이소사이어티 회원들에는 온라인은행이 성공하는 데 필요한 요소를 가진 회사들이 많이 있었다. 비싼 임대료를 내는 점포를 줄이고 정보통신기술을 이용하여 인건비도 줄여서 고객들에게 높은 예금이자를 지급하고 낮은 이자율로 소액대출과 중소기업 대출을 하고자 했던 것이 브이뱅크의 목표였다.

이러한 시도는 금융실명제법을 빙자한 관료들의 복지부동을 극복하지 못하고 좌절되었다. 금융실명제법에 따르면 계좌를 개설하는 본인이 직접 점포를 찾아와서 주민등록증을 제시하고 본인 확인을 해야만 했다. 사실 정보통신의 발달로 공인인증서를 이용하면 본인 확인이 가능한 시대가 되었기 때문에 금융실명제법을 개정해서라도 이런 혁신경제를 키우는 것이 국민경제에 도움이 된다. 많은 사람들이 좋은 의도로 혁신사업을 시도했으나, 당시 기득권을 가진 은행권과 이권을 나누어주는 것을 자신들의 고유권한이라고 생각하는 모피아 관료들의 성채는 너무 높았다. 모피아의 정신세계는 아직도 "관(官)은 치(治)하기 위해서 존재하므로 관치경제를 해야 한

다"는 봉건적인 수준에 머물러 있다는 생각이 들었다.[83]

다른 금융업들도 이권산업적인 성격이 강하다. 저축은행업, 보험업, 신용카드업, 증권업 모두 정부의 인가가 필요한 사업이다. 허가를 받는 것만으로도 대단한 이권이 생긴다. 수많은 국민들의 돈을 모아서 굴릴 수 있기 때문이다. 2003년 카드대란 사건 당시 삼성카드와 LG카드를 포함한 대다수의 신용카드 회사들이 파산 위기에 몰렸다. 결국 대규모의 공적 자금이 파산에 직면한 신용카드 회사들에 투입되었다. 2012년 현재 진행되는 저축은행 사태도 이권을 장악했던 대주주가 금융감독 관료들과 정치인에게 이권을 적당히 나누어주면서 무리하게 경영한 결과, 수십만명의 예금자들이 피해를 보게 된 것이다. 심지어는 대통령의 형 이상득씨와 최측근 최시중씨 그리고 박영준씨가 이들의 범죄행위를 도왔다는 의심을 받고 있다. 1위부터 5위 모두를 포함하여 20개 저축은행이 파산했고 부실화되어 예금보험공사가 투입해야 되는 자금 규모가 무려 20조원이 넘을 것으로 예상된다. 금융감독 체계를 근본부터 바꾸어 저축은행 같은 사태가 일어나지 않도록 해야 한다.

우선적으로 취해야 할 조치는 금융범죄자들이 금융회사의 주요 주주가 되는 것을 금지하는 법을 만들어 집행하는 일이다. 미국의 경우 은행의 설립은 자유롭지만, 주요 주주의 자격심사는 매우 까다롭다. 연방수사국 FBI까지 간여하여 엄격하게 심사한다. 기존의 주요 주주가 금융범죄를 저지르면 주식을 강제로 매각해야 한다. 미국에서였다면 여러 경제범죄에서 유죄판결을 받은 이건희 회장이나 정몽구 회장은 삼성생명이나 현대캐피탈의 주주와 이사의 자격이 박탈된다.

증권업계도 국내에만 갇혀 있어 후진적이며 국민경제에 부담을 주는 경향이 있다. 개인투자자들의 절반은 1년 이내에 투자손실을 보고 주식시장을 떠난다. 증권사들은 지나치게 투기적인 선물옵션 시장에서 수수료 수익을 얻는 데 급급하며 투자자들이 손해보는 것은 별로 개의치 않는다. 증권업계는 우리 경제의 위상에 맞게 투자은행 기능과 자산운용 기능 그리고 국제사업능력을 강화해야 한다.

보험업도 대표적인 이권사업이다. 보험업의 핵심적인 기능은 위험을 사회적으로 분산하는 장치로, 사망·사고·질병 등이 발생했을 때 요긴한 보장성 보험이 중요하다. 또한 고령화가 심화되면서 연금보험도 중요해졌다. 2011년 말 기준 생명보험사의 총 자산규모는 442조원이고 2010년도 연간 총 수입보험료는 83조원이며 연간 지급된 보험금의 규모는 53조원에 이른다. 이처럼 어마어마하게 큰 보험료 중 사업비가 얼마나 많은지, 중도해지 비율이 얼마나 많은지, 중도해지 환급금이 얼마나 작은지, 통계를 자세하게 밝히도록 하여 보험소비자들을 보호하는 정책을 강화해야 한다.

우리나라에서는 보장성 보험 외에 저축성 보험을 지나치게 많이 팔기 때문에 부작용이 크다. 2년 이내에 해약하는 비중이 매우 높고 이때 환급 받는 금액이 너무 적어서 피해를 보았다고 생각하는 사람들이 많다. 우리나라의 보험시장은 라이선스를 가진 삼성 한화 교보 등 소수가 과점하고 있으며 서민들은 지나치게 많은 돈을 보험료에 쓰고 있다. 사설의료보험은 국민의료보험에 비해서 비용이 많이 들어가서 낭비적이다. 아는 사람의 권유에 마지못해 보험에 가입한 후 후회하는 사람들이 너무 많다. 저축성 보험은 은행예금에 비해 수익률이 낮다. 보장성 보험은 외국에 비해 매우 비싸다. 소비자 보호라는 관점에서 보장성 보험과 저축성 보험을 혼합한 상품을 금지하는 방안을 생각해볼 필요가 있다. 보험은 원래 목적대로 보장성 보험을 중심으로 사업하도록 해야 한다. 이 문제만 해결해도 서민의 가계 경제에 큰 도움이 될 것이다. 1989년 보험업을 국제자본들에 개방하여 푸르덴셜 등이 국내영업을 시작하였고 1999년 외환위기 이후에는 알리안츠생명 등 여러 외국계 생명보험회사들이 한국에 진출했다. 그러나 외국계 보험회사들은 한국 보험시장의 후진성을 극복하는 혁신 전파자로서의 역할은 크지 않았고, 한국 생명보험회사의 관행에 편승하여 이권을 챙기는 데에 열중했다.

신용카드는 모든 상점에서 강제로 받아야 하므로 이미 국가의 화폐와 같은 지위를 획득했다. 그런데 소매점에서 지불수단에 대해서 2~3%의 수수료를 내야 한다는 것은 심각한 문제다. 음식점이나 편의점 등 자영업자들의 경우 매출에서 재료비와 인건비, 임차료 그리고 인테리어 비용과 자기인건비를 뺀 마진은 10% 이하인 경우가 대부분이다. 여기서 3%를 카드회사가 가져간다는 것은 총 마진의 30% 이상이 국가가 강제하는 지불수단 때문에 비용으로 발생한다는 것을 의미한다. 만약 소매사업자가 카드를 받지 않을 권리가 있다면 모르겠지만 받지 않는 것이 불법인 상황에서는 자본주의 시장경제의 대전제인 계약의 대등성의 원칙에도 위배된다. 소매점의 수수료를 1% 이하로 낮추고, 카드를 씀으로써 외상구매와 같은 혜택을 보는 소비자가 회비 등을 내게 하는 것이 타당하다. 이 조치는 우리나라의 취약계층인 자영업자들에게 큰 환영을 받을 것이다.

외국자본의 성격에 관한 논란

1998년 이후 10년간의 민주정부 시절에는 IMF의 강압에 의하여 주요 은행들의 지배권을 외국자본에 넘겨야 했고, 주요 기업들의 50% 이상의 주주가 외국인들로 바뀌었다. 장하준 교수가 이를 신자유주의 정책 때문이라고 평가하는 것은 일리가 있다. 국민은행에 투자했던 골드만삭스, 제일은행에 투자했던 뉴브리지캐피털, 외환은행에 투자했던 론스타는 수조원씩 단기적 이익만을 챙겨서 떠나갔다. 그들은 국제화라는 이름으로 IMF의 비호를 받으며 들어온 또다른 강력한 이권집단이었던 것이다. 그들의 정체를 김대중정부나 노무현정부는 잘 몰랐고 일부 재경부 관료들은 그들의 하수인 노릇까지 했다. 그들이 투자한 분야가 혁신경제나 요소경제보다는 이권경제였다는 점이 의미심장하다. 2000년 1월에 골드만삭스는 내가 창업하여 경영하던 (주)팍스넷에 500만 달러를 투자했다. 당시 그들은 한국, 중국, 일본의 여러 인터넷과 정보통신기술 벤처에 투자했었다. 골드만삭스에서 선임한 이사와 많은 교류를 했던 나는 그들이 국민은행과 주택은행을 어떤 관점에서 경영했는지를 가까이서 보았다.

외국자본이 한국에 투자하는 형식은 두가지로 (1) 상장주식에 투자하는 방식의 포트폴리오 투자와 (2) 외국인 직접투자(FDI, foreign direct investment)로 나눌 수 있다. 나는 외국인 직접투자는 한국경제에 도움이 되지만 포트폴리오 투자는 별다른 도움이 되지 않는다고 생각한다. 외국인 직접투자도 기존 기업을 인수하는 방식의 투자와 그린필드 투자(green field investment)로 나눌 수 있다. 쌍용자동차를 인수한 상하이자동차의 투자는 인수방식 투자로 실패한 사례다. 필립스가 기술을 제공하여 LG와 합작투자한 LG디스플레이처럼 혁신경제 분야에서 서로의 장점을 접목하여 새로운 공장을 짓는 그린필드 투자는 국가경제에 좋은 영향을 준다. 중국 경제성장의 태반은 여기에서 왔다. 수많은 한국기업들이 중국에 그린필드 투자를 한 것이 중국의 산업과 기술발달에 결정적인 기여를 했다.

그러나 외국인 직접투자의 경우도 이권경제에 투자하는 것은 국민경제에 이로움이 별로 없다. 골드만삭스의 국민은행 인수, 론스타의 외환은행 인수 등에서 보았듯이 은행을 저가에 인수한 후 직원들을 해고하고 수익성을 높인 후에 몇년 지나서 이익을 챙겨 떠나는 이들은 한국경제의 발전에는 별로 관심이 없다. 이밖에 호주 맥쿼리 금융그룹의 자회사인 맥쿼리자산운용이 운용하는 인프라펀드는 인천공항고속도로를 비롯한 다리 그리고 터널에 투자했는데, 최소운영수입보장제도 등을 통해 막대한 이익을 챙길 것으로 전망된다. 최소운용수입보장 계약서를 가지고 저금리의 자금을 조달하여 대규모의 단기적인 차익을 챙긴다는 것을 우리의 관료들이 잘 몰랐는지 아니면 방조했는지 궁금하다. 이들이 투자한 고속도로와 터널은 전형적인 이권산업이다. 중국처럼 금융 같은 이권산업의 외국인 투자를 통제한 국가들은 경제발전에 성공했고, 남미의 많은 국가들처럼 이권산업을 외국의 투기자본이 장악할 수 있게 한 국가들은 정치경제적으로 실패를 거듭했다.

외환위기 이후 우리나라는 은행과 국가기간산업에 외국인의 투자한도를 늘려주었고, 이후 외국인의 포트폴리오 투자가 급격하게 늘어났으나 국가경제에는 별다른 도움을 주지 못했다. 그동안 기업의 실적이 좋아 주가가 크게 올라간 우량주식들을 보면 상당수가 외국인 지분이 매우 높다. 2012년 8월 24일 현재 데이터를 보면, 하나금융 65%, 이마트 64%, KB금융 64%, 신한지주 62%, KT&G 60%, 삼성화재 56%, 신세계 53%, 포스코 51%, 삼성전자 50%, 현대차 45%, SKT 47%, KT 46% 등이다. 이권경제인 주요 은행 태반이 외국인 지분이 60%가 넘는다. 골목상권을 유린한다고 비난받는 이마트도 주주의 3분의 2가 외국인이다. 독점적인 담배업체인 KT&G는 주주의 60%가 외국인이다. 우리가 자랑하는 최고의 기업인 삼성전자, 현대차, 포스코의 외국인들 소유권이 45~51%이다. 이런 우량주식에 투자했던 외국인들은 엄청난 이득을 챙겨 나갔다. 그들은 주식가격이 오를 것으로 예상되면 대규모로 구매했고, 가격이 떨어질 것으로 예상되면 매도한다. 한편 미국이나 유럽에서 문제가 생기면 자금확보 차원에서 한국기업 주식을 대량으로 매도한다. 2008년 미국발 금융위기 때 엉뚱하게 우리나라가 큰 피해를 본 것도 이 때문이었다. 결과적으로 외국인들의 매매패턴이 한국의 주가 동향을 좌우하게 되었다. 이들이 기여하는 것은 주식시장의 거래량을 늘여서 유동성을 증가시키는 정도밖에 없다. 외국의 혁신자본을 유치하는 것은 국가경제에 중요하지만 요소경제의 단기적 투기자금이 주식이나 채권 투자에서 들락날락하는 것은 국가경제에 도움이 되지 않는다. 오히려 국제 금융환경의 변화에 우리 경제가 흔들리는 나쁜 영향을 줄 뿐이다. 1997년 외환위기 이후 외국인이 포트폴리오 투자를 통하여 거둔 이익이 수백조원은 될 것으로 추정된다. 이것이 우리 국민들이 열심히 일했는데도 살기 어렵고 빚을 많이 지게 된 원인 중 하나다.

1998년 이후 외국자본에 의한 국부의 유출이 과도하게 많았다는 점을 집권 정치인들과 재경부 관료들은 뼈저리게 반성하고 그 내역을 백서로 만들어 공개하고 국민들 앞에 사죄해야 한다. 또한 외국자본의 중장기적인 투자라고 할지라도 은행이나 보험, 도로 같은 사회간접자본, 그리고 정유 같은 독과점사업, 즉 이권경제에 투자를 허용하는 것은 바람직하지 않다는 점을 다시 한번 강조하고 싶다. 물론 이권경제에서 경쟁을 촉진하기 위한 투자와 혁신경제 부문의 외국인 직접투자는 적극 유치해야 한다.

민영화와 공기업에 대한 관점

외환위기 이후 신자유주의가 우리 경제에 준 나쁜 영향은 '모든 기업은 다 비슷하므로 국가기간산업도 외국자본 혹은 재벌들에 넘겨주어도 된다'는 논리를 제공한 것이다. 이권산업과 요소산업의 특성을 구분하지 않았기 때문에 생긴 것이다. 이권경제 분야 중에서 재벌 등이 소유하고 있거나 소유를 희망하는 것들은 오히려 국유화하는 것도 생각해보아야 한다. 산업은행은 민영화된 후에 결코 좋은 성적을 내지 못하고 있다. 인천공항과 KTX는 이권산업이기 때문에 특정 재벌이나 외국에 매각하여 이권을 사유화하도록 해서는 절대로 안 된다. 특히 에너지 분야와 금융 분야는 국가의 기반산업이므로 사기업이나 외국기업에 넘어가서는 안 된다.

이처럼 경제를 혁신경제-요소경제-이권경제-공공경제로 나누어 분석하는 시각은 경제를 보는 통찰력을 주기 때문에 많은 문제에 대한 해법을 주는 유용한 도구다.

이권경제와 건강한 질서

이권사업의 경우에는 대부분 뇌물과 향응과 로비가 뒤따른다. 그래서 이권경제를 축소하는 일은 부정부패를 줄이고 신뢰사회를 구축하고 지하경제를 줄이는 일이기도 하다. 국제시장에 수출을 할 때 뇌물을 주거나 불법 로비를 할 일은 별로 없다. 이권경제가 비교적 작고 수출산업을 키운 독일과 스위스는 신뢰가 매우 높은 신용사회가 되었다. 억울한 일을 당하는 사람이 거의 없고 대학을 나오지 않아도 대접받고 잘사는 따뜻한 사회다.

이권산업은 국민들의 정신세계를 피폐하게 한다. 열심히 공부하여 치열한 경쟁을 뚫고 꿈을 가지고 입사했는데, 회사는 뇌물을 주고 접대를 하라고 강요한다. 직장을 잃지 않기 위해서라도 범죄자가되어야 하고, 범죄를 잘할수록 회사에서 출세한다. 관료에게 로비하고 접대하고 서류 조작하는 일에 종사하는 인생들이 너무도 많다. 이들은 대부분이 재벌기업에 속해 있다. 이런 불쌍한 인생을 구제하기 위해서라도 이권산업은 축소해야 한다. 이권경제를 축소하면 자원이 생산적인 요소경제와 혁신경제로 이동하여 경제가 발전한다. 억울한 사람들이 줄어들고 한층 정의로운 사회가 실현된다. 경제범죄가 줄어들어 정신세계와 문화수준이 높아진다. 노력하면 성공할수 있는 기회의 나라가 된다. 소수만 갖는 이권을 차지하기 위해 사교육 같은 낭비적인 경쟁에 인생을 허비하지 않아도 되는 사회가 된다. 이권경제를 축소하는 일은 곧 정의를 세우는 일이다.

16. 복지의 우선순위와 남북문제

> 경제학자들과 정치철학자들의 사상은 옳든 그르든 간에
> 일반적으로 이해되고 있는 것보다 훨씬 더 강력한 영향을 미친다.
> ──J. M. 케인즈

우리 모두가 경제발전을 원하는 이유는 자명하다. 경제가 발전하면 국민들의 의식주가 풍요롭게 되어 삶의 질이 높아지고 행복한 인생이 가능해질 것이라고 믿기 때문이다. 그런데 경제대국이 된 지금 과연 우리 가족과 이웃은 행복한가? 삶의 질이 높아졌는가? 이 질문에 대한 답은 부정적이다. 청소년들은 입시경쟁에 찌들어 있고, 20대는 학비와 취업 걱정에 시달리고, 30대는 결혼 걱정 집마련 걱정에 불안하고, 40대부터는 자녀교육비와 노후대책 걱정에 잠 못 이룬다. GDP는 증가했고 소수는 부자가 되었는데 하위 90% 성인의 평균소득은 과거 15년 동안 12%나 감소했다.

이 문제의 해결에 도움이 될 것이라는 믿음으로 나는 이 책에서 이권경제를 억제하고 혁신경제로 나아가야 경제가 성장하고 일자리가 늘어난다는 원리와 공평하고 건강한 질서가 형성되어야 국민들

이 행복하고 질 높은 삶을 살 수 있다는 원리를 패러다임 후보로 제시했다. 경제현상을 바라보는 틀인 패러다임이 바뀌면 경제정책은 물론 사회·문화정책까지도 따라서 바뀌게 된다. 이 관점에서 복지정책과 남북분단극복 과제에 관해서 언급하고자 한다.

복지정책의 우선순위

복지를 강화해야 한다는 원칙에는 여야 모두 동의한다. 이제 보편적 복지냐 선별적 복지냐 하는 추상적인 논의는 바람직하지 않다. 복지재원을 어떤 방법으로 얼마나 조달할 것인가와 복지자금 배분의 우선순위를 어떻게 정할 것인가가 중요하다. 새누리당은 법인세를 22%로 유지하되, 최저 세율을 14%에서 15%로 조정해 감면부분을 약간 줄이고 소득세는 현상태를 유지하기로 했다. 민주통합당은 법인세 최고 세율을 25%로 올리고 최고소득세율 38%의 과세표준도 3억원 초과에서 1억 5000만원 초과로 하향조정하겠다고 한다.[84] 새누리당의 경우 1년에 수조원 정도의 세금증가를 계획하고 있고 민주통합당은 10조원대의 세금을 더 걷는 대책을 내놓고 있다. 복지는 수십조원씩 늘리겠다면서 세금은 조금만 더 걷겠다면 결국 재정적자를 크게 늘리겠다는 것인데, 이는 위험한 발상이다. 국민들은 좀더 진정성 있는 대안을 제시하고 설득하는 편에 마음을 줄 것이다. 그래서 나는 9장에서 전기에 탄소세를 부과하여 순차적으로 30조원의 세금을 걷는 방안을 제안한 것이다.

복지자금 배분의 우선순위를 정하는 기준으로 나는, 최우선적으로 억울한 사람을 줄이고, 둘째는 춥고 배고픈 사람을 줄이고, 셋째로 생산에 상승작용을 유발하는 복지지출을 해야 한다는 생각을 한다.

첫째, 우리 사회에서 가장 억울한 사람들은 별다른 보상도 없이 20대 초반의 젊은 나이에 열악한 환경에서 2년간이나 국가안보를 위해서 노력하는 국군사병들이라고 생각한다. 국방의 의무를 하는데 '억울한'이라는 단어를 사용하는 것이 이상하게 여겨질 수 있지만, 군대에 가지 않은 수많은 한국인들에 비해서 억울하다는 것이고, 미국과 유럽 일본 중국 등의 대다수 젊은이들이 징집되어 군대에 가지 않는 것과 비교하면 당사자들 입장에서는 상대적으로 억울하다. 1년에 3조원 정도를 마련하여 이들에게 제대할 때 1000만원 정도를 사회복귀 준비금으로 지급하면, 억울함도 조금 풀리고, 이 자금이 생산적으로 쓰여져 국민경제 성장에 오히려 도움이 될 것이라고 믿는다. 우리나라의 심각한 노인 빈곤문제도 자녀들의 늦은 독립 때문에 생기는 것을 감안하면 이 정책은 매우 중요한 복지정책이다. 그 다음으로 억울한 사람들은 일은 열심히 하는데도 지나치게 적은 임금을 받는 사람들이다. 같은 직장에서 같은 일을 하는데 비정규직이라고 절반 정도의 임금만 받는 것은 당해보지 않은 사람은 알기 어려울 정도로 비참하고 억울하다. 그래서 실업급여 확대, 최저임금 인상, 동일노동 동일임금 추구 같은 정책에 우선순위를 부여해야 한다. 억울한 사람들을 줄이는 것이 건강한 질서를 증가시키는 핵심이다.

둘째, 춥고 배고픈 사람이 줄어야 한다는 것은 기본적인 생존비용이 부족한 사람들을 국가가 도와주어야 한다는 것이다. 시장경제 국가에서 빈곤층은 필연적으로 나타난다. 빈곤층이 최소한의 인간으로서의 존엄을 지키도록 하는 것이 문명국가의 역할이다. 대다수의 극빈층이 주거비용 부담이 커서 반지하방이나 고시원 등 열악한 주거환경에 살고 있는 점을 중시하여 국가는 저소득층을 위한 주거대책 마련에 적극적으로 노력해야 한다. 저렴하고 쾌적한 주거를 대량 공급하여 전반적인 주택공급을 늘리면 문제는 상당히 해결될 것이다. 춥고 배고픈 사람들이 줄어들면 '묻지마 범죄'가 줄어들고 사회갈등이 감소하고 건강한 질서가 증가한다.

셋째, 복지가 생산으로 선순환되어야 한다. 그래서 보육비용을 지급하는 것과 고등학교 교육을 의무화하는 것에 대해서 찬동한다. 반값등록금으로 상징되는 교육비용 부담 완화도 중요하다고 생각한다. 영혼을 팔아서라도 일자리를 얻고 싶다는 절규가 도처에서 들려온다. 역시 최고의 복지는 좋은 일자리다. 좋은 일자리가 많이 생기면 가계부채 문제도 해결되고, 복지비용 문제도 해결된다. 자영업에 진입하는 사람들이 줄어들어 자영업의 과당경쟁도 줄어든다. 젊은이들의 일자리가 늘어나면 출산율도 늘어날 것이다.

복지정책을 이용하여 일자리를 만드는 효과적인 방안 중 하나는 적절한 실업급여를 지급하는 것이다. 실업수당을 1년 후까지는 통상임금의 80% 이상, 2년 후에는 70% 이상을 받는 독일, 스위스 그리고 스웨덴 같은 나라들은 실업에 대한 불안이 적다. 그래서 정리해고를 그다지 두려워하지 않는다. 이런 경제씨스템에서는 기업은 필요한 인재를 쉽게 찾을 수 있고 비교적 쉽게 해고할 수 있다. 인재들이 적재적소에 배치되고 생산성 수준에 맞는 급여를 받게 된다. 동일노동에 대해서 동일임금이 자연스럽게 형성된다. 현재 한국의 실업급여는 평균임금의 50%를 3개월 내지 8개월간 최대 120만원까지

지급하는 수준이다. 우리나라의 경우 다니던 직장을 나오면 다른 직장을 찾기가 매우 어렵고 실업급여가 적으므로, 해고에 대해서 극렬하게 저항하고, 직장을 떠나게 되면 다른 길이 없어 자영업에 뛰어드는 경향이 강하다. 그래서 훈련된 인재들의 귀중한 역량과 경험이 사장되어버린다. 그리고 자영업은 과도한 경쟁 때문에 실패하는 사람들이 많아진다. 그런데 우리나라의 대기업 노동조합들은 실업급여 증대에 관심이 적다. 그들의 임금이 지나치게 높기 때문에 해고되어 8개월간 실업급여 120만원을 받는 것은 파멸이라고 생각한다. 그래서 정리해고를 극렬히 반대한다.

혁신경제에서 가장 중요한 자원은 아이디어와 경험을 가진 인재들이다. 이들이 직장을 옮기면 새 직장에 새로운 아이디어와 경험을 전수하게 된다. 이것이 매우 중요한 혁신의 원천이다. 한 회사에 오래 다닌 사람들만 모여 있는 조직은 혁신을 이루기 어렵다. '정리해고가 없는 나라'가 아닌 '새로운 직장을 쉽게 찾아 혁신역량을 발휘할 기회가 많은 나라'로 만들어야 혁신경제가 꽃피고 모든 근로자들이 창조의 기쁨을 누리는 행복한 삶을 살게 된다.

그런 의미에서 우리에게 매우 중요한 복지정책은 실업급여를 점차 늘리는 것이다. 실업급여는 국가예산으로 지급하는 것이 아니고 근로자와 기업이 추가로 부담하는 것이어서 국가재정에 부담도 적다. 실업급여의 증가는 기업의 비용을 늘린다. 그러나 이를 통해서 기업이 보다 쉽게 많은 인재를 채용하고 보다 용이하게 해고를 할 수 있다면 모두에게 이득이 될 것이다. 근로자의 입장에서도 퇴직하거나 해고되어도 좋은 직장을 쉽게 찾을 수 있다면 정리해고를 두려워할 이유가 없다. 김대중정부 당시 시도되었던 노사정위원회를 다시 활성화해서 이 문제를 해결해야 한다. 실업수당에 기대어 일을 하지 않으려고 하는 부작용은 이 제도를 성공적으로 운영하는 선진 국들의 사례를 잘 연구하면 줄일 수 있다. 네덜란드의 경우 1970년 대 이후 극심한 경제난을 극복하기 위해서 노조에서는 임금동결, 기 업은 노동시간 단축, 정부에서는 사회보장을 확충하는 합의를 이끌 어내어 이후 경제 발전과 국민복리 증진에 큰 역할을 했다. 이것이 1982년의 바세나르협약(Wassenaar Agreement)이다. 네덜란드는 노 동조합 조직율은 20%이지만 노사간에 합의된 협약의 혜택은 전체 노동자의 80%에게 돌아간다.[85] 대다수의 근로자를 포괄하다보니 당연히 국민 전체의 이익을 위해서 활동한다는 올슨의 이론에 잘 부 합된다. 실업급여를 잘 설계하면 잘 짜인 질서와 공평한 질서 그리 고 건강한 질서를 모두 증가시킬 수 있다.

남북관계에 관한 견해

전세계 200여개 국가들 중에서 인구가 5000만명이 넘으면서 1인 당 국민소득이 2만 달러 이상인 나라는 대한민국을 포함하여 7개국 밖에 되지 않는다. 미국, 일본, 독일, 프랑스, 영국 그리고 이딸리아 다.[86] 2011년에 우리나라의 5000억 달러보다 수출을 많이 한 나라는 중국, 독일, 미국, 일본, 프랑스 5개국뿐이다. 대한민국은 이미 세계 적인 경제대국이다. 민주세력과 산업세력이 결합하여 만든 1987년 체제가 이룩한 경이로운 성과다. 만약에 남한과 북한이 무역과 제조 업 교류를 활성화하고 더 나아가 경제를 통합한다면, 북측 2400만명 을 합하여 7400만명의 커다란 경제권이 된다. 프랑스와 영국, 이딸리아를 능가하는 경제규모를 만들 수 있다.

나는 2006년 가을 평양과 북한 산하를 4박 5일간 여행하고 나서 북한동포의 삶의 질이 극도로 열악한 것에 큰 충격을 받았다. 임시정부기념사업회의 이사 자격으로 한국전쟁 후 처음으로 북한 땅에 묻힌 상해임시정부 요인의 묘소를 참배하는 행사의 일환이었다. 북한에서 가장 번잡하다는 평양에서 신의주 방면 고속도로 약 100킬로미터를 한 시간가량 버스를 타고 가면서, 반대편을 달리는 차들의 숫자를 일일이 세어보았다. 놀랍게도 21대뿐이었다. 한국의 하루 고속도로 통행차량이 300만대가 넘는 것과 비교하면 수천배의 격차다. 길가에는 무엇인가 등짐을 지고 하염없이 걷는 사람들이 많이 눈에 띄었다.

북한의 실상을 눈으로 본 후 나는 남북문제의 양상에 대해서도 연구해보았다. 이때 느낀 것 중 하나는 북한의 이권장악집단 G1과 이권비호집단 G2들이 G3인 조선노동당원들을 동원하고, 남한과의 대치상태를 이용해서 자신들의 정치적인 이권을 유지한다는 것이었다. 그들이 평양에 걸어놓은 선전문구는 온통 미 제국주의와 남측 괴뢰정권이 또다시 군사도발을 할지 모르니, 군대를 앞세운 강성대국을 만들어야 한다는 선군정치의 구호들이었다. 한편 한국의 수구 정치세력도 북한과의 대치상태를 이용하여 자신의 이권을 강화·유지해왔다는 생각이 들었다. 양측 모두에게 손해인 부조리한 이권평형 상태가 60년간이나 유지되면서 엄청난 무질서의 비용이 발생했고 수많은 사람들의 생명과 인권이 파괴되는 고통을 강요받았다.

이런 충격적인 경험 후에 나는 북한문제를 슬기롭게 해결하는 방안을 강구하면서 나름대로 실천도 해보았다. 에너지가 극도로 부족한 북한에 풍력발전기를 설치하는 사업을 위해 베이징과 개성공단에서 북측과 몇차례의 실무회담을 가진 끝에 2008년에는 남포 인근의 서해안에 1기, 평양에서 함흥으로 가는 백두대간 고개인 마식령에 2기의 풍력계측기를 설치하는 사업에 참여했다. 또한 개성과 해주 사이의 연백평야에 홍콩 같은 독립적인 도시국가를 만드는 '벽란도 프로젝트'를 제안하고 북측 인사와 베이징에서 여러차례 협상도 했다. 이 계획도시를 이용하여 북한을 안정시키면서 개방을 추진하자는 '1국 3체제 통일방안'을 주창하여 북측으로부터도 좋은 호응을 얻었다.[87] 이 과정에서 내가 느낀 점은 북한당국과의 사업은 참으로 어렵고 느리다는 것이었다. 특히 정치·군사적인 문제가 개입되면 일이 좀처럼 진전되지 않는다. 남측이나 북측 가운데 한편이라도 반대하면 불가능한 죄수의 딜레마인 것이다. 그래서 나는 정치·군사적인 것과 핵문제에 관한 논의는 전술적으로 뒤로 미루고, 경제문제에 집중하자는 전략을 주장해왔다. 예컨대 개성공단을 대폭 확대하는 것과 사할린가스관의 북한 관통사업에 우선순위를 두고 집중적으로 빠르게 추진하자는 것이다.

개성공단의 인력 수준은 탁월한데, 인건비는 한달에 약 110달러 수준으로 베트남의 절반, 중국 주요 도시 근로자의 4분의 1밖에 되지 않는다. 평양의 인건비는 개성공단의 절반밖에 되지 않는다. 우리의 기술과 자본력에다가 북측의 고급인력에 저렴한 인건비와 값싼 토지를 결합하면 세계 최강의 제조업 경쟁력이 생긴다. 개성공단은 2004년 가동된 이래, 금강산 총격사건, 연평도 포격 등 심각한 군사적 긴장에도 불구하고 꾸준히 성장하여 2012년 초 북측의 근로인력이 5만명을 넘어섰다. 2011년에는 123개 입주기업이 약 5000억원어치의 물품을 생산했고 인건비로 약 800억원을 지출했다.

2012년 현재 남측의 기업은 북측 당국에게 근로자 임금 명목으로 월평균 110달러를 제공한다. 이 가운데 15%는 사회보장금, 30%는 사회문화시책금 명목으로 북측 당국에게 들어가고 55%는 근로자들에게 쿠폰이나 북한 화폐로 지급된다. 개성공단에 근무하는 북측 근로자들은 상대적으로 높은 생활수준을 유지할 수 있기 때문에 이곳에서 일하려는 지원자가 많다고 한다. 남북이 협력하여 개성공단을 크게 늘리고 동해안의 금강산지역과 중부의 철원지역에도 공업단지를 개설하여 현재보다 10배 정도로 규모를 늘린다면, 북측 근로자는 50만명으로 늘어날 것이다. 그러면 그들의 가족 약 200만명이 가계에 큰 도움을 받을 것이며, 주변지역의 500만명 정도가 남북협력공단의 경제권에 편입되게 된다. 이는 북한 전체의 20% 정도에 해당하는 인구로, 이들은 북한의 정치·경제에 결정적으로 중요한 변수가 될 것이다. 지역 특성상 군사적인 긴장이 완화될 수밖에 없다.

북한을 경유하는 가스관을 건설하여 사할린에서 생산되는 가스를 안정적으로 수입할 수 있다면 우리 경제에 큰 도움이 될 것이다. 북측의 에너지문제 해결에도 결정적인 도움을 줄 것이며 가스관 통과 토지사용료로 1년에 1억 달러 정도를 받는 것도 북측 경제에 큰 도움이 될 것이다. 다만 정치·군사적인 목적으로 북측에서 가스 운송을 방해할 가능성에 대해서는 철저하게 대비해야 한다. 가스관을 러시아에서 동해안을 따라 함흥에서 속초로 연결하고, 춘천지역을 경유하여 서울을 거쳐서 개성을 통해 평양으로 연결한다면 이런 걱정을 하지 않아도 될 것이다. 가스 공급을 막으면 평양에도 가스 공급이 중단될 것이기 때문이다.

천연가스는 석유보다 훨씬 싸게 살 수 있는 에너지원이다. 게다가 지난 몇년 사이에 셰일가스(Shale gas)의 생산기술이 발전하여 공급량이 크게 늘어났다. 그 결과 2003년에서 2008년 사이에 미국의 천연가스 가격이 3분의 1 가격으로 떨어졌다. 중동산 원유가격이 100달러 언저리에 있는 것을 감안하면 미국의 천연가스 가격은 같은 열량을 기준으로 환산하면 원유의 7분의 1밖에 되지 않는다.

장기적으로 셰일가스의 공급이 풍부할 것이므로 러시아의 가스 가격도 쌀 수밖에 없다. 우리나라는 각 가정까지 가스공급체계가 잘 갖추어져 있으므로 러시아의 가스를 쓸 수 있게 되면 에너지 비용을 크게 줄일 수 있다. 이는 우리 경제의 사활을 좌우할 정도로 중대한 프로젝트다. 미국과 중국 등 셰일가스가 풍부한 나라들이 우리에 비해서 원료를 싸게 확보하면서 한국의 석유화학공업의 경쟁력이 뒤처질 가능성이 크다. 가스를 이용한 전력생산 비용도 크게 절감하여 핵발전소보다 천연가스 에너지가 싸질 수도 있다. 북한도 싼 에너지가 대규모로 공급되면 급속한 경제발전이 가능하다. 그리 되면 핵문제와 군사적 긴장문제는 의외로 쉽게 해결될 것이다.

이런 과정을 거쳐서 북한의 개방과 성장이 진전되면 경제개발에 수반되는 수백조원 규모의 도로, 항만, 철도, 공장, 전기, 통신, 광산, 주택 등의 투자는 남측의 기업들에 대단한 사업기회를 줄 것이다. 이쯤 되면 일본은 10조원 규모에 달하는 일본제국주의 피해에 대한 배상청구권 자금을 활용하여 북한 개발에 참여할 것이다. 이를 잘 진행시키면 한반도 경제는 미국, 중국, 일본, 독일 다음으로 크고 강한 경제를 만들 수 있다고 확신한다. 꿈만 같지만 우리 민족이 뜻을 모으기에 따라서는 머지않은 장래에 실현이 가능한 일이다.

17. 세대교체와 직접민주주의의 확대

> 새로운 질서를 만들어내는 것만큼 어렵고 힘든 일은 없다.
> 현재의 제도로 혜택을 보고 있는 사람들로부터는 저항을 받을 것이고,
> 개혁을 원하는 사람들은 새로운 질서가 가져다줄 혜택에 대해
> 믿음이 부족하기 때문이다.— 마끼아벨리

2012년 대통령선거 과정에서 나타난 '안철수 현상'은 정치계뿐만 아니라 전국민에게 큰 숙제를 안겨주었다. 정치나 행정 경험이 없고, 소속된 정당도 없었던 50세의 젊은 벤처기업인이 여당의 박근혜 후보와 1년 동안이나 팽팽하게 경쟁하는 현상을 어찌 해석하고, 어찌 승화시켜야 할 것인가? 나는 이를 대한민국 역사의 흐름에서 '구세대가 물러나고 새로운 세대가 등장하는 세대교체 현상'으로 본다.

〈그림 4-1〉은 10년 단위로 연령대별 정치적 성향의 추이를 모델로 만들어본 것이다. 이 모델에서 평등을 지향하며 진보적이고 북한과 교류를 선호하는 집단을 '진보·평등성향'으로 규정하여 좌측에 배치했고, 경제성장을 중시하며 재벌기업을 옹호하고 북한정권의 고립을 선호하는 보수적인 집단을 '수구·보수성향'으로 규정하여 우측에 배치했다. 그리고 이들에 속하지 않고 혁신경제와 국제화 그

리고 합리적인 정의로움을 중시하는 집단을 '혁신·국제성향'이라고 규정했다. 2012년 현재 세가지 성향의 집단들은 연령대별로 다음과 같이 분포한다고 가정했다.

20대: 진보·평등성향 20%, 혁신·국제성향 60%, 수구·보수성향 20%
30대: 진보·평등성향 30%, 혁신·국제성향 50%, 수구·보수성향 20%
40대: 진보·평등성향 40%, 혁신·국제성향 30%, 수구·보수성향 30%
50대: 진보·평등성향 40%, 혁신·국제성향 10%, 수구·보수성향 50%
60대: 진보·평등성향 30%, 혁신·국제성향 10%, 수구·보수성향 60%

각 개인의 정치적인 성향이 시간이 흘러도 바뀌지 않는 것으로 보고, 연령대별 인구가 비슷하다고 가정한 후, 2002년과 2012년 그리고 10년 후인 2022년의 정치적 성향을 단순히 합해서 계산해보면 다음과 같다.

2002년: 진보·평등성향 34%, 혁신·국제성향 22%, 수구·보수성향 44%
2012년: 진보·평등성향 32%, 혁신·국제성향 28%, 수구·보수성향 36%
2022년: 진보·평등성향 30%, 혁신·국제성향 42%, 수구·보수성향 28%

이 모델의 2012년 기준 정치성향의 분포는 문재인, 안철수 그리고 박근혜 후보의 연령대별 지지성향 여론조사 결과와 유사하다. 여기에서 한국전쟁시기 이전에 태어난 현재 60세 이상의 세대를 산업화세대라고 규정하고, 그후 태어난 현재 40세부터 60세 사이의 소위 베이붐세대는 민주화세대라고 규정하겠다. 그리고 1972년 이후에

태어난 40세 이하의 세대를 국제화세대라고 이름을 정하고 논의를
전개해보자.

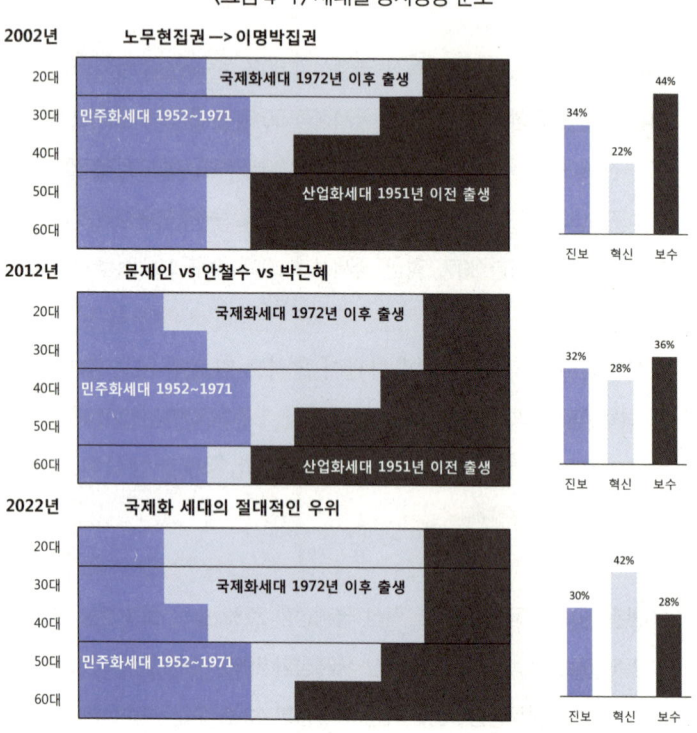

〈그림 4-1〉 세대별 정치성향 분포

2002년 대통령선거 당시에는 보수세력이 우세했고 국제화세대가
아직 어리고 투표율이 높지 않은 상황이었다. 혁신·국제성향의 집
단에게 이회창 후보보다는 매력적이었던 노무현 후보가 당선된 것
이다. 2007년 대통령선거의 기본 지형도 이와 유사했으나, 민주당과
노무현정부의 실패로 인한 반작용으로 수구·보수성향의 이명박 대

통령이 당선된 것이다. 시간이 지나 모두가 나이를 먹으면서 국제화세대 유권자의 숫자가 크게 늘어났고, 이 세력의 목소리가 2011년 10월 서울시장 선거를 계기로 표출되었다. 안철수를 표상으로 삼은 국제화세력이 건전한 민주화세력인 박원순 시장과 결합하자 폭발적으로 지지자들이 결집한 것이다.[88] 2012년 4월 총선에서 민주통합당이 실패한 것은 '안철수 현상이 진보의 약진이며 민주통합당에 유리한 것'으로 착각하고 아전인수격으로 해석하여 오만해졌기 때문이다. 이에 실망한 국제화세대는 상당수가 투표장에 가지 않았고 일부는 박근혜의 새누리당에 투표했다. 오히려 박근혜 후보는 안철수 현상에 긴장하여, 당의 이름을 새누리당으로 변경하고 상징색을 빨간색으로 바꾸며 김종인 박사를 동원하여 경제민주화 등의 정책을 과장 홍보하여, 국제화세대의 일부를 끌어들여 국회의원 과반수 확보에 성공했던 것이다.

〈그림 4-1〉에서 보듯이 2012년의 대통령선거에서 본격적으로 존재를 드러낸 국제화세대는, 2014년 6월의 지방선거와 2016년 4월의 총선에서 최대의 세력으로 판세를 좌우할 것이며, 10년 후인 2022년에는 전체 유권자의 42%나 되는 압도적인 세력이 될 것이다. 이것이 바로 세대교체 현상이다. 박근혜 후보를 추종하는 산업화세대는 이제 막을 내리고 있고, 산업화의 혜택을 보았고 민주화를 이루어낸 세력도 다음 세대에 자리를 물려줄 준비를 해야 한다. 지금 산업화세대와 민주화세대가 할 일은 젊은 세대들과 대결할 것이 아니라, 앞으로 대한민국을 이끌어갈 그들에게 도움이 될 발판을 만들어주는 것이다.

1970년대에 태어난 현재의 30대는 어렸을 때 외국에 어학연수와 배낭여행을 간 최초의 세대이며, 학생 때부터 인터넷을 활용하여 세계화된 세대다. 이들은 산업화의 성과 덕분에 추위와 배고픔 걱정없이 어린시절을 보냈으며, 민주화의 혜택을 받아 군대와 비밀경찰을 동원한 공포정치를 경험하지 않았다. 그러나 이들은 이전 세대가 일자리 걱정을 크게 하지 않은 것과 비교하면 불행한 세대다. 이들이 사회에 진출하던 시기부터 외환위기와 세계화의 여파로 좋은 일자리는 줄어들었고, 열악한 80% 일자리들의 임금과 사회적 대접은 한심할 정도로 악화되었다.

나는 한반도 역사상 최초로 출현한 이 국제화세대의 이름을 '푸른세대' 혹은 '블루 제너레이션'이라고 부르겠다. 산업화세대를 상징하는 블랙마켓의 이권경제가 아니고, 민주화세대를 상징하는 요소경제의 레드오션도 아닌, 전세계 시장을 무대로 한 블루오션의 혁신경제가 이들이 나아갈 길이기 때문이다. 또한 이들에게 푸른 희망을 제시해주고 싶어서 이렇게 이름을 지었다. 박정희 대통령과 박근혜 후보를 추종하는 산업화세대는 잘 짜인 질서를 성공시켜서 경제를 발전시켰다. 문재인 후보를 지지하는 민주화세대는 공평한 질서를 집요하게 추구하여 이땅에 대의민주정치체제를 정착시켰다. 그리하여 경제의 총량은 늘어나고 불법적으로 차별받는 사람은 줄어들었다. 그러나 건강한 질서는 오히려 어지러워졌다. 빈부의 격차가 커지고, 자살율이 세계 최고로 증가했고, 출산율은 최저로 떨어졌고, 묻지마 범죄는 늘어났다.

푸른세대의 역사적인 과제는 혁신경제 위주로 산업을 재편하여 인류경제에 기여함으로써 스스로 풍요를 누리는 것이고, 정의롭고 건강한 질서를 구축하여 이웃과 함께 행복하게 사는 것이다.

혁신경제와 민주정치체제

세대교체는 정치체제의 변혁을 유발한다. 민주통합당과 새누리당이 고전하는 이유는 세대교체를 주도하며 시대정신을 선도할 철학과 비전을 제시하지 못하고 있기 때문이다. 이런 의미에서 우리는 백낙청 서울대 명예교수의 '2013년체제 만들기'에 주목해야 한다. 그는 연령상으로는 산업화세대에 속하지만, 1953년체제를 종식시키고 1987년체제를 만들어내는 과정에서 사상적 방향을 제시한 민주화세대의 정신적인 기둥이다. 그가 2013년부터는 새로운 시대가 열려야 한다고 천명했다. 스스로가 주역이었던 1987년체제는 시대적인 소명을 다했으니 물러나야 한다고 이야기한다. 2013년체제는 '남북평화체제, 복지국가, 공정·공평사회'라는 목표를 달성해야 한다고 했다.[89]

몇년 늦어질 수도 있지만 결국 시간문제인 2013년체제로의 전환이라는 과제에 대해서 절차탁마하기 위해서, 이 책에서 제시한 혁신질서 모델에 입각하여 정치문제에 접근해보겠다. 민주정치체제는 이권경제를 줄이고 혁신경제를 늘리는 데에 효과적인 제도다. 봉건체제가 붕괴된 후 경제가 급속하게 발전한 이유는 억압이 줄어들어 창조 의욕이 생기고 시장이 커져서 혁신경제가 활성화되었기 때문이다. 봉건체제나 독재정치체제에서는 통치집단 스스로가 이권집단이기 때문에, 모순이 누적되고 경제가 쇠퇴해도 스스로 개혁하지 못하므로 결국 혁명이나 외국의 침략으로 멸망해야만 모순이 해소된다. 현대사회에서 이 문제를 평화롭게 해결하려면 침묵하는 다수인 G4 그룹이 선거권을 적극적으로 행사하여 이권의 카르텔을 깨는 민주적인 정권교체를 해야 한다. 정치체제와 경제발전은 밀접한 관계를 가지고 있다.

1987년 민주화 이후 우리나라가 비약적인 경제발전을 한 것이 좋은 예다. 민주적 질서와 공평한 배분을 통해서 노동자들의 창의적인 생산활동이 늘어났고 임금이 상승하여 승용차와 주택 수요가 급증하며 내수경제가 활발해졌다. 언론의 자유가 신장되고 음악이나 영화의 검열이 줄어들자 서태지와 SM의 이수만이 등장했고 난타의 송승환이 활약하고 영화산업이 부흥했고 TV드라마의 소재가 다양해졌다. 이것이 오늘날 한류의 뿌리가 되었다. 즉 민주화가 혁신경제를 활성화시켰던 것이다.

정치인과 관료들의 속성

정치인과 관료들은 국민들로부터 정치와 행정을 위임받은 대리인이지만, 그들 역시 '이기적인 인간들'이고 '이권집단'이기 때문에 자신들의 이익을 위해서 행동한다. 이것이 주인(master)인 국민과 대리인(agent)인 정치인·관료 사이의 '대리인 딜레마'다. 정치인과 관료들은 세금을 걷고 집행하는 일을 한다. 그런데 세법을 만들면서 자신들에게 유리한 방향으로 궁리를 한다. 예컨대 서민이 많이 쓰는 휘발류에는 세금을 100% 부과하고 대기업이 많이 쓰는 전기에는 3.7%만 부과한다. 게다가 서민들이 전기를 많이 쓸까봐 누진율을 11배까지 높여놓았다.[90]

주식이나 부동산 거래에서 세금은 차익이 발생했을 때 부과하는 것이 옳다. 그런데 한국의 관료들은 거래세를 좋아한다. 세금을 걷기 쉽기 때문이다. 부동산 취득세, 등록세가 지방재정의 절반을 차지한다는 것은 한심한 구조다. 이 때문에 2003~2007년처럼 거래가 많으면 세금 수입이 지나치게 커져서 지방재정이 방만해지고, 지금처럼 거래가 작으면 파탄에 이른다. 자본주의 시장경제가 잘 돌아가게 하려면 거래비용을 최소로 줄여야 한다. 과세의 원칙은 '거래가 있는 곳이 아닌 이익이 있는 곳'에 세금을 부과하는 것이다. 거래가 있는 곳에서 세금을 뜯어가는 것은 중세시대의 통행세나 시장의 자릿세처럼 참 나쁜 세금이다. 그런데 이 나라의 관료와 정치인들은 거래세는 높게 유지하고 정작 필요한 부동산 보유세를 늘리려는 노력은 하지 않는다.

주식거래에 자본이득세 도입은 망설이면서 파생상품거래에 거래세를 부과하여 시장을 망치려 하고 있다. 파생상품에 거래세를 부과하면 주가지수선물옵션 시장은 축소되고 한국 주식의 주가지수 선물과 옵션거래는 싱가포르나 홍콩으로 넘어갈 것이다. 대만의 사례를 보면 잘 알 수 있다. 1997년 외환위기 당시 우리나라에 환율 선물시장이 없을 때 싱가포르에서 거래되는 원화 환율가격을 쳐다보며 정책을 결정하던 시절을 벌써 잊었는가. 시장의 원리를 모르는 자들의 한심한 정책이다.

세금 지출면에서는 더욱 한심하다. 이명박 대통령이 서울시장 시절 정작 세금을 써야 할 지하철 9호선 건설에는 세금을 쓰지 않는 대신 맥쿼리에게 이권을 넘겨주고, 4대강사업에는 무리하게 22조원을 마음대로 집행한 이유는 무엇일까? 이명박과 측근들이 자신의 정치적·경제적 이권 확보를 위한 결정을 했기 때문이다. 2012년에만 325

조원의 재정이 지출되는데 이 돈이 다 어디로 갈까. 교육예산 45조 5000억원 중 상당부분은 교사와 관료들의 지나치게 높은 월급으로 지출된다. 과학기술개발 예산 16조원 중 상당부분은 대학교수와 기업들이 이권처럼 나누어 먹는다. 일반공공행정에 소모되는 55조원의 상당부분이 일을 제대로 하지 않는 공무원들의 월급으로 허비된다. 사회간접자본에 투입되는 예산 23조원 중에 상당부분을 정치인과 관료들이 자신의 이익을 위해서 쓰면서 마치 국민을 위해서 쓰는 것처럼 포장한다.

정치란 일정하게 합의된 사회적 약속 아래 새롭고 합리적인 질서를 만들어나가는 과정이다. 정치인은 건강한 질서의 디자이너가 되어야 한다. 그런데 아직까지 대다수의 정치인들은 국회와 지방자치단체 자리들을 '이권'으로 생각하는 것이 우리 정치문제의 근원이다. 국회의원 자리를 돈으로 사고 팔았던 일이 한두번이 아니다. 이제 대한민국의 정치인들은 이권추구가 아닌 혁신적인 아이디어로 더 좋은 질서를 만들기 위해 일하는 사람들로 바꾸어야 한다. 사실 정치인들이 이권을 추구하게 된 배후에는 거대한 이권경제가 있다. 정부예산 이권, 부동산개발 이권, 공기업자리 이권, 금융감독 이권, 재벌관련 이권 등이 너무나 많기 때문에 그 유혹을 벗어나기 힘든 것이다. 이권경제가 줄어들면 정치도 분명히 깨끗해진다.

이것이 바로 정치와 행정을 포함하는 공공경제의 문제점이며, 80%가 점점 더 못살게 된 주요 원인이다. 그렇다면 그 해결책은 무엇인가? 그것은 이러한 낭비와 이권의 메커니즘을 국민들이 정확하게 인식하고, 이를 직접 통제하는 것이다. 공공경제의 낭비와 이권추구는 대부분 법을 이용하여 교묘히 처리된다. 그래서 법의 제정을 국민이 직접 감시·통제하는 것이 필요하다. 직접민주정치체제라는 새로운 차원의 정치체제로의 변혁이 해결책이다.

민주정치체제의 변화와 직접민주제의 도입

민주정치의 역사는 보다 많은 사람들의 민의를 반영하는 방향으로 진보해왔다. 미국에서도 1920년이 되어서야 여성이 참정권을 얻을 수 있었다. 영국은 1928년, 프랑스는 1946년에야 여성에게 참정권이 주어졌다. 박정희의 유신체제와 전두환의 군사독재하의 대통령 간접선거제도는 극소수인 G1, G2만이 정치를 휘두르는 체제였다.

1987년 '체육관에서 거수기들이 뽑은 대통령' 제도를 타파하고 '국민들이 직선으로 뽑는 대통령'을 쟁취한 것은 G3까지 포함한 참정권의 확대라고 볼 수 있다. 이를 통해서 대한민국은 한단계 크게 도약했다. 그러나 지난 25년간 다섯명의 대통령과 일곱번의 선거를 통해서 뽑은 2000여명의 국회의원들에게 맡겨보았던 대의제 정치방식은 큰 모순을 노정했다. 대통령, 행정부, 국회 그리고 사법부에 대한 신뢰가 땅에 떨어졌다. 문제가 심각해진 것은 이들이 국민들 다수가 아닌 자기 자신과 이권집단들을 위해서 일해왔기 때문이다. 정치인과 관료들은 1%의 이권비호집단 G2에 속하여, 0.1%의 이권장악집단 G1으로부터 이권 부스러기를 받아먹으며, 10%의 G3 이권추종집단을 적당한 수준의 혜택을 주어 구슬렸고, 대다수 국민인 침묵대중집단 G4의 요구는 외면해왔다.

결과적으로 1%의 G1, G2는 선진국의 부자들만큼이나 호화로운 생활을 하게 되었고, 80%의 서민들은 후진국보다도 못한, 결혼도 자

식도 노후도 포기하고 일부는 자살과 범죄로 내몰리는 처지로 전락
했다. 그 원인은 대다수 국민들이 자신들의 목소리를 내지 않았기
때문이고, 자신들의 권리를 관철할 정치질서가 없었기 때문이다. 대
리인을 뽑아 정치를 대신한 간접민주정치체제가 심각한 모순을 드
러낸 것이다. 나는 이 문제를 해결할 대안으로 '직접민주정치제도'
의 강화를 제안한다.

이제 침묵하던 G4도 제 목소리를 내고 자신의 의사를 정치에 반
영할 수 있는 직접민주제도의 개혁이 필연적이다. 1987년 대통령직
선제 개헌이 대의제 민주화를 만들었듯이, 이제 직접민주제 개헌으
로 국가의 주인인 국민 다수 G4가 참여하는 보다 진전된 민주화를
이루어야 한다. 이것이 새로운 정치에 대한 열망을 승화시켜 국민의
복리를 높이고 튼튼하고 모범적인 국가를 만드는 길이다. 만약에 새
정부가 정치개혁에 실패하고 경제가 몇년 더 침체되면, 80% 서민들
이 생존에 위협을 받아 도저히 견딜 수 없는 폭발의 임계점에 다다
를 것이다. 새로운 정치질서를 서둘러 만들지 않으면 그동안 축적했
던 문명의 질서가 폭력적인 방법으로 파괴될지도 모른다.

스위스의 직접민주정치체제

8장에서 언급했듯이 지구상에서 가장 소득이 높으면서 가장 행
복지수가 높은 나라는 스위스이다. 1848년 어렵사리 연방을 이룬 후
세상에서 가장 풍요롭고 평화로운 나라로 발전시킨 동력이 바로 직
접민주정치제도다. 스위스에서는 연방의회가 법을 통과시켜도 유
권자들이 국민투표로 그 법을 부결시킬 수 있다. 법안이 의회에서

통과 된 후 100일 이내에 유권자 5만명 이상 8개 이상의 지방자치단체로부터 요청이 있으면 무조건 국민투표에 회부해야 한다.[91] 그렇기 때문에 정치인이나 관료들이 함부로 자신들의 이익을 위한 인허가 법을 제정하지 못한다. 기업인들도 정치인을 포획하여 자신들에게 유리한 조세감면법이나 관세법을 만들지 못한다. 6장에서 언급한 '스위스는 새로운 법안을 통과시키기 어려워서 이권집단과 카르텔이 축적되기 어렵다'는 원리가 이것이다. 스위스의 조세부담률이 22%로 한국의 조세부담률의 21%와 비슷한데도, 복지가 발달되어 있고 행정이 훌륭한 것은 재정의 집행을 국민투표로 통제하여 낭비가 적기 때문이다.

나는 세금을 많이 걷어 복지를 크게 늘리자는 일부 개혁진보인사들의 방안에 회의적이다. 스웨덴같이 조세부담률이 매우 높은 북유럽 모델은 관료·정치인들이 이권집단화된 우리나라에는 적합하지 않다고 보는 것이다. 오히려 재정 집행을 국민들 스스로가 꼼꼼히 따져서 낭비를 없애고 효율 높게 쓰는 스위스 모델이 적합하다고 생각한다.

스위스 직접민주정치에는 3가지 제도가 있다. 첫째, 헌법개정은 의무적으로 국민투표를 해야 한다. 둘째, 국회에서 통과된 법에 대해서 5만명 이상의 국민들의 요구가 있으면 국민투표를 해야 한다. 셋째, 국민발의로 10만명 이상의 유권자들이 제안하면 무조건 국민투표를 해야 한다. 연방이 만들어진 1848년부터 2007년까지 연방 차원의 국민투표는 544회 있었다. 1년에 4번 꼴로 국민투표를 했다는 것이다. 그중 헌법개정 188회, 의회를 통과된 법에 대한 검증투표 33회, 시민발의가 162회였다. 연방이 제안한 헌법개정 188건 중 140건

즉 74%가 승인되었다. 시민발의 중에서는 9%만 승인되었다. 스위스의 유엔 가입도 시민발의 안건을 통과시킨 것이다. 의회를 통과한 법에 대한 검증투표로 폐기된 법은 36%였다. 이 수치는 1990년 이후 28%로 감소했다. 이러한 수치들은 직접민주제도가 대의민주제도와 대립되는 관계가 아니고 상호보완적이라는 것을 시사한다.[92] 주와 시 지방정부도 주민투표를 많이 한다. 지방자치단체별로 편차가 크다. 취리히주의 경우 1970년부터 2003년 사이에 475개나 되는 안건에 투표했다. 분기별로 5개 꼴이다. 베른주의 시에서는 1990년부터 2000년 사이에 848개 안건에 대해서 투표했다. 분기당 평균 19개나 된다. 10년 동안 단지 4개의 안건에 대한 투표를 한 지방자치단체도 있다.[93]

미국의 직접민주정치제도

미국도 직접민주정치제도가 정치에 매우 중요한 요소이다. 2006년 11월 미국의 중간선거에서는 37개 주 차원에서만 205개의 주민투표가 실시되었다. 19세기말 미국은, 특히 서부는, 정당정치가 강하게 지배했고 정치인들이 이익집단과 밀착된 정치적 부패구조가 극심했다. 이때 개혁운동가들이 사회적 약자인 농민, 노동자뿐만 아니라 지식인과 일반시민들의 지지를 이끌어내어 직접민주정치 개혁운동을 성공시켰다. 어떤 정치학자는 "이 운동만큼 미국의 정치와 입법에 심대한 영향력을 행사한 사회운동은 없었다"고 높게 평가했다.[94]

이런 개혁운동의 결과 1899년부터 1914년 사이 캘리포니아, 오리

건, 애리조나, 미주리, 미시간, 콜로라도, 워싱턴, 미시시피 등 수십 개의 주에서 주민발안 같은 직접민주제도가 제도화되었다. 이를 통해서 시민들이 입법자 역할을 하며 거대 독점자본 등 이익집단을 위한 정치를 차단했다. 1930년대의 대공황과 2차대전으로 직접민주제도는 쇠퇴했으나 1960년대말부터 다시 활성화되었다. 특히 캘리포니아에서는 의료보험, 이민, 최저임금, 소수민족우대정책 등 진보적인 정책에 대한 대규모 주민발안들이 성사되었다. 1970년대에는 주민발안 수가 크게 늘었고 와이오밍, 일리노이, 플로리다에서도 직접민주제가 도입되었다.

캘리포니아는 주민발안이 활성화되어 시민들에 의한 '아래로부터의 입법'라는 의미에서 국가의 '제4부'로 칭해지고 있다. 캘리포니아에서 1912년 주민발안이 도입된 이래 1200여개의 주민발안중 80% 이상이 1970년대 이후에 투표되었다. '제4부'의 위상은 의회정치와 대통령선거운동에서도 결정적인 역할을 하고 있다. 이제 유권자들은 전통적으로 입법부와 행정부가 누렸던 권한 중 상당 부분을 행사하고 있다.

직접민주제에 대한 논란들

직접민주제도에 대해 부정적인 견해들이 있다. 이들의 견해들 중 몇가지를 검토해보자.

첫째, 직접민주제에 대한 공격의 핵심논리는 일반대중이 정치적으로 무능하고 단견을 가졌다는 것이다. 그런데 160년 이상 직접민주제를 시행한 스위스가 경제는 고도로 발달하고 국민들은 행복하고 폭력이 거의 없는 유토피아에 가까운 사회로 발전한 것을 보면 군중은 결코 우매하지 않으며 집단적 지성이 옳다는 것이 증명된다. 그리고 직접적인 정치행위를 통해서 국민들의 정치적 식견이 높아 진다는 것이 입증되었다. 몇가지 예를 들어보자. 1992년 유럽경제공 동체(EEC) 가입안을 국민투표에서 부결시켰다. 지금 유럽공동체가 곤경에 처한 것을 보면 스위스 시민들의 선택은 옳았다. 2004년 '치 유불가능하고 극도로 위험한 성범죄자와 폭력범에게는 종신형을 허용하자는 안'이 통과되었다. 지금 우리나라에서 필요한 법안이다.

둘째, 비용이 많이 들고 성가시다는 것이다. 스위스에서는 3개월 마다 일요일에 모든 유권자들이 국가단위 그리고 시도단위에서 제 안된 여러 사안을 국민투표를 하여 비용이 상당히 들어간다. 스위 스는 독일어 불어 이딸리아어 등 4개 언어로 공보물을 만들어 배포 해야 하므로 비용이 많이 든다. 하지만 이 비용은 쓸 가치가 있다고 국민들이 합의했다. 성가심을 줄이기 위해 유권자들이 직접 투표장 에 가지 않고 미리 우편을 통해 투표하는 제도가 정착되어 제법 투 표율이 높다. 최근에는 인터넷을 이용한 투표를 통해 비용과 성가심 을 많이 줄였다. 2003년에는 스위스 제네바 주에서 처음으로 공식적 인 인터넷 주민투표가 실시되었다. 캐나다의 온타리오 445개 지자 체 중에서 25개가 인터넷 투표를 실시해서 투표율을 크게 증가시켰 다.[95] 우리나라는 국가가 공인하는 등기형 #이메일, 휴대전화 등을 이용하여 비용을 대폭 줄일 수 있다.

셋째, 인기영합적 포퓰리즘으로 흐를 가능성이 있다는 것이다. 그 런데 스위스의 경우를 보면, 재정지출이 큰 정책은 부결되는 경우가 많아 오히려 포퓰리즘이 억제된다. 누구나 사람들만 모으면 시민발의를 할 수 있기 때문에 수많은 발의가 올라오지만 십중팔구가 국민투표에서 부결된다. 예컨대 2003년 '장애인들에게 동등한 권리'를 헌법상의 한 조항으로 삽입하자는 안은 부결되었다. 지나치게 비용이 많은 방안이었고 다른 해결방안이 있었기 때문이다.[96] 1987년에는 '군사비 지출에 대한 국민발언권 요구'라는 다소 인기영합적인 이슈도 부결되었다. 그래서 '스위스에서 정부는 자동차의 핸들일 뿐이고, 시민발의는 액셀러레이터이고, 국민투표는 브레이크다'라고 이야기한다.

넷째, 지나친 정치에 대한 관심이 사회갈등의 원인이 된다는 것이다. 스위스의 경우 직접민주제는 오히려 사회갈등을 줄였고 특히 지방자치단체와 중앙정부 사이의 갈등도 줄였다. 예컨대 핵발전소 정책처럼 민감한 사안을 정부가 일방적으로 판단하지 않고 국민투표에 맡겨서 결정하니 국론의 분열 없이 해결되었다. 우리나라에서도 심각했던 핵발전소 폐기물 저장소 건립 문제를 결국 주민투표로 해결했다. 만약 노무현정부의 이라크 파병, 한미FTA 그리고 세종시 이전 같은 사안, 그리고 이명박정부의 4대강사업과 대북봉쇄정책 같은 사안을 국민투표를 거쳐서 결정했다면 갈등이 크게 줄었을 것이다.

다섯째, 재정정책의 일관성이 결여되어 국민경제 발전에 해롭다는 견해다. 그런데 이에 대한 실증적 연구 결과는 그 반대였다. 하이델베르크대학의 라르 펠트 교수와 키르쉬게스너가 직접민주제가 경제성장에 어떤 영향을 미치는지 스위스의 각 지방자치단체들을 비교·분석하여 발표했다. 그 내용은 예상과 달리 충격적일 정도로 긍정적이었다.[97]

(1) 재정문제에 관해서 보다 강력한 주민참여권이 부여된 주에서 1인당 GDP 기준 경제적 성과가 15% 더 높았다. (2) 예산안을 주민투표에 붙이는 시군이 그렇지 않은 경우에 비해서, 조세회피 비율은 30% 더 낮고 1인당 공공지출이 10% 적어서 결과적으로 공공부채 비율이 25% 낮았다. (3) 공공써비스에 들어가는 비용도 직접민주제를 택한 지자체가 더 낮았다. 예컨대 쓰레기 처리비용의 경우 20% 낮았다. 결론적으로 주민이 정치와 재정에 참여하면, 세금을 더 잘 내고 예산을 더 아끼고 합리적으로 쓰므로 낭비가 줄고 경제가 더 성장한다는 것이다.

한때 스위스의 여러 대기업의 임원들이 비효율적인 직접민주제를 줄이자는 제안을 했다. 그런데 2002년 우리나라의 전경련이나 대한상의와 비슷한 '스위스기업인연합'이 "직접민주제도는 나라의 모든 부문, 모든 수준에서 더욱 강화되어야 한다"라는 것을 골자로 하는 공공재정에 관한 백서를 발표했을 때 스위스 사람들도 깜짝 놀랐다고 한다.[98] 대다수의 스위스 국민들도 직접민주정치제도가 이토록 경제성장에 크게 기여하는지는 잘 몰랐던 것이다.

여섯째, 스위스같이 작고 단순한 나라에서는 가능하지만 크고 복잡한 나라는 어렵다는 견해다. 그런데 스위스는 알프스산맥 때문에 지방들이 격리 분산되어 있으며, 공용언어만 4개인 연방국가로 하나로 유지되기조차 어려운 나라다. 26개의 칸톤(canton)과 2715개의 게마(gema)라는 자치권이 보장된 지방자치단체가 있어 정치하기가 매우 어려운 나라다. 미국의 캘리포니아주는 한반도의 두배 면적, 3800만명의 인구, 1인당 국민소득이 6만 달러에 이르는 거대한 경제권이다. 할리우드와 실리콘밸리로 대표되는 세계적인 혁신경제의 본산이기도 하다. 캘리포니아가 짧은 역사에도 불구하고 세계 경제의 중심이 된 데에는 직접민주제도의 공헌이 컸다.

1990년대 이후 미국을 비롯하여 전세계적으로 직접민주주의가 확산되고 있다. 1991년부터 2006년까지 전세계적으로 실시된 전국 단위의 국민투표 585건 중 유럽이 235건, 미국이 100건, 아프리카 64 건, 아시아가 40건, 오세아니아가 31건이었다.[99]

한국에서는 대선과 총선 등 선거를 제외한 6번의 국민투표 중 4번 은 박정희정권이 자신의 독재를 정당화하기 위해서 정부가 제안한 국민투표였다. 이처럼 위로부터 기획된 국민투표를 플레비싸이트 (plebiscite)라고 한다. 시민발의 국민투표 레퍼랜덤(referendum)과 는 확연히 다른 플레비싸이트를 전문가들은 직접민주정치제도로 인정하지 않는다. 이런 관점에서 볼 때 한국에서는 1987년 직선제 개헌 이후에는 전국민 대상의 국민투표가 한번도 없었다고 할 수 있다.

직접민주정치제도는 이권집단을 억제함으로써 경제를 발전시키 는 효과적인 수단이다. 소외된 G4에게도 정치적인 권한을 부여하여 사회에 기여하도록 함으로써 대의민주제도의 문제점을 보완하여 진정으로 국민이 주인 되는 민주국가를 만드는 공평한 질서요 건강 한 질서라고 생각한다.

글을 마치면서

나는 이 책에서 경제를 네가지(이권·요소·혁신·공공경제)로 나 누었고, 이권경제를 억제하고 혁신경제를 촉진해야 경제가 발전하고 국민들이 행복해진다는 원리를 과학적으로 입증했고, 업종분류 방식을 개발하여 통계분석자료를 제시했다. 그리고 G4+i 모델을 창안하여 집단의 형성원리를 설명하고 소득분포 통계로 이 모델을 계량화했다. 또한 공평한 질서와 건강한 질서의 누적이 경제발전에 핵심 요인임을 논증했다. 그리고 이러한 이론에 근거하여 청색GDP와 실질국민복리 RNW라는 새로운 국가 경제목표 지표를 제안했다. 이론의 연장선상에서 부동산문제, 에너지문제, 재벌문제, 산업정책 문제 등 다양한 우리의 현안들을 분석하고 이에 대한 구체적인 정책들도 제시했다. 그리고 오늘날 대한민국이 겪는 심각한 문제들에 대한 하나의 해결책으로 '간접민주제에 직접민주제를 보강'하는 방안을 제시했다. 국민 대다수의 능력과 집단지성을 신뢰하여, 3개월마다 국가와 지자체들의 주요 정책을 국민투표를 통하여 결정하는 '직접민주주의 개헌'을 제안한다.

나는 '이권경제를 축소하고 혁신경제를 강화하여 경제를 발전시키고, 직접민주제를 도입하는 헌법개정을 통해서 공평하고 건강한 질서를 만들어갈 수 있는 정치집단'이 집권하는 데 이바지하고자 이책을 썼다. 대한민국에는 이제 산업화세대와 민주화세대를 넘어서 국제화세대, 희망의 푸른세대가 사회의 중심이 되는 시기가 도래했다. 이제 선배세대들이 할 일은, 이미 확보한 이권에 집착할 것이 아니라, 푸른세대가 부강하고 문화수준 높은 나라를 만들어 인류와 함께 행복하게 사는 세상을 누리는 일에 디딤돌을 놓는 것이다.

이 책에서 제시한 '혁신질서 모델'이 많은 사람들의 비판적인 검토를 통해 패러다임으로 발전하여 혼미한 세계의 앞날을 비추는 작은 불빛이 된다면 기쁘기 그지없으리라.

1) 피의자가 혐의를 인정하는 조건으로 검찰이 피의자를 가벼운 범죄로 기소하거나, 피의자의 형량을 낮춰주는 제도. 미국의 경우 형사사건의 90% 이상이 유죄협상을 통해 해결되고 있는 것으로 알려져 있다.

2) 1953년 이병철 선대회장이 삼성그룹 최초의 제조업으로 부산에 설탕공장을 지으면서 설립한 (주)제일제당은 1993년 삼성그룹으로부터 분리되었으며, 2002년 CJ제일제당으로 회사이름을 바꾸었다.

3) 각각 『파이낸셜뉴스』 2007년 12월 1일; 『아시아투데이』 2008년 9월 18일.

4) 이창운 「독과점/산업집중 방지책」, 국가기록원 홈페이지(www.archives.go.kr).

5) 이맹희 『묻어둔 이야기』, 도서출판 청산 1993, 137면.

6) 『매일경제』 2011년 12월 28일.

7) 『서울신문』 2011년 10월 6일.

8) 신고전학파종합은 케인즈의 유효수요이론과 신고전학파 이론을 결합하여 쌔뮤얼슨이 종합한 이론이다. 불황을 극복하기 위한 재정확대와 복지정책 등 정부의 개입을 옹호하는 학자와 정치인들을 케인지언이라고 불렀다.

9) 후쿠야마 『역사의 종말』, 이상훈 옮김, 한마음사 1997, 7면.

10) 신자유주의는 자유시장과 규제완화, 재산권을 중시하고, 국가권력이 시장에 개입하면 경제의 효율성과 형평성이 악화된다고 주장한다. 신자유주의자들은 자유무역과 국제적 분업을 중시하여 시장개방을 주장하고 세계화를 주창한다. 신자유주의의 도입에 따라 노동정책은 케인즈 이론에서 추구하던 완전고용에서 노동시장 유연화 정책으로 바뀌고, 정부가 관장하거나 간여하던 많은 영역들이 민간으로 이전되었다.

11) 블루오션은 김위찬 교수와 르네 마보안 교수가 함께 출간한 『블루오션 전략』

(2005)에서 유래한 것으로, 경쟁자가 적고 잠재력이 큰 분야의 사업을 말한다.

12) 우석훈·박권일이 출간한 『88만원 세대』(2007)라는 책에서 나온 단어로, 한국의 많은 젊은이들이 한달에 88만원을 받는 처지를 벗어나기 어렵다는 뜻으로 쓰인다.

13) 에릭 라이너트 『부자 나라는 어떻게 부자가 되었고 가난한 나라는 왜 여전히 가난한가』, 김병화 옮김, 부키 2012, 231면의 자료를 응용하여 작성했다.

14) Mancur의 발음에 대해서 맹커, 맨커, 맨서 등 여러 표기들이 있으나, 그의 제자였던 최광 교수에게 확인해본 결과, 맨슈어가 맞다고 한다.

15) 『집단행동의 논리』라는 책의 제목에서 '논리'는 Logic이라는 단어를 직역한 것이다. 어감상으로는 『집단행동의 원리』가 적합하다고 생각한다.

16) 『국가의 흥망성쇠』는 발간 직후인 1983년에 국가정책에 관한 최우수저서로 미국정치학회의 캐머러(Kammerer)상을 수상했으며, 12개 국어로 번역되어 경제학의 고전으로 자리매김했다. 『지배권력과 경제번영』, 최광 옮김, 나남출판 2010, 43면.

17) 맨슈어 올슨 『국가의 흥망성쇠』, 최광 옮김, 한국경제신문사 1990, 50면.

18) 같은 책 54면.

19) 같은 책 63면.

20) 규제의 포획이론(Capture theory of regulation). 보호를 필요로 하는 개인 또는 기업들이 집단을 형성하여 정부를 설득해 자기들에게 유익한 규제정책을 이끌어내는 것을 말한다. 미국의 경제학자 조지 스티글러(George Stigler)가 1971년에 발표한 「규제의 경제이론」이라는 논문에서 제시한 이론이다. 이 이론에 따르면 기업들은 정부의 규제를 무조건적으로 배격하는 것이 아니고, 어떤 기업들은 특정의 규제를 조장하고 이를 이익창출의 기회로 삼는다는 원리다. 시장원리가 잘 작동하지 않는 독과점 제품이나 전문성을 띤 산업분야에서, 관료들은 이익집단의 그럴듯한 주장과 설득에 사로잡혀 이익집단의 의도대로 규제정책을 펴기 쉽다는 뜻에서 '포획이론'이라는 말이 쓰인다.

21) 맨슈어 올슨 『국가의 흥망성쇠』, 최광 옮김, 한국경제신문사 1990, 68~69면.

22) 같은 책 94면.

23) 같은 책 108면.

24) 같은 책 112~17면.

25) 호남향우회, 소망교회, 고대동창회 등을 보면 짐작이 간다. 대통령선거를 앞두고 박근혜 대통령후보가 나온 서강대 동문회의 활동이 매우 활발해진 것은 그 예다.

26) 재인용. 맨슈어 올슨 『국가의 흥망성쇠』, 최광 옮김, 한국경제신문사 1990, 129면.

27) 같은 책 141면.

28) 김수현『부동산은 끝났다』, 오월의 봄 2011, 24면.

29) 아이뉴스24, 2012년 7월 19일.

30) 『머니투데이』 2012년 8월 23일.

31) 『매일경제』 2012년 8월 5일.

32) 김대호『2013년 이후』, 백산서당 2012, 99면.

33) 데이비드 워시『지식경제학 미스터리』, 김민주·송희령 옮김, 김영사 2008, 277면.

34) 같은 책 521면.

35) 진화생물학 용어로, 상호 관련된 생물집단들이 경쟁과 협력을 통해 서로 영향을 미치면서 진화해가는 과정을 말한다.

36) 영국의 '사회보험 관련 사업에 관한 각 부처의 연락위원회' 위원장 W. H. 베버리지가 1942년에 제출한 보고서. 이 보고서에 처방에 따라 영국에서 '요람에서 무덤까지' 사회보장체계가 확립되었다.

37) 스웨덴 사민당이 1932년부터 1976년까지 44년간 장기집권하면서 포괄적 복지국가를 성공적으로 구현했는데 그 중심인물이 당수 한손(Per Albin Hansson)과 장기간 재무상을 역임한 비그포르스(Ernst Wigforss)였다.

38) 1978년 가을부터 1979년 겨울까지 영국에서는 집권당인 노동당의 임금인상률 5% 제한에 항의하는 파업으로 쓰레기가 거리에 쌓이는 등 도시 기능이 마비되어 노조에 반대하는 여론이 크게 일었다. 이를 계기로 보수당의 새처가 집권하게 되었다.

39) 두 도로 모델은 영국의 경제학자 피구(Pigou)가 1920년 제안한 개념이며 Koutsoupias and Papadimitriou가 1999년에 발표한 논문 'Worst-case equilibria'에서 이 모델을 이용하여 무질서의 비용이라는 개념이 처음 제시되었다. 2006년 7월 KAIST의 정하웅 교수와 윤혜진이 발표한 자료 "The Price of Anarchy on Complex Networks"를 참고했다.

40)

	판매량(TOE)				가격(천원/TOE)			금액(조원)				수송용석유류	
	전기	석유류	도시가스	합계	전기	경유	도시가스	전기	석유류	도시가스	합계	수량	추정금액
2000	21	30	12	63	868	626	456	18	19	5	41	31	19
2001	22	28	13	63	897	658	549	20	18	6	44	32	21
2002	24	27	14	65	859	692	551	21	19	7	46	34	23
2003	25	25	15	65	869	788	525	22	20	7	48	34	27
2004	27	23	16	65	868	927	533	23	21	7	52	34	32
2005	29	22	17	68	866	1,102	540	25	24	8	57	35	39
2006	30	20	18	68	889	1,253	637	27	25	10	61	36	45
2007	32	19	18	68	906	1,299	679	29	24	10	63	36	47
2008	33	18	19	70	916	1,647	736	30	29	12	71	35	57
2009	34	17	18	70	972	1,427	804	33	24	12	70	35	49
2010	37	17	20	74	1,001	1,534	838	37	26	14	78	35	54
2011	39	15	21	75	1,039	1,781	912	41	27	16	84	35	62
증가율	6.0%	-5.9%	5.0%	1.7%	1.6%	10.0%	6.5%	7.8%	3.5%	11.8%	6.7%	1.1%	11.2%
증가배수	1.90	0.51	1.71	1.20	1.20	2.85	2.00	2.28	1.46	3.41	2.04	1.13	3.22

TOE(ton oil equivalent)는 석유환산톤.

41) 우리나라에서는 '원자력발전소'라는 용어를 많이 쓰는데 나는 '핵발전소'라

는 단어를 선호한다. 영어의 'Nuclear Power plant'는 핵발전소로 번역되는 것이 자연스럽다. 단, 독일어 표기의 Atomkraftwerk는 atomic power plant에 해당한다.

42) 빌 클린턴『빌 클린턴의 다시 일터로』,이순영 옮김, 물푸레 2012, 186면.

43) CTL, coal to liquid.

44) 연합뉴스 2012년 5월 21일.

45) 지능형 전력망으로 전력공급자와 소비자가 실시간으로 전기사용 관련 정보를 주고받음으로써 전기사용을 최적화할 수 있는 차세대 전력망이다. 일시적으로 전기가 부족해지면 한국전력이 가격을 크게 올리고, 그러면 가정에서 냉장고를 일시정지하기도 하고, 전기차에 저장되어 있던 전기를 되팔 수도 있는 기술이다.

46) 중소기업의 기준은 나라마다 다르다. 예를 들면 한국과 일본은 종사자 수가 300인 미만의 사업체이고, 미국은 500인 미만의 사업체이며, 영국은 250인 미만의 기업체다. 2012년 4월 고용노동부가 발표한 '고용동향'에 따르면 전체 근로자 1488만명 중 300인 이상의 대기업 종사자는 239만명으로 16%이다.

47) 2012년 4월 고용노동부가 발표한 '고용동향'.

48) Primary Collateralized Bond Obligation. 채권담보부증권(CBO)이란 투기등급기업의 채권을 모아 담보로 잡고 일부 금액만을 채권으로 발행하는 것이다.

49) STX그룹은 강덕수 회장이 2001년 쌍용중공업(STX엔진)을 인수하고 이후 범양상선(STX팬오션), 대동조선(STX조선해양) 등을 인수하면서 생겨났다. 지배구조의 상당부분은 순환출자구조를 이용한 가공자본으로 만들어졌다.

50) 2012년 4월 공정위에서 발표한 '재계순위표'에서 공기업과 외국기업 제외.

51)『조선일보』2012년 3월 6일.

52) 헤르만 지몬『히든 챔피언』, 이미옥 옮김, 흐름출판 2008, 6면.

53)『매일경제』2012년 1월 2일.

54) http://g-mond.parisschoolofeconomics.eu/topincomes/

55) 하위 90% 평균소득 계산내역

자료 출처: 김낙년 2012, 취업자 수;통계청(단위: 평균소득:백만원, 소득총액:조원)

	20세이상 인구,만명	상위 10% 평균소득	상위 10% 소득총액	상위 10% 소득집중도	전체100% 소득총액	하위90% 소득총액	하위90% 인구,만명	하위90% 평균소득	취업자 수 18시간이상	하위90% 취업자 수	하위90% 취업자 소득
1995	3,066	43	132	29.2%	452	320	2,759	11.58	2,013	1,706	18.73
1996	3,117	51	159	32.6%	487	328	2,805	11.69	2,056	1,744	18.81
1997	3,169	52	165	33.4%	494	329	2,852	11.54	2,088	1,771	18.58
1998	3,213	47	151	31.4%	480	329	2,892	11.39	1,947	1,626	20.27
1999	3,265	50	163	33.5%	488	325	2,939	11.05	1,972	1,646	19.74
2000	3,374	54	182	35.8%	509	327	3,037	10.77	2,057	1,720	19.03
2001	3,440	55	189	36.6%	516	327	3,096	10.57	2,095	1,751	18.69
2002	3,502	59	207	38.4%	538	331	3,152	10.51	2,152	1,802	18.38
2003	3,560	60	214	39.1%	546	332	3,204	10.37	2,149	1,793	18.52
2004	3,607	62	224	40.0%	560	336	3,246	10.35	2,182	1,821	18.45
2005	3,644	61	222	38.2%	582	360	3,280	10.97	2,205	1,841	19.55
2006	3,696	69	255	42.4%	601	346	3,326	10.40	2,233	1,863	18.57
2007	3,743	71	266	42.9%	620	354	3,369	10.51	2,260	1,886	18.77
2008	3,797	70	266	43.4%	613	347	3,417	10.15	2,273	1,893	18.32
2009	3,844	69	265	43.1%	615	350	3,460	10.11	2,254	1,870	18.71
2010	3,895	72	280	43.9%	639	358	3,506	10.22	2,277	1,888	18.99
변화율	127%	167%	213%	150%	141%	112%	127%	88%	113%	111%	101%

56) World Top Income Database에서 자료를 뽑고 김낙년 교수의 자료를 입력시켜 서 저자가 직접 제작한 그래프다. 한국 데이터가 중간에 끊긴 이유는 김낙년 교 수가 자료 부족으로 중간의 데이터는 작성하지 않았기 때문이다.

57) 『조선일보』 2012년 7월 1일.

58) 전경련이 2012년 6월에 발표.

59) 『한겨레』 2012년 2월 22일.

60) 2011년 12월 9일 경제개혁연대가 발표한 "개별 임원 보수내역 공시제도 조속 히 도입하라".

61) 경제개혁연구소 차이배 회계사, '재벌의 일감 몰아주기 폐해, 어떻게 극복할 것인가', 2011년 6월 29일.

62) 『이코노미 인사이트』 2011년 11월 1일 참조.

63) 피터 언더우드 『퍼스트 무버』, 황금사자 2012, 139~40면.

64) 같은 책 151면.

65) 같은 책 161~163면.

66) 같은 책 166면.

67) 대주주가 직접 주식을 갖고 있지는 않지만 자회사 등을 통해 지분을 소유해서 생긴 의결권.

68) 금융소비자연맹 보도자료, 2012년 3월 2일.

69) 공유가치 창조(CSV, creating shared value)가 기업경영의 핵심이라는 주장 으로, 하바드대학의 마이클 포터(Michael Porter) 교수와 마크 크레이머(Mark Kramer) 교수가 2011년 제안한 개념이다. 기업의 사업전략과 기업의 사회적 책 임을 긴밀하게 결합시키는 방안으로 제시되었다.

70) 2012년 하이닉스는 SK그룹이 인수했다.

71) Dr. Talberth, Cobb and Slattery, Noah, *The Genuine Progress Indicator 2006*, Redefining Progress 2007, 1~2면.

72) 같은 자료 8~18면.

73) 같은 자료 19면.

74) 질서가 고도화된다는 것은 엔트로피가 감소한다는 것을 의미하며 여기에는 많은 에너지가 투입되는 진화과정이 필요하다. 엔트로피와 진화과정에 대해서 는 별도의 기회에 논하겠다.

75) 대법원이 발간한 『사법연감』에 따르면 2011년 전국 법원에 접수된 소송사건 이 622만건으로 국민 8명 중 1명이 법정다툼을 벌였던 셈이다. 인구 대비 소송 건수는 지난 10년 사이에 2배로 늘었고 우리나라가 일본의 4배가 넘는다고 한다.

76) Veenhoven, Ruut and Kalijn, Wim, "Inequality-adjusted happiness in nations,"

Journal of Happiness Studies 2005.

77) 『한겨레』 2012년 5월 29일; 『프레시안』 2012년 4월 13일~7월 3일.

78) 장하준·정승일·이종태 『무엇을 선택할 것인가』, 부키 2012, 222면.

79) 데이비드 워시 『지식경제학 미스터리』, 김민주·송희령 옮김, 김영사 2008, 336면.

80) 경제에서 대외부문이 차지하는 수출입 비중을 계산하는 보다 합리적인 방법은 수출입 총액을 총공급량으로 나누는 것이다. 수출입비중(33%)=(수출액 619 + 수입액609)/총공급3733.

81) 김상조 『종횡무진 한국경제』, 오마이북 2012, 114면.

82) 정대영 『한국경제의 미필적 고의』, 한울 2011, 139면.

83) 현재 금융위원장으로 재직중인 김석동씨가 재정부 금융정책국장으로 일하던 2004년 카드사태 당시의 발언.

84) 『한겨레』 2012년 8월 9일.

85) 손학규 『저녁이 있는 삶』, 폴리테이아 2012, 270면.

86) 2011년 기준 미국 인구는 3억 1400만, 일본 1억 2700만, 독일 8100만, 프랑스 6600만, 영국 6300만, 이딸리아 6100만이다.

87) 저자가 『내일신문』에 기고한 「벽란도 프로젝트」(2007.5.11)와 「1국 3체제 통일방안」(2007.8.30) 참조. 이 계획의 이론과 전개과정에 대해서는 별도의 글에서 다루겠다.

88) 2011년 10월 26일 서울시장선거의 출구조사 결과를 보면 박원순 후보에 대한 지지율은 20대 69%, 30대 76%, 40대 67%, 50대 43%, 60대 이상 30%였다.

89) 백낙청 『2013년체제 만들기』, 창비 2012, 22면.

90) 기본요율 58원, 500kWh 이상 누진요율 677원.

91) 카우프만·뷔치·브라운 『직접민주주의로의 초대』, 이정옥 편역, 리북 2008, 181면.

92) 같은 책 92면.

93) 같은 책 61면.

94) 주성수 『직접민주주의』, 아르케 2009, 128면.

95) 같은 책 233면.

96) 카우프만·뷔치·브라운 『직접민주주의로의 초대』, 이정옥 편역, 리북 2008, 56, 135면.

97) 같은 책 132면.

98) 같은 책 130면.

99) 같은 책 12면.

혁신하라 한국경제
이권공화국 대한민국의 경제개혁 플랜

초판 1쇄 발행 / 2012년 10월 29일
초판 2쇄 발행 / 2013년 2월 5일

지은이 / 박창기
펴낸이 / 강일우
책임편집 / 윤동희
펴낸곳 / (주)창비
등록 / 1986년 8월 5일 제85호
주소 / 413-120 경기도 파주시 회동길 184
전화 / 031-955-3333
팩시밀리 / 영업 031-955-3399 편집 031-955-3400
홈페이지 / www.changbi.com
전자우편 / human@changbi.com

ⓒ 박창기 2012
ISBN 978-89-364-8580-1 03320